ホリスティック
地域学

Holistic
Local Studies

第二版

編著者：清水 洋行／鈴木 雅之／関谷 昇／田島 翔太／松浦 健治郎

学術研究出版

CONTENTS

ホリスティックに地域を学ぶ

わたしたちの地域は、日常生活や活動の舞台であり、全体社会の一部を構成しています。人々の生活には段階があり、その段階に応じて、地域も段階的な空間的広がりがあります。ベッドや住宅などの個人や家族での生活、いくつかの家族が集まる集合住宅、それらが集まる近隣の地域、さらに集まる自治会・町内会というような広がりです。さらに市町村、都道府県、国、世界へと広がります。

そういった地域のなかで生活や活動をしているわたしたちは、これらの地域をどれくらい理解しているでしょうか。

最近、都道府県の違いが県民性で比較されたり、地域ランキング、住みやすさランキングなどが発表されています。地域ごとに、地域を構成する要素の内容や中身が異なっていて、それらの要素の掛け算が、その地域の特性、質、ブランドをつくり出しています。その結果、地域の間にある差や違い、地域の個性が生まれることになります。

地域を理解することは、このような地域の特性をみていくことになります。そのため、地域のさまざまな要素、それらの関係性、その結果としての特性や個性をみていく必要がでてきます。

地域は、環境、都市空間、施設、人、人の集まり、歴史・伝統・文化、生活、地域ケア、地域経済、行財政などの構成要素があり、それらが地図上の範囲や境界の上に、レイヤーとして重なっています。

人々はこのような地域の要素を、これまでに形成、維持、改善し、人々に適合させてきました。それと同時に、これらの地域の要素は人々の価値観、行動、意識に影響し、順応させてきています。つまり、地域のなかで、人々と各構成要素は相互に影響し、作用しあっているといえます。この相互関係を知ることが重要です。

また、これらの要素は、地理的条件、歴史的条件、国民性、地震や台風などの自然災害からも影響を受けています。社会動向も刻一刻と変化し、特に、人口減少、超高齢化、少子化において、日本は世界のなかでも特異な状況にあり、地域の要素はそれらに影響を受けています。また、法制度や市場といった外的な要因からの影響もあります。

このようなことから、地域はさまざまな学問分野の対象にもなっています。現在、学問分野は、地域の対象の範囲と要素を切り取ることで研究されています。地理学、経済学、社会学、建築学、政治学などです。

学問領域や研究領域ごとに、その対象の範囲は異なっています。社会学では、近隣や自治会・町内会を対象にしたり、建築学であれば、集合住宅や近隣を対象にしたり、政治学では、自治体や国が対象になり、民俗学であれば、世界中の小さな集落の地域が対象になったりします。テーマも、地域発展・衰退のパターン、社会集団、社会ネットワーク、領域性、施設配置、政治空間、などさまざまです。

そのため、学問分野ごとに「地域」の捉え方は異なっています。そして、それらを統一した定義を厳密に決めることはできません。

本書では、地域に関わるさまざまな構成要素や考え方を学んでいきます。それぞれについて、考えられている地域の広がりや範囲は異なっていて、厳密に対応させることはできません。学習にあたっては、そのことにあまりとらわれずに、広く総合的に学んでください。

次に、「地域づくり」について考えてみます。地域を形成し、維持、改善する活動や取組みはさまざまあり、それらの内容、呼び方もさまざまです。

地域づくり、地域再生、地方創生、地域活性化、都市再生、都市再開発、まちづくり、コミュニティづくり、コミュニティ再生、都市デザイン、などの呼び方があります。これらの呼び方は、目的や内容で異なりますし、それらを動かす主体や対象ごとに異なります。また、学問領域ごとにも異なっています。

本書では、すべてを統一する呼び方はつくっていませんが、特別なケース以外は、シンプルに「地域づくり」とよんでいきます。これから学ぶ内容ごとに、さまざまな呼び方がでてきます。それぞれ

共通要素	地域の構成要素（地域資源）	地域の差
固有条件 地理 気候 歴史 国民性 自然災害	**環境のレイヤー** 地形・微気候・山・河川・自然環境・住環境 **都市空間のレイヤー** 土地・建物・住宅・景観・道路・鉄道・公園・上下水道 **施設のレイヤー** 学校・商店街・文化施設・利便施設・娯楽施設 **人のレイヤー** 人口動態・世帯構成・年齢構成・職業構成・転出入 **人の集まりのレイヤー** 自治会・町内会・コミュニティ・ネットワーク・市民活動 **歴史・伝統・文化のレイヤー** 成立ち・街並み・風習・地域の祭・イベント **生活のレイヤー** ライフスタイル・通勤・通学・生活圏・情報	**定性的** 地域特性 地域の質 地域ブランド 幸福感
社会変化 人口減少 超高齢化 少子化	**地域ケアのレイヤー** 地域福祉・地域医療・看護・健康・子育て **地域経済のレイヤー** 消費・産業構造・商業・地元企業・特産品・世帯年収 **行財政のレイヤー** 財政規模・財政力指数・ガバナンス・条例・税収	**定量的** ランキング
外的要因 法制度 市場	**地　域** 地図上の境界	

の専門家が、それぞれの学問領域の呼び方で説明をしていますので、「こういうケースでは、こうよばれる」という理解で読み進めてください。

　地域づくりは、地域を構成する要素を形成、維持し、要素ごとにある課題や問題を改善する活動です。さらに、さまざまな要素の課題や問題を、要素間の関係を重視しながら解決していくことが重要となっています。

　どの課題や問題を対象とするか、あるいは、どれらの複数の課題を同時に解決するかによって、呼び方が変わっていきます。例えば、福祉コミュニティづくり、子育て

しやすいまちづくり、環境まちづくり、景観まちづくり、産業振興、商店街再生、などの内容や呼び方が生まれます。

　それぞれの地域で、課題や問題は異なり、ほとんどの地域は複数の課題や問題をもっています。地域ごとに重点を置く取組みや活動も変わってきますが、総合的に解決することが求められています。

　共通する目標は、地域の活力と魅力を高め、「生活の質の向上」を実現することです。それを実現するために大切なことは、地域に存在する地域資源を発見し、活用すること。地域に関わるさまざまな主体が連携・協力し、強み・弱みを補完しあうこと。さまざまな

要素を目にみえるもの、みえないもの、の両面で総合的に対応すること。地域の担い手が主体的に関わり、持続的に活動すること、です。

　本書では、「地域」や「地域づくり」の各分野と取組みを、分解しながら学んでいくことになりますが、ここで述べたことは共通の理解として読み進めてください。

　さて、本書の目的は大きく3つあります。1つめが、地域を包括的・総合的に理解することです。地域を包括的・総合的に理解することは、まさに本書のタイトルにあるように、ホリスティックに学ぶことです。地域とその構成要素の理

解、地域の多様性の理解、地域の多様な見方があることの理解、そして、それらが複雑に絡み合っていることの理解を進めてください。

2つめが、地域の現状を把握し、将来への影響を把握することです。地域の現状や課題とその原因の理解、地域に置かれた危機を共有してください。

3つめが、地域づくりの取組みを把握し、自ら考えることです。これからの地域づくりのあり方、多様なテーマごとの取組み、を知り、自らは、どのように地域に関われるかを考えるようになってください。

本書の構成は、大きく3章からなっています。第1章は、「地域の捉え方」についてです。本書のすべての基礎になるパートで、地域の背景の変化、影響する社会動向、さまざまな要素の捉え方について触れています。まずはここから読み進めてください。第2章は、「これからの地域の考え方」についてです。現代社会における地域の新しい潮流やトレンド、多様な参加・協働の必要性、これからの地域のあり方、地域づくりの考え方を学びます。第3章は「多様な構成要素のあり方」です。地域や地域づくりのあり方、考え方を大きく14の構成要素に分けて学びます。

地域を包括的、総合的に学ぶためには、さまざまな分野の専門家が必要になります。そのため、本書は全部で11人の執筆者で分担しています。それぞれ、地域に関する各分野の第一人者であり、地域づくりにも関わる専門家です。

本書を読み進めていき、みなさんは、地域とは何か、どのように成り立っているか、そして、地域の現状や課題とその背景、将来への影響について考えることができるようになるでしょう。そして、地域づくりや地域再生に必要な取組みや行動のあり方について考察できるようになることを期待します。

編者を代表して
鈴木雅之

第二版にあたって

初版は2020年4月に発刊され、地域や地域づくりについて学ぶ多くの学生の教科書として使われてきました。

地域や地域づくりについては普遍的な内容が多くあり、それらを学ぶことで社会に役立てられることが多くあります。一方で、国や地方の状況やトレンドの変化もあります。特に、2020年からの新型コロナ感染症の流行によって、人の移動や場の利用には大きな変化が起こりました。また、諸事情によって地域での事業やプロジェクトが変更されたり、終了するといった変化もありました。

このような変化や変更を取り入れて、本書の記述やデータ（図表）等をできるだけ改め、「第二版」としました。

1章
地域の捉え方

中央による地方管理の明暗

近代国家の発展と忘れられた地域

　地域ということが改めて問われるようになった歴史的・政治的な背景について考えます。

　洋の東西を問わず、地域というものは、近代国家の成立過程のなかで、そのあり方が大きく左右されてきました。明治維新以降、日本の近代化は本格的に展開しました。西洋の諸国家と肩を並べるべく、国民国家の形成や資本主義市場経済の確立が、国家主導によって押し進められることになります。それまで幕藩体制の下において多元的な形で捉えられていた地域は、廃藩置県を通じて行政的な区割りに編成され、官僚制を通じて統治されることになりました。こうした近代国家の管理統制の下で、地域は、近代化を支える拠点としての都市部と、その都市部へ人的・物的な資本を拠出し続ける農村部とに分化していきました。

　日本の統治体制の特徴は、上意下達を重視する政治文化を背景としながら、中央省庁が地方を管理する権限と、課税と再分配による財源を独占し、社会全体を合理的に管理統制するところにあります。近代化に伴う人口増加や経済成長は、その統治基盤を強固なものにしました。同一官庁の縦割り行政は、戦後の機関委任事務体制によって存在し続け、その中央集権体制の下において、自治体は従属的な地位に置かれることになったのです。

　中央集権的な統治体制は、国家主導によって平等化政策を本格化させていきます。ナショナル・ミニマム、つまり国民の最低限度の生活保障は国の果たすべき義務とされました。中央省庁による介入政策は、規制から指導までを含む統制、税の再分配と交付金・補助金、産業の保護育成、インフラの普及整備、地方への利益誘導、平等な教育、最低限度の生活保障などを実現させることになりました。それによって、社会全体に関わる平等主義が著しく進展したといえます。

　この中央集権体制を図式化したのが図1です。国・都道府県・市町村の三層構造から成り立っていますが、それは上から下への垂直的な統治構造となっています。

　しかし、こうした中央集権的な統治構造は、国と地域とのズレを徐々に生じさせ、その問題をさまざまな形で露呈していくことになります。地方・地域の側にとってみれば、国家による一元的統治は、権力の集中・行政肥大と規制拡大の弊害・地域の実情を無視した画一的な再分配政策をもたらしていきました。それは、地域が固有な力で自立する契機を削いできてしまったということでもあり、その意味では地域という存在そのものを忘却してきたということを物語っているともいえるでしょう（図2）。

　こうした中央集権的な統治構造と、忘れられた地域という構図は、日本の近代化の歴史とともに築き上げられてきたということができます。封建社会とともに具現化されていた地域コミュニティの自治は、近代国家の形成過程において克服の対象とされ、地域の自治は国家行政によって回収されることになりました。縦割り化した行政と専門分化した社会は、地域の忘却をつくり出していったのです。

　しかも、こうした構図は、萎縮した公共空間を生み出していくことにもなります。個人も団体も内向的な大衆社会は、私的世界への引きこもりが顕著であり、いわば「あいだ」がない公共空間ということがいえます。そこでは、行政依存が強まっていくことによって、閉じられた関係のなかでリスクが管理されるようになります。それが、コミュニティの弱化と中央集権的統治の強化を加速させるスパイラルを生み出しているのです。これからの地域のあり方を考えていくには、こうした問題を正面から捉え、それを克服していくことが問われていきます。

（関谷昇）

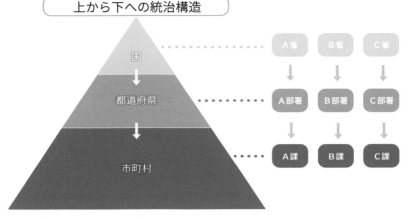

図1　国と地方との関係図（これまで）

日本の伝統的コミュニティ

・自然と人間の共同体、生と死の世界を統合する共同体
・人々は共同体と共に生きる（自分たちの生きる小宇宙）
・中央集権化する以前は多元的な社会
　　　封建制社会と藩を中心とした自立的な社会
　　　地域社会における自給自足と自治（商業社会と農村社会）
　　　地域における様々な支え合いの網の目
　　　　ex. 結、子安講・頼母子講、寺子屋、水路管理、道普請、地域葬など

日本の近代化＝コミュニティ否定の歴史

・富国強兵から戦後高度経済成長まで「障壁」とされてきた地域コミュニティ
　　　封建社会の残滓、合理主義の障害、解体し乗り越えなければならないもの

　　　行政によるコミュニティ再編　→「専門分化」した社会へ

・行政がコミュニティの自治（農村社会の共助）を回収
　　　行政が税金を通じて生活管理（道路、水道、公衆衛生、教育、福祉、産業…）
　　　経済性、効率性、安全性の追求（＝近代化の延長）
　　　社会の隅々にまで専門分化された体制（自治＜機能調達）

図2　近代化と地域コミュニティ否定

参考文献

山岸俊男（1999）『安心社会から信頼社会へ―日本型システムの行方』中公新書
植田和弘・神野直彦・西村幸夫・間宮陽介編（2005）『岩波講座　都市の再生を考える』全8巻、岩波書店
内山節（2010）『共同体の基礎理論―自然と人間の基層から』農山漁村文化協会

公共性の構造転換

地域の自立と地方分権

　日本の統治体制における自治体の位置づけは、憲法と地方自治法によって基本的に定められています。もっとも、中央集権体制を前提としてきたがゆえに、自己立法や自治という自治体の自立をめぐっては、かなり消極的な解釈運用がなされてきました。自治体行政は、上意下達の行政構造に組み込まれ、基本的には上位機関に従うことを余儀なくされてきました。権限なき出先機関や三割自治といった言葉に象徴されるように、権限と財源を独占する中央省庁によって、自治体は自己決定を大きく制約されてきたのです。

　自治体行政が独自の政策を展開できない根本原因の一つに、いわゆる組織の縦割りがあります。中央省庁は、法令のみならず、交付金や補助金を通じて省庁の縦割りを自治体に押しつけてきたので、自治体の側は、分野横断的な政策づくりを展開することができませんでした。そうした制度の壁が、現場の課題解決の障害になってしまうところに、国と自治体との関係を見直す理由があるのです。

　しかも、この縦割りの構図は、行政組織に限られたことではなく、地域社会のなかにも色濃くみられるものです。地域社会の問題は、その大半が専門分化された組織環境のなかで処理されることから、

住民は、自分の必要に応じて、当該組織に所属したり、利用したりすることで、機能を調達していくわけです。それは、合理的な生活様式ではありますが、いい方を変えれば、横のつながりを喪失した地域社会でもあるということを物語っています。

　本来、公共的な事柄は、中央省庁や国家統治に独占されるものではなく、多様な現場や当事者を考慮し、自治体や地域からも捉えられうるものです。そのためには、中央省庁に集中した権限と財源を自治体に移譲し、自治体の自立化を図っていくことが求められます。日本では、1990年代から地方分権改革が漸進的に進められ、さらに2000年に施行された地方分権一括法によって、上意下達の基盤であった機関委任事務体制が全廃されるに至りました。ここから、国と自治体は対等な関係であるという道筋と可能性が開かれ、また行政と市民との関係においても、さまざまな主体が公共性を担いうるという考え方が広がってきています。具体的な関係性があるところに権限・財源は必要となるのであり、地域の自立が可能となるのです。

　この構造転換を図式化したのが図1です。国・都道府県・市町村の三層構造は、下から上への積み

重ね、あるいは水平的な関係性によって、自治型社会へと組み換えられていくことが必要です。

　下から上への積み重ねからつくり上げられる自治の主体は、「市民」にほかなりません。市民とは、政治共同体の構成員であり、共通の目的や事柄について自ら考え、自発的に実践する主体です。政治権力を伴った地域での自立的な活動、そして公共的活動に市民参加は不可欠であり、そこから自治体の具体的なあり方が問われていくことになります。それが市民自治という考え方です。

　自治体や地域社会における市民参加は、図2のように複数の回路をもって具現化されていきます。この重層的な参加のあり方いかんによって、問題共有と課題解決のあり方は大きく変わってくるといえます。

　そのうえで、自治体の自立に向けて、縦割り行政から本格的に脱却し、自治体の実情に即した行政運営が求められることになります。そのためには、専門分化した体制にとらわれることなく、課題解決に必要な分野横断・連携をつくり出していくことによって、総合行政を再構築することが重要になってきます。

（関谷昇）

10

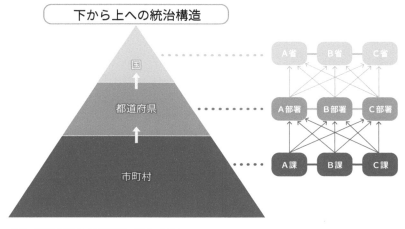

図1　国と地方との関係図（これから）

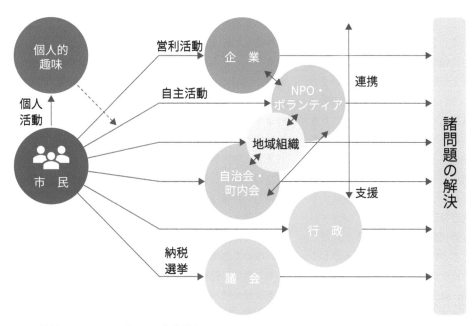

図2　地域におけるさまざまな公共的活動

参考文献

松下圭一（1975）『市民自治の憲法理論』岩波新書
新藤宗幸（2002）『地方分権』（第2版）岩波書店
西尾勝（2013）『自治・分権再考―地方自治を志す人たちへ』ぎょうせい

補完性原理と自治型社会

なぜ今、地域なのか

なぜ今、改めて地域というものが注目されているのか、その着眼点について考えていきます。

人口減少・少子高齢社会の本格化は、社会規模が著しく縮小していくことを意味しています。税収の大幅な減少と社会保障関連の増大とが同時にもたらされていくということは、従来の再分配行政が限界に直面していくということを物語っています。また、経済の長期低迷・リスク共有からリスクの個人化・福祉の脆弱化・地域の疲弊といった流れは、市民生活にも大きな影響をもたらしています。

近代国家は拡大・成長を前提としてきましたが、今後はそうした前提を自明視することはできません。社会の縮小が物理的に不可避だとするならば、むしろ、小さくなるということを改めて本格的に考えていくことも重要です。そこで問われてくるのが、これまでの成長・拡大社会から、低成長・成熟社会へのパラダイムシフトです。改めて地域が注目され、一人ひとりの力を発揮できる、また地域資源を共有できる環境が求められます。地域を媒介したつながりを多角的に創造していくところに、地域がもつ潜在的な可能性を見出していくというわけです。

そこで注目されているのが、subsidiarity、補完性原理という考え方です（図1）。補完性原理とは、より小さな単位（共同体）において、自己決定と自治が営まれることを原則とし、当該共同体が自ら不可能と判断する場合は、同意を介して、より大きな単位が補完する、とするものです。この考え方に立脚することによって、垂直的な統治構造を組み換えて、これまで閉ざされていた地域の可能性を切り拓いていくことが期待されます。地方分権による自治体の自立の促進や、市民・民間・地域の諸力の発揮は、まさにその具体的な展開といえます。

こうした多層的な秩序においては、改めてさまざまな規模や形態をもつ地域の存在意義や自己決定のあり様が問われることになります。本来、地域は、それぞれに固有の歴史・風土・文化・生活機能・都市機能・人間関係を有しています。そうであるからこそ、それぞれをどのように解釈していくかによって個性が見出されるのであり、それをどのように守り、活かしていくかが問われるのです。

今、地域が必要とされる直接的な契機として、ここでは2つの視点を確認しておきます（図2）。一つは、個々人の置かれた状況への配慮と社会的包摂の必要です。現場や当事者に接近すればするほど、一括にはできない現実があるの

であり、制度からはみでてしまう人たちをも救いうる社会的包摂をつくり出していくことです。もう一つは、地域の諸資源に改めて目を向けていくことで、地域を媒介とした諸資源のつながりをつくり出していくことです。

このように、市民や地域の力を引き出し、育み、つないでいくためには、市民参加が必要不可欠の条件となってきます。市民参加とは、政治参加・行政参加・社会参加・地域参加などさまざまな側面があり、市民の自発的な意志にもとづいて織り成される行動をさします。

ただ、自治体の現場においては市民参加が行政によって管理統制される傾向が根強く、行政によって市民参加が促されている場合が少なくありません。行政のスクラップ・アンド・ビルドに市民参加が利用されることは、その典型といえるでしょう。この背景には、自分たちの意見をぶつけ合わせるというよりは、特定の人物への依存や社会的な同調圧力が強く作用している実情があります。

それゆえ、地域づくりにおいては、改めて、さまざまな立場が出会う環境と議論するプロセス・ルール、開かれた合意形成と実践が求められているのです。

（関谷昇）

国際社会
国家
広域自治体
基礎自治体
市民団体・地域団体・民間企業
近隣地域コミュニティ
個人・家族

グローバル市場　ローカル市場

地方分権　地域分権

尊重・補完・支援

自己判断・自己決定

【補完性原理】とは、
より狭域の共同体において、自己決定と自治が行われることを原則とし、当該共同体が自ら不可能と判断する場合は、より広域の共同体が補完するという考え方

国と地方との政府間関係において、自治体の自由度を高めることを目的として、前者から後者への権限移譲を正統化する（分権）

様々なレベルにおいて展開される自治活動を最大限に尊重するとともに、市民の判断に基づいて政治・行政を運営する（補完）

相互補完関係の社会的ネットワークを重層的に構築する

図1　補完性原理と自治型社会

社会的包摂

個々人の置かれた状況への眼差しと「社会的包摂」の必要

◎問題を抱えた当事者への接近
　一括りにはできない現実・当事者を配慮する
◎社会的受け皿（包摂）の充実
　行政依存の限界→人々が作り出す「つながり」

価値創造

価値創造の「結節点」としての地域社会

◎様々な関係性が作り出される基盤
　関係性（social capital）こそが地域社会の駆動力となる
◎「われわれ」意識と「価値創造」
　地域におけるヒト・カネ・モノ・知恵の結びつき
　地域資源の付加価値化

図2　社会的包摂と価値創造に向けて

参考文献

関谷昇（2007）「補完性原理と地方自治についての一考察」（千葉大学公共研究センター『公共研究』第4巻第1号, pp81-109）
矢作弘（2014）『縮小都市の挑戦』岩波新書
諸富徹（2018）『人口減少時代の都市―成熟型のまちづくりへ』中公新書

家族との関係から考える地域社会の成り立ち

地域社会とは

　家族との関係から地域社会の成り立ちを考えていきます。

　1つめは、地域社会を「家」の集まりとする考え方です。農村社会では、イエは大家族でした。イエは、農業を営む生産の単位であるとともに、衣食住をともにする生活の単位でもありました。イエ／ムラ論とは、そのようなイエの集まりである「家連合」として「ムラ」を捉える考え方です。「家連合」のタイプには、本家と分家というタテ関係にもとづく同族的な家連合と、近隣の家どうしという地縁にもとづく家連合があります。

　このような考え方は、都市を考察する視点にもち込まれています。鈴木榮太郎は、元々は農村を対象とする農村社会学を専門としていましたが、1950年代に行われた市町村合併（昭和の大合併）によって多くの町や村が一気に「市」になった状況をみて、改めて「都市とは何か」を考えるため、都市社会学へと展開しました。

　そこで鈴木は、都市に存在する社会集団に注目します。そのポイントの1つめは、これまで地域社会を「家」の集まりとしてみていたのに対して、今度は地域社会を社会集団の集まりとしてみようという視点です。鈴木が着目したのは、世帯、職域集団、学校、生活拡充集団、地区集団という5種類

の社会集団です。

　これらのなかで、地域社会の骨格として考えられたのは、世帯と職域集団です。その理由は、この2つの社会集団は、社会が存続していくうえで重要な役割を果たしていると考えたためです。また、学校は、職域集団に入る準備段階の人たちの集まりなので、職域集団に準ずる重要な社会集団と考えられました。

　2つめのポイントは、地区集団の捉え方です。地区集団の代表的なものは、自治会・町内会です。自治会・町内会は、その区域に住む世帯が自動的に加入する団体です。このように地区集団は、社会の存続にとって重要である世帯が集まって成り立っている点で重要と考えられました。生活拡充集団は、今でいうとサークルや市民活動団体、ボランティア団体、NPOなどにあたりますが、鈴木はこれらを都市社会の骨格にあたらない集団とし、重視しませんでした。

　イエ／ムラ論、社会集団論に続く3つめは、これまでの2つと対照的な視点です。鈴木と同じ頃の都市社会学者である磯村英一は、むしろ、家庭や職場・学校以外の「第三の空間」に着目しました。磯村の考え方は、家庭や職場・学校は、農村部にも存在する集団であり、都市社会らしさを分析する

ためには、人々が家庭や職場・学校での義務的な役割から離れて自由に参加できる場所である「第三の空間」に注目すべきだというものです。例えば、退勤の途中で立ち寄る繁華街やレクリエーションの場などを「第三の空間」とみなし、そこで出会った人たちによって築かれる「馴染み社会」を、市民社会が生まれるきっかけと捉えました。

　このような視点から地域社会の集団を捉えると、先ほど取り上げた鈴木が重視しなかった「生活拡充集団」にあたるサークルや市民活動団体、ボランティア団体、NPOなども、磯村のいう「第三の空間」といえるでしょう。

　同様の視点として、近年、アメリカの都市社会学者のレイ・オルデンバーグが、地域にある居酒屋、カフェ、書店、図書館などを「サードプレイス」とよんで、地域の人たちをつなぎ、民主主義の基盤となる公共の場として注目しています。

　みなさんの地域社会像は、どの人の理論に近いでしょうか。
（清水洋行）

鈴木　榮太郎
1957年　都市社会学原理　未来社

都市社会の成り立ち（構造）を分析するため、社会集団に注目

5種類の社会集団

1	世帯	2	職域集団 （職場）	3	学校
4	生活拡充集団 （文化団体、レクリエーション団体、 社交団体など）			5	地区集団 （町内会・自治会）

図1　社会集団の集まりとしての地域社会

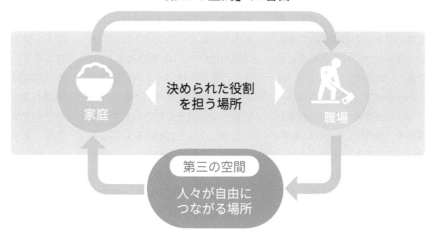

磯村　英一
1968年『人間にとって都市とは何か』ＮＨＫブックス

都市社会の特徴が表れるところとして、家庭でも職場・学校でもない「第三の空間」に着目

家庭　決められた役割を担う場所　職場

第三の空間
人々が自由につながる場所

図2　「第三の空間」としての地域社会

参考文献

中筋直哉・五十嵐泰正編著（2013）『よくわかる都市社会学』ミネルヴァ書房
鈴木榮太郎（1968）『鈴木榮太郎著作集』未来社（第6巻に『都市社会学原理』が所収）
磯村英一（1989）『磯村英一都市論集』（全3巻）有斐閣（第3巻に『人間にとって都市とは何か』が所収）
レイ．オルデンバーグ（2013）『サードプレイス』（忠平美幸訳）みすず書房

都市化と都市社会

地域社会の変化と都市社会の成り立ち

農村社会から都市社会に移行することを「都市化」といいます。具体的には、農村部から都市部に人が移動して、都市部の人口が増える現象です。多くの人々は、都市部に移り住む時に、工場や商店、会社、官公庁などで働く労働者になります。つまり、地理的移動に伴い、第一次産業の人口が減り、第二次産業や第三次産業の従事者が増えるという変化（社会移動・階層移動）も生じます。また、都市では、昔からの市街地の外側に新しい住宅地がつくられることになります。そのようなエリアを「郊外」とよびます。都市化の過程のなかで、郊外での人口増加が激しい段階を「郊外化」ともいいます。

では、そもそも、そのようにしてつくられる「都市社会」はどのような成り立ちでしょうか。ここでは都市社会学の古典から2つの考え方を紹介します。

シカゴ都市社会学は、人々の空間的な棲み分けに着目して「同心円地帯モデル」を提起しました。図1は、都市空間が、業務空間である都心を中心に労働者住宅地域や高級住宅地域、通勤者の住む地域などに同心円状に分化している様子を表しています。遷移地帯とは、景気の良し悪しによって、業務空間となったり労働者住宅地域になったりと用途が定まらない地域をさし、移民の人たちの居住地であるエスニック・コミュニティやスラムが生じやすいとされています。

「同心円地帯モデル」は、19世紀末から20世紀初めのアメリカのシカゴをモデルとしてつくられました。空間的な棲み分けを生み出す動力は、図2にあるように急激な人口増です。しかも、ヨーロッパ諸国ほかのさまざまな文化や習慣、格差を抱えて移住してきた人々でした。このように、シカゴ都市社会学では、都市社会とは、①人口量が大きい、②人口密度が高い、③異質性が高い、という特質をもつ地域社会をさします。

しかし、シカゴ都市社会学の考え方は、そもそもそのような都市がどのようにできるかを説明していません。それについて、日本における都市社会学創始者の一人である鈴木榮太郎の理論をみることにします。鈴木は、人々の交流を生み出す力をもつものを結節機関とよびました。具体的には、商店、企業、行政などです。人々が交流する地理的範囲が「圏域」です。最も狭いものが「都市生活圏」、それを越えて日常的に移動する通勤圏や通学圏を「都市依存圏」、さらにデパートなどが生み出す商圏などを「都市利用圏」と捉えました。

ここで重要な点は、結節機関には商店、企業、教育機関といった種類があることと、同じ教育機関のなかでも小学校、中学校、高校、大学の順に生み出す圏域が大きくなるなど、より上位の結節機関は、より広い圏域を生み出すということです。支店－本店、支社－本社などの関係も同様です。

また、「都市支配圏」とは、都市と都市との関係をさすもので、ある都市にある結節機関が、その配下の機関を配置している圏域をさします。例えば、仙台の地方本社が東北地方にある秋田支社や盛岡支社などを統括している場合、秋田市や盛岡市は仙台市の都市支配圏にあるという具合です。さらに、「都市勢力圏」とは、放送局や新聞社などのマス・コミュニケーションの受信や雑誌の購読の範囲といった、メディアが生み出す圏域のことです。

鈴木の理論にもとづくと、都市社会とは、社会的交流を生み出す結節機関が立地した地域社会であるということができます。そして、より上位の機関が立地したり、多様な結節機関が立地したりすることで、その地域社会にはさまざまな社会圏が重なり、より都市化した地域社会となっていくと捉えられます。

（清水洋行）

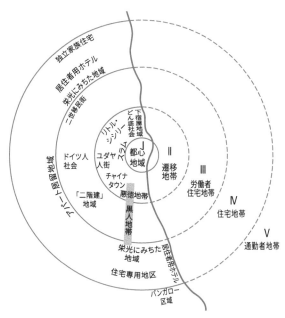

出典：長谷川公一・浜日出夫・藤村正光・町村敬志編著 (2019)
　　　『社会学（新版）』, p206の図7-1より作成

図1　バージェスの同心円地帯モデル

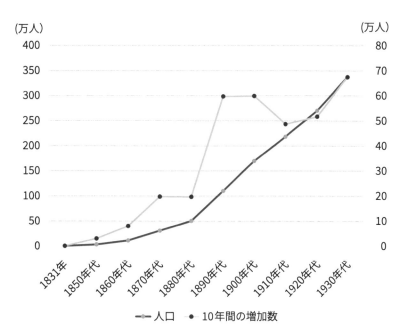

出典：似田貝香門（1994）『都市社会とコミュニティの社会学』日本放送出版協会,
　　　p23の表2-1 より作成

図2　シカゴの人口変化

参考文献

松本康編 (2011)『近代アーバニズム』（都市社会学セレクションⅠ）日本評論社
藤田弘夫 (1993)『都市の論理』中公新書
鈴木榮太郎 (1968)『鈴木榮太郎著作集』未来社（第6巻に『都市社会学原理』が所収）

人口減少の要因と社会や地域に及ぼす影響
人口減少

日本では、人口減少を食い止めるための地方創生の取組みが2015年度から始まっています。

その発端となったのが、日本創成会議が2014年5月に発表したレポートです。このレポートでは、「消滅可能性都市」というショッキングな言葉によって、日本の将来に警鐘をならしました。消滅可能性都市とは、2010年を起点として、2040年時点に20〜39歳の女性人口が半減する自治体と定義しています。それによると、全国約1800市町村のうち49.8%の896市区町村が消滅可能性都市とみなされました。そのうち、さらに、人口が1万人を切る523の自治体は、とりわけ消滅の危険性が高いとして、警鐘をならしています。

千葉県でも54市町村のうち、26市町村が消滅可能性都市とされました。それらの消滅可能性都市は、地理的には、県内の東側、南側に分布しています（図1）。

もちろんその自治体がなくなることはありませんが、さまざまな悪い影響がでてきます。あくまでも予測ですが、対策を打っていかないと、このような地域から人口が減少していき、日本全体で人口減少という局面になっていくということになります。

すでに、日本では人口減少時代に入っています。日本全体の人口の推移と長期的な見通しでは、国や地方が何も対策をとらなかった場合、2070年には日本の人口が8699万人になってしまうという予測があります（図2）。2050年代には1億人を割ってしまいます。皆さんが現在20歳とすると、働き盛りの50歳の頃には、2000万人から3000万人の人口が日本にいなくなります。つまり、企業であれば、サービスや商品を売る先の市場がなくなっているわけです。その時に、みなさんの仕事がどうなっているか、どうあるべきかは考えなければならない大きなテーマです。

そうなってはいけないということで、日本政府は、さまざまな省庁の政策や事業をパッケージ化して対策を講じる"地方創生"を2015年から推進しはじめました。このまま何もしないと減少していく人口の減少カーブを、どれだけ緩やかにしていけるかが、国と地方、そして国民一人一人の地方創生での挑戦です。人口減少を悲観的に捉えることもできますが、その挑戦に大きな可能性があると捉えることもできます。

人口減少の要因としては、地方から三大都市圏への若者の流出と地方での低出生率があり、さらに三大都市圏、特に東京の出生率が極めて低いことがあります。これらのベクトルで人口減少に拍車がかかっています（図3）。

今のまま手をこまねいて対策がなされないと、誰も住んでいない地点が日本全国に広がっていきます。いきなりそのような状況になるわけではなく、時間をかけて、徐々になっていくわけです。その過程で、地域にはさまざまな影響が起こってきます。

その影響としては、まず自治体の税収が減少します。地域社会への影響としては、都市や集落の機能低下、道路、上下水道など既存インフラの維持の困難化、地域公共交通の縮小、空き家、空き店舗の増加があります。経済や雇用では、消費支出額の減少、生産年齢人口の減少に伴う労働力不足、後継者不足による事業承継の困難化です。

農林水産業では、担い手の高齢化と後継者不足、耕作放棄地の増加、森林の荒廃があります。医療・福祉では、現役世代における社会保障関連経費の負担増加、医療、福祉、介護人材の不足です。教育では、学校存続が困難になります。このように、さまざまな影響が地域の将来に起きてきます。

（鈴木雅之）

出典：日本創成会議・人口減少問題検討分科
会 (2014)「全国市区町村別「20〜39歳
女性」の将来推計人口」より作成

図1　千葉県の消滅可能性都市

出典：日本創生会議・人口問題検討分科会「ストップ少子化・地
方元気戦略」より作成

図3　人口減少の要因（地方と3大都市）

出典：国立社会保障・人口問題研究所による「日本の将来推計人口（令和5年推計）」より作成

図2　日本の人口の推移と長期的な見通し

参考文献

増田寛也編著 (2014)『地方消滅　東京一極集中が招く人口急減』中央公論新社
山下祐介 (2014)『地方消滅の罠　「増田レポート」と人口減少社会の正体』筑摩書房

東京一極集中

地方を疲弊させる東京圏への一極集中

　東京圏への一極集中の状況とその要因、そして東京一極集中と地方との関係から、東京一極集中の是非についても考えます。

　総務省の住民基本台帳人口移動報告によると、東京一極集中が加速しています。東京圏、名古屋圏、大阪圏、などの圏域ごとの転入者数から転出者数を引いた人数を表した統計をみると、東京圏1都3県（東京、神奈川、埼玉、千葉）の転入超過数（外国人を除く）は23年連続で上昇し、東京圏の転入超過は外国人を除いて、2019年には14万5,576人となり過去最高となりました（図1）。東京圏を除く43道府県すべてから東京圏に人口が流出しています。2015年から2017年の3年間にわたっては、毎年約12万人弱の転入超過でしたが、それらの年に比べて一気に約2万5千人増えました。

　コロナ禍では、東京圏への人口移動が抑制される傾向もありましたが、2022年から一極集中が戻っています。

　東京圏の年齢階層別にみた転出と転入の差では、0～4歳、55～74歳で転出超過となっていますが、それ以外の世代は転入が超過しています。特に目立つのが15～29歳の若者で、転入超過数の約9割をこの年代が占めています（図2）。大学進学や就職を機に東京圏へ移動する若者が増えていることがうかがえます。

　若者が東京圏に移動する要因としては、東京圏の魅力が圧倒的に強く、吸引力が高いことがいえるでしょう。東京圏と地方圏の主な強みと弱みを考えていきます。

　東京圏の魅力には、仕事が多く、給料水準が高い、大学が多い、新しい情報・商品・サービスの入手のしやすさや、娯楽やエンターテインメントが多いことが挙げられます。一方、弱みもあります。地域コミュニティが未成熟、物価が高い、ライバル事業者が多い、などが挙げられますが、その弱みを押さえてまで、東京圏の魅力が高いといえます。

　地方圏はその逆がいえます。特に、若者に魅力のある産業や仕事・雇用が少ない、あるいはないことが東京の一極集中を加速化させているといえます。地方圏の魅力もここでは挙げておきます。自然や地域資源・土地が多くあること、市場が未開拓であり、新しい市場を開拓する期待ができること、地域へのよびかけがしやすいこと、競合が少ないことがあり、これらを魅力として捉えている人がいることは事実です。

　千葉県内市町村別にみた若者の転出入でも、千葉市から西側の都市圏で転入超過、千葉市から東側、南側の地方圏で転出超過の傾向がみられます。都市圏には大学も多く、さまざまな雇用の機会が多いことが要因として挙げられるでしょう。

　東京への一極集中の是非については、2つの意見があります。まず、東京一極集中を是とする意見です。日本経済の成長を続けさせつつ、世界都市との競争力をもち、日本が世界で生き残るためには、東京への一極集中は必要で、その結果、消費力が維持し、地方を救うという意見です。

　一方、東京一極集中を非とする意見には、東京は消費地にすぎず、生産地である地方が衰退すれば東京も衰退するという意見、地方の人口減少に伴い、今後、東京は地方から人材供給を受けることが困難になるという意見があります。

　どちらの立場に立つかは、みなさんがそれぞれ考えていってください。いずれにしても、国が進めている人口減少を食い止めるための地方創生の戦略は、東京一極集中を是正することにあります。地方から都市への人口流出を食い止め、都市から地方への新たな人の流れを、地方が主役となって進めるものです。

（鈴木雅之）

1 - 2

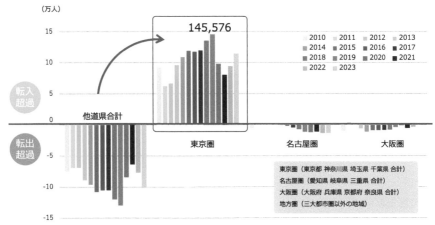

出典：総務省統計局「住民基本台帳人口移動報告（2010年-2023年）」より作成

図1　住民基本台帳転入超過数（三大都市圏・他道県合計）

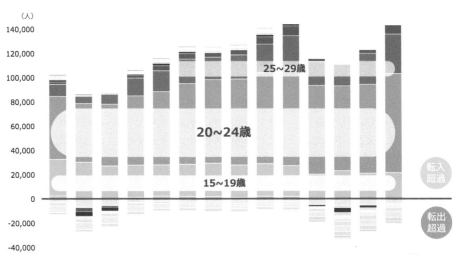

出典：総務省統計局「住民基本台帳人口移動報告（2010年-2023年）」より作成

図2　東京圏の年齢階層別転入超過数（2010〜2023年）

参考文献

三浦展（2018）『都心集中の真実—東京23区町丁別人口から見える問題』筑摩書房

少子化の要因と社会や地域に及ぼす影響
少子化

日本の出生数は1973年をピークに年々減少し、2016年には100万人を割り、2022年には80万人をも割る77万747人と、減少傾向が加速し、歯止めがかかっていません（図1）。

団塊の世代とよばれる戦後の第1次ベビーブーム期には約270万人、団塊ジュニアとよばれる第2次ベビーブーム期には約210万人がその年に生まれていましたので、大きな減少です。また、日本の人口動態（人口ピラミッド）には、その特徴がみてとれます。第1次ベビーブームの大きな人口の山があり、その子供たちの第2次ベビーブームの山があります。しかし、その先にあるべきであった第3次ベビーブームの山がありません。平成8年前後にその山があってほしかったわけです。

日本の合計特殊出生率の変化をみてみます。この値は2.07ないと人口が維持できないといわれています。1970年代前半まではその値が維持されていましたが、その後は減少し、2005年に1.26という最低の値になりました。その後、少子化対策が打たれ、値が緩やかに回復してきていましたが、2022年に再び最低の1.26となりました。出生率の値が上昇してきていますが、出生数は減少を続けています。それは、出産適齢期とされる女性の人口が過去に減少しているためです。これは、今後も続くとされる現象です。

都道府県別に合計特殊出生率を比較してみると、首都圏や関西圏の出生率がほかの道県に比べて低いことがわかります。特に東京は1.04（2022年時点）と極端に低くなっています。今、首都圏への一極集中で、東京に人が流入してきていますが、超低出生率であることから、人口減少が加速することになります。

千葉県でみてみると、地域ごとに合計特殊出生率の数値は多様ですが、千葉市から東側、南側で、その数値が低い傾向があることがわかります。都市部には、流山市、木更津市など比較的に率が高い市もあり、そういった市には、子育て施策が充実されていたり、都心に通勤しやすい上に住宅価格が安価であるなど、若い世帯が住みやすい条件があります。

出生率低下の要因は、「未婚率の上昇」と「夫婦の子供数の減少」です。未婚率は、2010年は一部に下降がみられるものの、1970年代以降男女とも上昇傾向が続いており、非婚化が進行しています。

晩婚化も進行しています。夫、妻とも平均初婚年齢は約30歳です。晩婚に伴い、夫婦の子供数の減少につながります。

男女雇用機会均等法が1986年に施行され、その頃から共働き世帯数が増加してきました。共働き世帯数と、専業主婦世帯の数は1990年代に逆転しています。男女ともに働きながら子育てする制度やシステム、環境が不十分であるため、子供をもたないという選択肢につながることもありえます。

理想の子供数別にみた、理想の子供数をもたない理由をみてみます（図2）。最も大きな理由は、「子育てや教育にお金がかかりすぎるから」です。理想の子供が3人以上では約7割、2人以上では4割がそう回答しています。次に多いのが、「高年齢で生むのはいやだから」で、さきほどの晩婚化の影響がここにもみえてきます。そのほかにもさまざまな理由があり、理想の子供の数をもてないという事情がわかります。

日本の合計特殊出生率を諸外国と比較すると、ドイツや他のアジアの国々とともに、国際的にみて低い水準にあります。フランスやスウェーデンでは、いったん出生率が低下しながらも、政策を子育てに重点を置くことで、その後2.0前後まで回復しています。政策によって出生率を回復できることから、日本でも早急に対策を打つことも必要になっています。

（鈴木雅之）

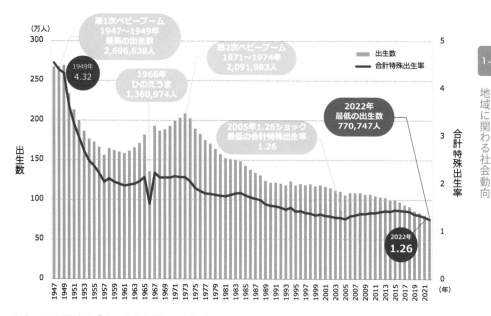

出典：厚生労働省「人口動態統計」より作成

図1　日本の出生数・出生率の推移（1947~2022年）

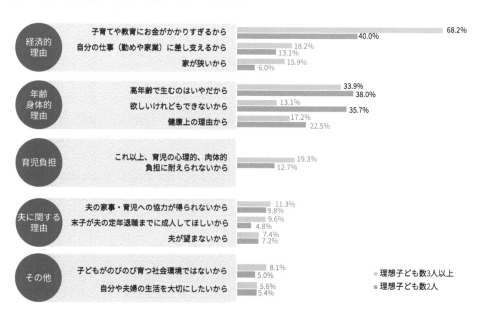

出典：国立社会保障・人口問題研究所「出生動向基本調査」より作成

図2　理想子供数別にみた、理想の子供数を持たない理由

参考文献

髙崎順子 (2016)『フランスはどう少子化を克服したか』新潮社

世界のなかでも先進を行く超高齢社会の現状
超高齢社会

日本では、人口は減少していきますが、65歳以上の高齢者は逆に増加していきます。つまり、65歳以上の総人口に占める高齢化率は上昇します（図1）。

日本の人口ピラミッドの変化をみていくと、高齢化率の上昇がより理解できます。1990年の人口ピラミッドでは、まだ団塊世代、団塊ジュニア世代とよばれる2回あったベビーブームの人口ボリュームゾーンが下の方にありますが、それが2015年、2025年には、徐々に上の方にスライドしていきます。65歳が統計上は高齢者の仲間入りの歳ですので、このような人口のボリュームゾーンが65歳に達すると高齢化が一気に進むことになります。

一方で、少子化の影響で子供の数は減少しています。2065年の人口ピラミッドの形は大きく変化していきます。1965年では、65歳以上の高齢者一人に対し、20～64歳の人数9.1人で支えられましたが、2015年には2.1人となり、2065年には1.2人で高齢者を支えることになります。

高齢者が増えると当然ながら、年金、医療、福祉などの社会保障給付費が増加します。これらを負担し、支えるのが若者や現役世代であるというのが日本の現代社会の構造です。

欧米やアジア諸国の高齢化の推移と比較しても、日本の高齢化の進展は突出しています。アジア諸国の推計値では、いずれ近い高齢化率になる国がありますが、いずれにしても日本は高齢化の先進国であるわけです（図2）。

また、高齢化の進展速度も日本には特徴的な点があります。高齢化率7％～14％までに到達する所用年数（倍加年数）を諸外国と比較すると、日本の所用年数は24年で、フランス（115年）、スウェーデン（85年）、ドイツ（40年）、イギリス（46年）、アメリカ（72年）と比べて圧倒的に急速に高齢化したことがわかります。ほかの国は高齢化社会への対応を徐々にできたわけですが、日本はあまりにも急激に高齢化したことで、対応が遅れているということもいえます。

世界との比較で平均寿命をみても、日本人は男女とも長生きします。このように、世界のなかでも高齢化の進展は群を抜いており、課題も大きくなっています。別の見方をすれば、超高齢社会に限っては課題も先進的なわけです。これからみていく超高齢社会の課題解決の方法は、今後、特に超高齢社会に入っていくアジアの参考になりうるかもしれません。

そのような社会状況のなかで、地域で暮らす高齢者のなかには、

一人暮らしの高齢者も急激に増えてきています。高齢者のなかで一人暮らしの男性は約15％、女性は約22％です（2020年）。1980年と比べると、その割合は男性で約3倍、女性で約2倍と急速に増えてきています。

一人暮らしの高齢者が困っていることは、家のなかの修理、電球交換、部屋の模様替えなどが約4割、次に、自治体活動が約3割と高くなっています。そして、掃除、買い物、散歩、食事の準備、通院など、日常生活の行為が続きます。外出行動が、一人暮らしの高齢者が困っていることの内容として、高い傾向にあります。

超高齢化の進展は、高齢者の日常生活を支えるうえでの大きな課題となっています。財政上の問題もあり、国や自治体だけで高齢者を支えることは難しくなってきています。そうすると、地域のなかで高齢者を支援する必要がでてきます。このようなことから、政府は、人生100年時代を見据えた経済社会システムをつくり上げるための政策を押し進めようとしているわけです。

（鈴木雅之）

1-2

地域に関わる社会動向

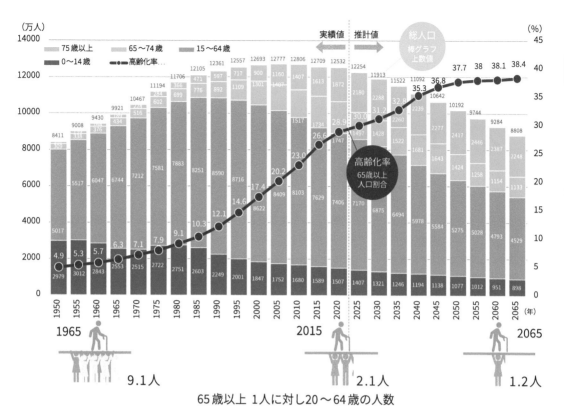

出典：内閣府「令和4年版高齢社会白書」より作成

図1　高齢化の推移と将来推計

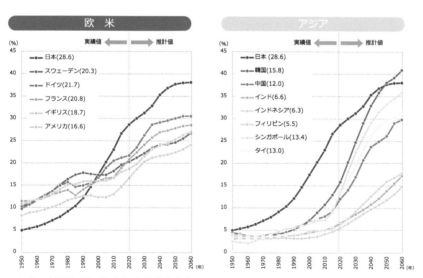

出典：内閣府「平成4年版高齢社会白書」より作成

図2　世界の高齢化の推移

参考文献

内閣府（2017）『高齢社会白書』

東京大学高齢社会総合研究機構（2017）『東大がつくった高齢社会の教科書：長寿時代の人生設計と社会創造』東京大学出版会

植生図と緑の基本計画

自然環境・住環境

　都市と自然との関係性の歴史は古く、古代エジプトの庭園史で確認できます。当時のエジプト貴族の庭を描いた絵図をみると、ブドウ園の存在を確認できます（図1）。砂漠気候帯のエジプトでは、日差しを遮る緑陰、食料になる果樹、薬草として使える草木は生きていくための必需品でした。

　東京には、六義園、小石川後楽園、浜離宮庭園など、江戸時代から多くの日本庭園があります。世界でも屈指の大都市だった江戸は「緑と水の美しいまち」でした。明治になって東京をみた欧米人は「江戸の美は田園的なるもの」、「江戸は庭園の町である」と述べています。

　江戸の町は江戸城を中心に渦巻き状に外延する堀と水路があり、江戸城近くの武家屋敷には大名庭園が形成されていました。そのため、江戸のまちは水と緑が豊かな庭園都市だったといわれています。

　都市化により緑や水などの自然は減少していきました。自然は、美しさや精神的安定だけでなく、生活の安全性・季節暦・都市環境の改善などに貢献し、生活に密着した存在であり、計画的に守っていく必要があります。1878年に訪日したイギリスの紀行作家イザベラ・バードは東京に向かう航海の途中で、富士山の雄大さに感動

し、海岸沿いの集落景観の美しさを語っています。

　都市の緑を保全するために初めてできた都市計画の制度が風致地区制度です。風致地区とは、1919年に制定された都市計画法において、都市内外の自然美を維持保存するために創設された制度です。風致地区に指定された地区では、建設物の建築や樹木の伐採などに一定の制限が加えられます。風致地区に最初に指定されたのは、明治神宮内外苑を結ぶ連絡道路である北参道、表参道、西参道、明治神宮外苑入口付近でした。

　例えば、多摩川沿いに指定された多摩川風致地区では、東京都世田谷区の多摩川の河岸段丘である国分寺崖線を「みどりの風景軸」として位置づけています（図3）。近年、斜面緑地の開発が急速に進行するなかで、国分寺崖線の緑地保全では積極的な対応が必要になっています。そのため、世田谷区国分寺崖線保全整備条例、斜面地における建築物の制限に関する条例、風景づくり条例、みどりの基本条例、の4つの条例により国分寺崖線の緑地を保全しています。

　ある地域を覆っている植物体の総称を植生といい、それらの面的な配分状況を地図上に表現したものが植生図です。植生図には、図示される対象植生に応じて、現存

植生図、原植生図、潜在自然植生図などがあります。

　日本全体の植生分布をみてみましょう（図2）。日本列島は、北海道から沖縄まで北から南に約3,000kmと弓状に長く、海岸から高山までさまざまな立地を有し、それぞれの地域に応じた多様な生物相が形成されています。植物については、シダ植物以上の高等植物だけでも約6,000種以上といわれ、立地に応じた植生が形成されています。植物の分布は、基本的には気温と降水量に対応しており、3,000mを越える山脈を有する日本列島では、緯度に伴う水平的分布と標高による垂直的分布による植生の分布パターンがみられます。

　市町村が、緑地の保全や緑化の推進に関して、その将来像・目標・施策などを定めるのが緑の基本計画です。例えば、千葉市緑と水辺のまちづくりプランでは、千葉市内を4つのゾーンに分けて、それぞれの特性に合わせた目標像・方針を計画しています。

　これにより、緑地の保全および緑化の推進を総合的、計画的に実施できます。
（松浦健治郎）

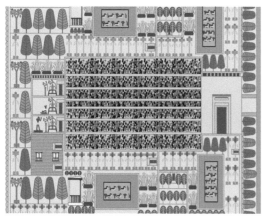

出典：Gardenvisit.com The Landscape Guide（https://www.gardenvisit.com/history_theory/library_online_ebooks/ml_gothein_history_garden_art_design/small_egyptian_gardens）より作成

図1　エジプトの貴族の庭

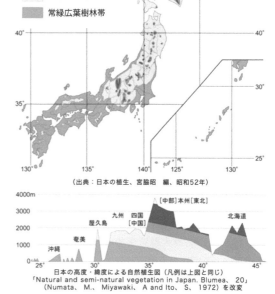

（出典：日本の植生、宮脇昭　編、昭和52年）

日本の高度・緯度による自然植生図（凡例は上図と同じ）
「Natural and semi-natural vegetation in Japan. Blumea、20」
（Numata、M.、Miyawaki、A and Ito、S、1972）を改変

出典：環境省自然環境局ホームページより作成

図2　日本の植生分布

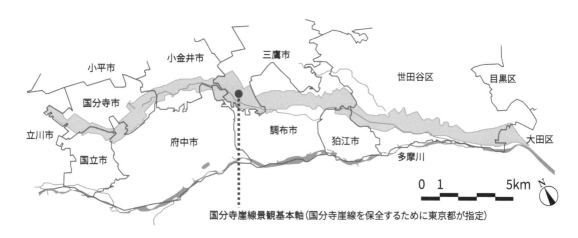

国分寺崖線景観基本軸（国分寺崖線を保全するために東京都が指定）

出典：世田谷区『国分寺崖線保全の取り組み』（https://www.city.setagaya.lg.jp/mokuji/sumai/010/003/001/d00004905.html）より作成

図3　国分寺崖線景観基本軸

参考文献

石川幹子（2001）『都市と緑地―新しい都市環境の創造に向けて』岩波書店
饗庭伸ほか（2008）『初めて学ぶ都市計画』市ヶ谷出版社

地形と災害の関係
地形・災害

災害は都市に大きな影響を与えます。発災後、大規模な土地利用や街路の変更を伴う都市計画が提案されます。しかし、都市の復興は現実的な形で進められます。例えば、1923年の関東大震災後の後藤新平による東京の大改造計画は、計画としては非常に優れたものでしたが、完全には実現されませんでした。

災害は大きく分けると、自然災害と人為的災害の2つです。自然災害は台風などの気象災害、地震に起因する災害、噴火に起因する災害に分かれます。人為的災害は火の不始末などによる火災、テロ、原子力事故などが挙げられます。今回はこのなかでも被害の甚大な地震に注目して紹介します。

図1は後藤新平による東京の大改造計画である帝都復興計画案の略図です。環状道路計画や公園と公園をつなぐ公園道路、高速度交通機関などが織り込まれており、近代都市計画についての先見性が示されていますが、部分的な実現にとどまりました。

都市景観という面でも、災害は都市に大きな変化をもたらします。災害により壊滅的な被害を受けた都市では、ある時代の建築様式ですべての建物が再建されます。例えば、1925年に起こった北但馬地震による城之崎温泉街の復興を

みてみましょう。城之崎温泉街では北但馬地震により91%の建物が焼失しました。現在の城之崎温泉街を歩くと、メインストリート沿いに3階建ての建物が建ち並んでいます。これらの建物はすべて1926年以降、いっせいに建てられたものであり、城之崎温泉街の都市景観が大きく変化したことがわかります（図2）。

災害後、新たな場所に都市ごと移転するケースもあります。例えば、イタリア・シチリア島の都市ノートは1693年に起こったノート地震の後、旧市街は山岳地に位置しており、都市の復興は資金的に困難であることから、都市自体が、海岸に近い、経済的繁栄に有利な平坦な場所である南東約6kmの位置に移動しました。

災害は地形との関係が深いです。そのため、過去の被災履歴や過去の土地利用を把握することが重要となります。例えば、2011年の東日本大震災で津波被害を受けた福島県南相馬市井田川浦では、100年前は水域で、震災前は水田だった場所が津波により湿地になりました。

また、1948年の東南海地震で津波被害にあった三重県尾鷲市中心市街地地区における建物浸水区域をみると、港に近い低地および河口付近が浸水しており、市街地

の約1/3が建物浸水区域に含まれていました。米軍撮影の空中写真を用いて建物浸水区域を拡大してみると、浸水区域の一部の河口付近で建物が流出した形跡を確認することができます。さらに、国土地理院の電子地形図2500を用いて、市街地形成・微地形・建物浸水区域・建物流出区域の関係性をみると、元々の市街地は港近くの標高5m以下の低地に形成されており、建物浸水区域にほぼ重なることと建物流出区域は河口付近に集中していることがわかります。

三重県南伊勢町五ヶ所浦地区では、1929年から1949年にかけて、集住地に大きな変化はみられませんが、集住地南側に埋立地が造成されています。東南海地震付近の1929年から1967年にかけて、集住地東側と、集住地南側の造成された埋立地に集住地が拡大しており、どちらも東南海地震建物浸水区域内であることが読み取れます。これらの結果から、1929年から2015年にかけて、集住地形態は東南海地震の建物浸水区域内に広がり、津波被災リスクが高くなっています。このように地形と災害には密接な関係性があることから、これらの関係性を読み取ることが重要となります。

（松浦健治郎）

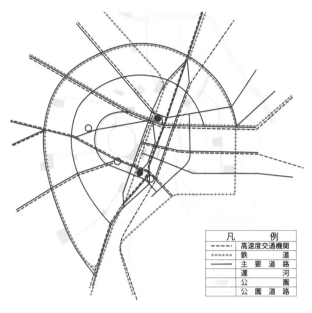

凡	例
‒ ‒ ‒ ‒	高速度交通機関
＋＋＋＋＋	鉄　　　　道
―――	主 要 道 路
	運　　　河
	公　　　園
	公 園 道 路

出典：『帝都復興計画案略図』（http://www.hisatune.net/shiryou/
　　　gotou/gotou-main13.html）より作成

図1　帝都復興計画案略図

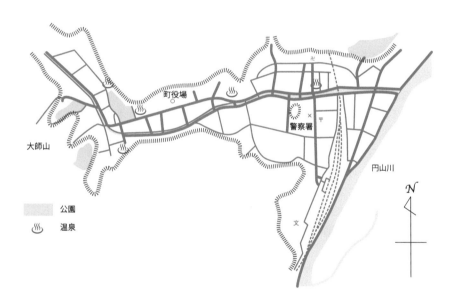

出典：『但馬の近代化遺産』（https://venex1.exblog.jp/7139119/）より作成

図2　城崎町復興地図

参考文献

水谷 武司（2012）『自然災害の予測と対策：地形・地盤条件を基軸として』朝倉書店

渡辺 満久（2014）『土地の「未来」は地形でわかる　災害を予測する変動地形学の世界』日経BP

饗庭伸ほか（2008）『初めて学ぶ都市計画』市ヶ谷出版社

松浦健治郎（2016）『過去の被災履歴から見た市街地形成の変遷に関する研究〜三重県南部の沿岸部を対象として』日本都市計画学会都市計画論文集第51号, pp409-414

産業・生活・公共の福祉の基盤
インフラストラクチャー・交通

インフラストラクチャーは、道路や鉄道などの産業基盤となるものと、学校や病院などの生活基盤になるものの2種類に分けられます（図1）。

まず、都市におけるインフラストラクチャーの代表的なものである道路に着目します。都市における道路ネットワーク形成は幹線道路の形式により、放射環状型、格子型、ラダー型などに分類できます。世界の大都市では放射環状型が多くみられます。ヨーロッパでは、高速道路は都市の外延部までとなっており、都心部とは直接接続されていないことが通常です。東京と世界の主要都市の高速道路ネットワークをみてみると、いずれも放射環状型になっていますが、東京は環状道路が未整備のエリアが多く、環状道路の間隔が広いことがわかります（図2）。

道路のもつべき機能は大きく交通機能と生活機能に分かれます。生活機能について、ヨーロッパの都市の街路や広場では、オープンカフェをみることができます。アジアの諸都市でも、街路に露店や飲食屋台が数多く営業しており、市民の憩いと交流の場となっています。日本の街路空間は交通機能の充実がより重視され、生活機能はほとんど顧みられてきませんでした。街路上での商店の営業は原則禁止で、オープンカフェの営業も認められていませんでしたが、2003年に規制を緩和し、その営業が可能になりました。

例えば、新宿ではオープンカフェの実験が行われていますし、千葉市でもオープンカフェのイベントを定期的に開催しています。マレーシアでは歩道にテーブルや椅子が並ぶ屋台街が一般的ですし、福岡の屋台街も観光客で賑わっています。今後は道路空間における生活機能の拡充が求められているといえます。

次に、交通について考えてみましょう。交通とは人、物、情報を1つの場所からほかの場所へ移動することを意味します。交通需要とは、人・物という交通主体の欲望あるいは必要性の総量をいい、供給とは交通需要に対して提供される交通機関の量あるいは質をいいます。交通需要は通勤、通学、レジャーなど、目的地での活動目的のために発生する派生的需要とドライブ、クルージング、散歩など、移動そのものを目的とする本源的需要の2つに分かれます。

鉄道駅は多くの人々が行き交う空間であり、都市の重要な顔です。ヨーロッパの諸都市の鉄道駅は城壁の外側につくられることが多かったため、鉄道駅を中心に都市を開発する動機に乏しかったですが、日本では、私鉄を中心にターミナル駅に百貨店を併設するなど鉄道駅を中心とした都市開発が多く実施されてきました。日本のような鉄道駅を中心とした都市開発が世界的に注目されつつあります。

持続可能な都市構造と交通システムの例として、1993年にアメリカの都市計画家ピーター・カルソープが提唱した公共交通指向型都市開発（TOD）という概念を紹介します。TODとは公共交通のターミナル付近で高密度の都市開発を行い、これらの拠点と都心を相互に連結する考え方です。カルソープは日本における鉄道駅を中心とした都市開発を参考にこの概念を考えたといわれています。

バスネットワークによるTODとして、ブラジルのクリティーバが有名です。クリティーバでは、都市軸を形成する幹線道路の中央部にバス専用軌道を設置し、都市部への移動手段として自家用車ではなくバス利用を推進しています。

富山市では、既存の路面電車の路線を活用したLRTを整備し、LRTの停車場周辺に住居機能を集積させることにより串と団子の都市構造を計画・実践しています。

このように、効率性と生活機能の重視という相反する機能を両立させていくことが求められています。
（松浦健治郎）

● 主に産業基盤となるもの

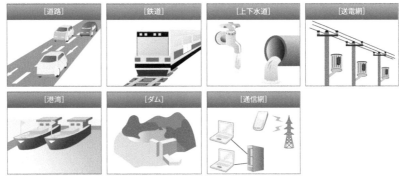

● 主に生活基盤となるもの

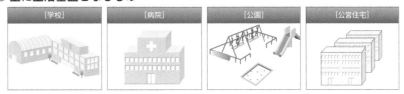

出典：日本経済新聞「社会インフラの老朽化問題について知る！」（https://www.nikkei4946.
　　　com/zenzukai/detail.aspx?zenzukai=108）より作成

図1　さまざまな社会インフラ

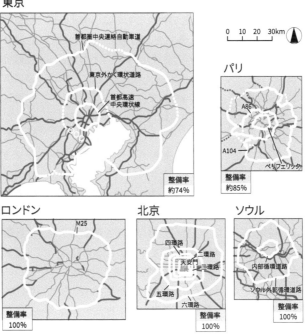

出典：東京都「東京と日本の成長を考える検討会報告書」（2018.10.29）
　　　より作成

図2　都市における道路ネットワーク形成

参考文献

手塚 広一郎・加藤 一誠 編著（2017）『交通インフラの多様性』日本評論社
饗庭伸ほか（2008）『初めて学ぶ都市計画』市ヶ谷出版社

さまざまな要素によって構成される景観

景観・まちなみ

1970年頃、歴史的町並みが破壊されつつある現状を打開するために全国各地の自治体で景観条例がつくられました。景観に対する関心の高まりを受けて、2004年に景観法が制定されましたが、景観法では景観の用語の定義はありません。景観は地理学用語として用いられていたドイツ語Landschaftの訳語とされ、ある一定の地域的まとまりのある景をさします。近年は個別の建物の外観を「景観」と表現することもあり、幅広い用語になっています。「景」（＝ものの様子、さま）と「観」（＝ものの見方）からなる語であり、目に見えるさまを人々がどのように捉えているかをさす言葉です。都市計画の分野では、戦前は美観や都市美という言葉が使われていましたが、戦後、景観が主に使われるようになりました。景観まちづくりを進めるには、将来のまちの姿、景観のあり方の視点を共有することが不可欠となります。

景観を誰が見るかのWho、どこから見るかのWhere、何を見るかのWhatで考えてみましょう。まず、Whoについては市民です。Whereについては一般的に道路・高台といった公共空間になります。Whatについては都市・農村・自然などが挙げられます。

景観の概念については、大きく5つ挙げられます。第1に、同時に存在し、相互に関連しあう、違う種類のものを一括して捉えることです。例えば、灯台がみえる景観では、灯台だけを切り取って灯台景観とよぶのではなく、灯台の周囲にある堤防や製氷施設、市場、道路、漁船、集落、地形などと合わせて見る必要があります。

第2に、特有の形態をもった一定の空間です。例えば、ゲルマンの塊村といわれるものは、塊状の集落とそれを取り巻く細長い耕地、共有の放牧地、森林などがセットになって捉えられる空間です。この意味合いでは、景観は「景色」というよりは「地域」の意味をもちます。

第3に、空間の大きさには階層性があることです。例えば、渋谷駅前スクランブル交差点周辺の景観は渋谷を構成する景観の1つです。また、渋谷は東京を構成する景観の1つです。このように空間の大きさには階層があり、景観もさまざまな階層に分かれています。

第4に、類型もしくはモデルであることです。第5に、時間とともに変化することです。

都市景観の構成要素は大きく3つあります。気候・風土・地形などの自然的環境要素、土地利用・都市施設などの人工的環境要素、歴史・文化などの社会的環境要素

です。城下町都市では、歴史的建造物が残ってなくても、敷地割や街路構成は現在の景観に影響を与えています。祭や市場の景観では、市民活動も重要な景観要素になります。非定常的で動的な要素も都市景観の重要な要素です。景観を考えるためには、視覚的な空間造形だけでなく、地域の歴史・コミュニティなどを含めた総合的な視点をもつ必要があります。景観は視対象の空間的広がり、見る者との距離関係、見る対象、見る者と周辺環境の空間的特徴などによりさまざまな分類が可能です。

視対象の空間的広がりについてみると、広域的景観、都市的景観、街区的景観といった具合に分類できます（図1）。見るものとの距離関係については、近景・中景・遠景といった分類が可能です。見る対象については、都市景観、自然景観といった分類が可能です。

見る者と周辺環境の空間的特徴については、見晴らし型、見通し型、などの分類ができます（図2）。

人々の生活の気配が感じられる景観として生活景という概念も生まれています。さまざまな要素によって構成される景観のあり方について、市民の共有を図ることが求められています。

（松浦健治郎）

広域的景観、都市的景観、街区的景観

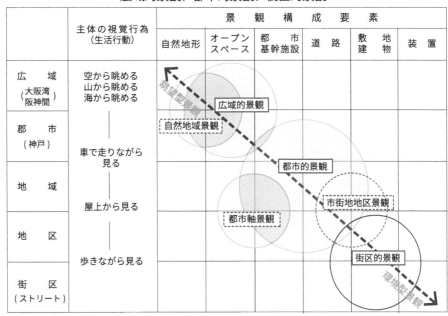

主体の視覚行為 （生活行動）	景観構成要素					
	自然地形	オープンスペース	都市基幹施設	道路	敷地 建物	装置
広域 （大阪湾） 阪神間）	空から眺める 山から眺める 海から眺める					
都市 （神戸）	車で走りながら見る					
地域	屋上から見る					
地区						
街区 （ストリート）	歩きながら見る					

出典：神戸市（1982）「神戸市都市景観形成基本計画」より作成

図1　視対象の空間的広がり

眺望景観（広域的景観＋都市的景観）

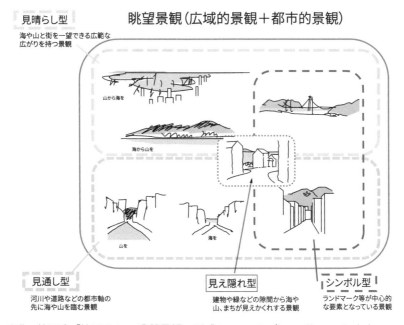

見晴らし型
海や山と街を一望できる広範な
広がりを持つ景観

見通し型
河川や道路などの都市軸の
先に海や山を臨む景観

見え隠れ型
建物や緑などの隙間から海や
山、まちが見えかくれする景観

シンボル型
ランドマーク等が中心的
な要素となっている景観

出典：神戸市「神戸らしい眺望景観の形成について」（https://www.city.kobe.
lg.jp/documents/17212/89sankousiryou1-1_1.pdf）より作成

図2　見る者と周辺環境の空間的特徴

参考文献

塩見寛（2001）『まちの個性を、どう読み解くか―東海道筋まち並み町づくり』静岡新聞社

饗庭伸ほか（2008）『初めて学ぶ都市計画』市ヶ谷出版社

中村和郎（1991）『地域と景観』古今書院

都市における人工的要素

建物・施設・住宅

千葉大学周辺の地図（図1）を
みると、地区ごとに建物の種類や
建ち方が異なっていることがわか
ります。このように、建物の集合
体であるまちの特性を読み取るひ
とつの方法として、個々の建物の
特徴を読み取ることが有効である
ことがわかります。

住宅を取り巻く環境を住環境と
よびます。住環境にはさまざまな
段階があります。住宅の規模・住
宅性能などが関係する住宅内部の
環境、住宅や敷地の集合状態など
の相隣・街区環境、鉄道・商店街・
文化施設の利便性などの地区・都
市環境などです。

相隣・街区環境についてみる
と、生活関連施設、保育施設・学
校、商店などの立地や配置が日常
生活の利便性や快適性を大きく左
右します。子育て期や高齢期にお
ける日常生活圏の構成は特に重要
です。

市街地の空間構成についてみて
みましょう。図2のように市街地
はさまざまなタイプに分けること
ができます。市街地の空間構成は、
大きく3つの要素から成り立って
います。第1に、都市基盤施設は、
道路、上下水道などのライフライ
ン、公園・緑地、河川・水路、そ
のほかの公共施設が挙げられます。
第2に、街区・画地については、
市街地内の道路である街路、街路

によって囲まれ区分された部分で
ある街区、街区内を目的に沿って
細分された画地、建築物の画地で
ある宅地によって理解することが
できます。街区の大きさや形態は
敷地の規模や形状との関係が深い
といえます。第3に、建築物群に
ついては、建築物の形式は、敷地
の規模・形状と密接な関係があり
ます。一敷地に計画される建築の
配置、形態、密度は街区や地域環
境がつくり出す重要な要素です。

既成市街地の道路構成や街区パ
ターンはそのまま維持されること
が多いですが、敷地は分割や合併、
建築物は建替えや増改築などで常
に更新されていきます。空間密度
の規制については、都市計画法や
建築基準法の集団規定では、建ぺ
い率と容積率で定めています。市
街化の進行については、個々の敷
地単位や小規模な個別の開発単位
で進むと、体系だった道路網は形
成されません。無秩序に開発され
た市街地の場合、小さな単位で開
発が進んだ結果、道路構成が複雑
になり、行き止まり道路が多く発
生します。

敷地割・建築敷地と道路の取り
合い、相隣環境や周辺の状況、相
隣環境や周辺の状況・敷地の立地
する地域の特性など、物理的なま
ちの構成を把握することでまち固
有のコンテクストを読み取ること

ができます。コンテクストを読み
取る際には、地形や歴史的まとま
り、字界、市町村界、生活関連施
設の集積や分布状況、その施設配
置と利用圏域、コミュニティ組織
なども確認する必要があります。
武家屋敷、町家、農村集落などの
伝統的街並み、計画的市街地の街
並みなど、街路・街区・画地・建
築物による空間構成に一定の秩序
がみられる場合があります。

次に、土地利用と街並みの関係
について考えてみましょう。自治
体が作成する都市計画図には、計
画敷地に建築可能な建物の用途制
限が示されています。建物の規模・
形態については用途地域と連動し
て定められます。容積率などにつ
いては、将来像の不明確さから高
めに設定されることが多く、敷地
の実情に合わない場合があります。
これらの法規制はあくまで遵守す
べき最低基準となります。

現在の土地利用の状況を表した
地図が土地利用現況図です。例え
ば、大阪市中心部の場合、大阪城
付近院は官公庁施設や文教施設な
どの公共施設が多く立地し、大阪
城の西側では商業施設が多く立地
している状況が理解できます。
（松浦健治郎）

図1　千葉大学周辺の図と地の関係

計画的戸建て住宅地

スプロール市街地

密集市街地

中高層住宅団地

住商混在市街地

図2　さまざまな市街地

参考文献

饗庭伸ほか（2008）『初めて学ぶ都市計画』市ヶ谷出版社

地域の主体である人とその移動

人と移動

地域ごとに、そこに住んでいる人、働く人の数や属性がさまざまです。人の属性には、男女、年齢階層、職業、収入階層、住宅の所有形態、出身地、ライフスタイルなどがあります。それらの組み合わせによって、地域は多様になり、また地域ごとの個性となります。ここでは、人口密度、人口動態、世帯構成、就業形態、昼夜間人口について、地域の違いがどのように生じるかをみていきます。

人口密度によって地域の違いもでてきます。千葉県でみると、松戸市、柏市、千葉市のような都市部と、いすみ市、芝山町、長柄町のような地方部の人口密度は大きく異なります。例えば、松戸市の人口密度は長柄町と比べて約50倍になります。都市部では一人当たりの面積が少なく過密で、地方部は一人当たりの面積が多く過疎といえます。

人口動態と地域の違いについてみてみます。人口動態とは、一定期間内の人口の変動です。出生と死亡の差である自然増減と、転入と転出の差である社会増減の2つがあります。多くの地域では、出生数が減少し、死亡数が増加しています。また、社会増減では、転入が増加している地域もありますし、転出が増加している地域のどちらもあります。それらの4つの変数によって、地域の人口の増加、減少を示すことになります（図1）。

自然増減では、超高齢社会に伴い、死亡数が出生数を上回る市町村が多くなる傾向があります。それでも、出生数の方が上回る、市川市、流山市、浦安市などの市町村もあります。千葉市、松戸市は都市部にありますが、死亡数の方が出生数を上回っています。

人口動態によって、人口増と人口減の市町村が生まれます。都市部と地方部を比較すると、地方部の人口減少率が特に高くなっています。

日本全体の世帯構成別の割合をみると、日本全体では、単身世帯が増加、三世代世帯が減少しています。地域によってこの構成比は異なりますので、地域の違いを生み出します。三世代世帯が少ない地域では、親子で生活を助けあう機会が少なくなります。単身世帯、特に高齢単身世帯が多くなると、孤独死の問題や、地域での助け合いの問題がでてきます。

65歳以上の高齢化率が高い地域と低い地域があります。高齢化率が高いとは、高齢者が多いことと若者が少ないことです。千葉県内でも高齢化率は3倍の開きがあります。県内一位の御宿町は49.4％であり、人口の半数が高齢者であることを示しています。「超高齢社会」の節でみたとおり、今後、ますます高齢化率は上昇していき、超高齢社会における地域へのさまざまな問題を抱えることになります。

次に、第一次から第三次産業の就業者数の割合から、地域の人たちの職業構成をみていきます。浦安市は第三次産業の就業者が多く、芝山町は第一次産業の就業者が多くなるなど、地域によって異なります。消費が中心になる地域と生産する地域とで分かれています。第一次産業が中心の地域では、農作業などのために人と人のつながりを強固にする必要があることから、そうでない地域にはない特徴が生まれることになります。

最後に、昼夜間人口による地域の違いをみていきます。昼間人口とは、市外からの通勤・通学者と、ずっと市内にいる人です。夜間人口は、市外への通勤・通学から戻ってくる人と、ずっと市内にいる人です。千葉市中央区や成田市のように、市外への通勤・通学者が少なく、市外から通勤・通学者が多く集まる地域と、我孫子市、鎌ケ谷市、流山市のように、市外への通勤・通学者が多い地域があります（図2）。地域にとって一番良いのは、職住近接し、昼夜間人口が均衡することです。

（鈴木雅之）

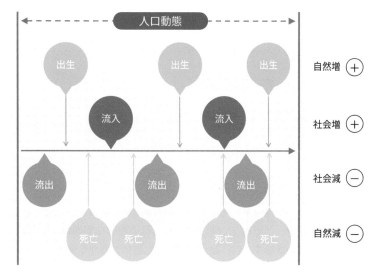

図1　人口動態

| 昼間人口 | 市外からの通勤・通学者と、ずっと市内にいる人。 |
| 夜間人口 | 市外への通勤・通学から戻ってくる人と、ずっと市内にいる人。 |

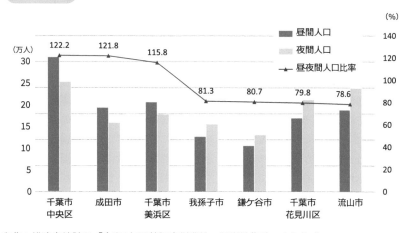

出典：総務省統計局「令和2年国勢調査従業地・通学地集計」より作成

図2　昼夜間人口による地域の違い

参考文献

大正大学地域構想研究所ほか編著 (2018)『地方創生に役立つ！「地域データ分析」の教科書』大正大学出版会

半澤誠司ほか編著 (2015)『地域分析ハンドブック』ナカニシヤ出版

政治・行政と市民の「あいだ」

政治空間・市民社会

政治空間・市民社会としての地域について、デモクラシーと市民参加の観点から考えていきます。

デモクラシーといっても、さまざまな見方、考え方があります。市民が国と自治体の代表者を選び、その意思にもとづいて政治・行政が営まれるという点では共通していますが、一方では、市民の意思が国家統治に回収されてしまうデモクラシーが、他方では市民の意思が市民自治として反映されるデモクラシーが考えられます。中央集権的な統治構造においては前者が志向され、市民は統治の客体とされてきましたが、地方分権と市民社会の充実が求められるなか、自治体運営においては後者の市民自治が問われます。

デモクラシーは市民が起点となりますが、課題解決に向けた回路を重層的に捉えていくことが重要になってきます（図1）。ここで公共性というものを、政治・行政的公共性と市民的公共性とに区別して捉えてみると（ハーバーマス）、前者は市民が自治体と国の代表者選出を通じた間接参加、ないしは政治・行政過程に関与する直接参加によって、後者は市民自身の直接参加による多角的な実践を通じて具現化されていきます。

そうしたなかで、近年注目されているのが、直接デモクラシーの可能性です。政治参加が有する人間性向上や自己実現的な側面は、政治を営むこと自体が豊かな関係性を創出していくことを意味しています。また、政治的無関心や無力感を克服していくために、身近なところから公共的な課題を考え、市民と政治・行政との応答性をつくり出していくことも期待されています。

分権化時代の自治体において、市民の政治・行政参加は多様化しています。とりわけ、行政過程への参画や市民提案による協働事業は広がりをみせていて、市民の声を直接的に拾い上げたり、議論の俎上に載せたり、具体的な計画づくりや実践に反映させることが求められるようになってきています。

図2は、行政参加の全体像を示したものです。政策実践過程のさまざまな局面において、市民参加の機会をつくることが求められていますし、問題発見から政策評価まで、市民が求める課題解決に向けて政策の実質化を図ることも模索されています。市民ワークショップや無作為抽出型の市民会議など、参加手法の開発や討議環境の充実も進んでいます。

また、自治体議会についても積極的な見直しが求められています。執行部からの提案を吟味することなく可決してしまうような追認議会と堕することなく、閉ざされた議会から開かれた議会への転換を図り、積極的な討議と状況判断を踏まえた意思決定がなされていくことが問われています。自治体の自立を果たしていくためには、議会の主導性が決定的に重要になってきます。

もっとも、自治体空間は政治空間にすべて回収されるわけではなく、むしろその基盤としての市民社会に目を向けていくことが問われます。市民社会とは、市民の自由の砦であり、政治・行政権力から相対的に自立した領域です。あらゆる課題を政治・行政の対象にしてしまうのではなく、市民が自ら考え、自分たちなりに実践していくことが何より重要です。

市民社会の可能性は、日常生活に生じるリスクの共有、多様な主体の実践、連携協力など、さまざまな観点から見出されます。市民・民間・地域の可能性を開花させていくことは、地域の力を引き出していくことであり、政治・行政的公共性のあり方を捉え直していくことにもなります。市民社会の拡充は、わたしたちの地域に対する意識を醸成していく基盤にもなっているのです。

（関谷昇）

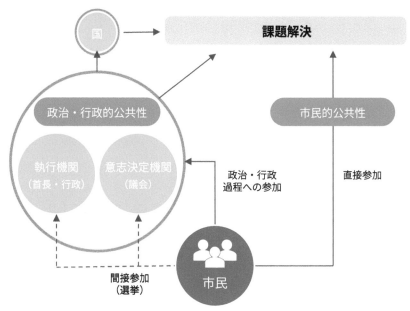

図1　デモクラシーの重層性

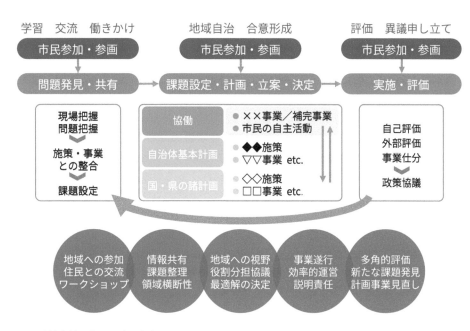

図2　政策実践過程への市民参加

参考文献

S. ゴールドスミス・W.D. エッガース (2006)『ネットワークによるガバナンス―公共セクターの新しいかたち』(城山英明・奥村裕一・高木聡一郎監訳) 学陽書房

薮野祐三 (2010)『社会力の市民的創造―地域再生の政治社会学』法律文化社

吉原直樹 (2019)『コミュニティと都市の未来―新しい共生の作法』ちくま新書

篠原一 (2004)『市民の政治学―討議デモクラシーとは何か』岩波新書

「コミュニティ」に関わる多様な考え方
コミュニティ

　「コミュニティ」について、社会学と文化人類学の理論にもとづいて考えます。学術的な書籍や論文では、英語のcommunityは、「共同性」や「共同体」、「共同社会」と訳されたり、「コミュニティ」と片仮名で表記されたりしています。ここでは片仮名の表記を用いることとします。

　政治学や行政学では、コミュニティは、主に自治の基盤として位置づけられます。そこでは、コミュニティへの参加は、討論・議論を通じた「意思決定への参加」を意味します。また、このような「声の参加」には、自分では意見をいいにくい人々の声を聞き、意思決定の場に伝える「アドヴォカシー」という役割も含みます。その参加の単位は、国から地区までさまざまなスケールのものが含まれます。これに対して、社会学や文化人類学などでは、人々の関係や意識などを広くさす概念として「コミュニティ」が用いられてきました。

　しばしば、コミュニティは、「昔に存在したもの」で、時代とともに衰退していくものとして捉えられてきました。そのような考え方は、社会学者のテンニースの理論にみることができます。テンニースは、血縁や地縁などの親密な人間関係にもとづく社会を「ゲマインシャフト」とよび、国家や会社、市場などのように特定の目的や利害を達成するために人為的につくられた関係性にもとづく社会を「ゲゼルシャフト」としました。

　この「ゲマインシャフト」が英語では「community」になります。このようにコミュニティを考えると、コミュニティは昔存在した理想的な社会で、近代化や都市化とともに失われていくものとなります。このような考え方にもとづく地域づくりでは、コミュニティは「伝統的なもの」「回復されるもの」となります。

　同じく社会学者のマッキーヴァーは、「コミュニティ」と「アソシエーション」という対概念で社会を考えました。ここでコミュニティは、共同生活の領域をさします。この領域の範囲はさまざまで、村や町といった狭い範囲から、例えば宗教のように国境を越える範囲まで含みます。共同生活を送るなかで、例えば、モノづくり、学習、スポーツ、介護といったように、人々の間にさまざまな共同関心が生まれてきます。そのような共同関心を追及するために個人が集まって設立される組織がアソシエーションです。具体的には、会社や工場、学校や塾、スポーツクラブ、社会福祉法人やNPOといった具合です。すなわち、アソシエーションはコミュニティの一部であり、コミュニティ内には、互いに敵対するものも含めて、多数のアソシエーションが存在しうるという考え方です。

　マッキーヴァーの考えは、近代化や都市化が進むとさまざまなアソシエーションが生まれ、それらを通じてコミュニティは発展するというもので、テンニースとまったく対照的な考えといえます。

　さて、テンニースとマッキーヴァーは、コミュニティの変化の方向については正反対の考えでしたが、コミュニティを日常的なものと考えていた点では共通しています。

　文化人類学者のターナーの「コムニタス」という考え方は、それに対して、異なる視点を提供してくれます。「コムニタス」とは、日常生活が中断した時間にのみ現れる非日常的な世界をさします。地域づくりで関わる取組みとして、祭りやイベントがこれにあたります。祭りやイベントは、日常生活が中断される時間であり、普段は隠れていた地域のルールが現れたり、地域の人々の間に普段とは異なる人間関係が生じたりする社会空間といえます。

（清水洋行）

社会学者　F. テンニース（1855~1936 年）

「ゲマインシャフト」と「ゲゼルシャフト」という対概念を提起

| ゲマインシャフト | 血縁（家族）や地縁（村落、小都市）などの親密な人間関係にもとづく社会。「共同社会」とも訳される。 |

| ゲゼルシャフト | 特定の目的や利害を達成するため人為的に作られた関係性にもとづく社会。「利益社会」とも訳される。 |

「ゲマインシャフト」の考えにもとづいてコミュニティを考えると、コミュニティは伝統的社会（村、小都市）に存在した理想社会で、近代化・都市化とともに失われていくものとされる。

▼

「回復されるもの」としてのコミュニティ

図1　「回復されるもの」としてのコミュニティ

社会学者　R. マッキーヴァー（1882~1970 年）

「コミュニティ」と「アソシエーション」という対概念を提起

| コミュニティ | 共同生活の領域　村、町、地方、国、さらには国境を越える範囲など |

| アソシエーション | コミュニティに含まれる様々な共同関心の中から、特定の共同関心を追求するために設立される組織　政治、経済、宗教、教育、娯楽等に関わる各種の団体 |

近代化都市化 ➡ コミュニティから各種のアソシエーションが設立される

▼

コミュニティの発展

図2　発展していく共同社会としての「コミュニティ」

参考文献

船津衛・浅川達人 (2014)『現代コミュニティとは何か』恒星社厚生閣
ジェラード. ディランティ (2006)『コミュニティ』(山之内靖・伊藤茂訳) ＮＴＴ出版
ロバート.M. マッキーヴァー (1975)『コミュニティ』(中久郎・松本通晴訳) ミネルヴァ書房

1-4　地域の社会的な構成要素

コミュニティを構成するネットワークとその社会的機能

ネットワークと社会関係資本

　都市社会学では、都市化とともに、近隣における親しい関係や助け合いの関係といったコミュニティが失われていくという立場と、そのようなコミュニティは存続しているという立場とが長い間、論争を続けていました。アメリカの都市社会学者のウェルマンは、前者を「コミュニティ喪失論」、後者を「コミュニティ存続論」と整理したうえで、新たな問いを立てました。それは、「確かにコミュニティが存在する地域はあるが、それは社会全体のなかではどのように位置づけられるか？」という問いです。

　この問いに答えるため、ウェルマンは、親しい関係（ネットワーク）が、どのような地理的範囲に存在するか、を調べます。ウェルマンは、1968年にカナダのトロントのイースト・ヨーク区という人口約10万人の都市で、18歳以上の住民845人を対象に調査を行いました。調査では、同居する家族以外で、最も親しいと感じる人を6人挙げてもらいました。

　分析にあたり、まず、回答者との関係と親しさの強さとの関係に着目しました。図1の最下段にあるように、親しい相手として最も多く挙げられたのは友人（1,476人）でした。しかし、親しさが強いネットワークの相手は、別居している「子ども」「親」「きょうだい」でした（図は省略）。次に、親しい相手の居住地に着目します。図1をみると、「隣人」という、近隣のネットワークも確かに存在しています。このことから、近隣のコミュニティが喪失されたという「コミュニティ喪失論」は正しくありません。しかし、同時に、親しさが強いネットワークの相手である「子ども」「親」「きょうだい」は、近隣や市内よりも遠方に住んでいる傾向にあることがわかります。つまり、もっぱら近隣のコミュニティの存続に焦点をあてている「コミュニティ存続論」も、十分な考え方ではないといえます。

　これらのことから、ウェルマンは、人々のもつネットワークは分岐していて、それぞれのネットワークはさまざまなスケールの地理的範囲に広がっていると考え、「コミュニティ解放論」を提示しました。

　ネットワークについて、社会学者のグラノヴェッターは「強さ」に焦点を置きました。一緒に過ごす時間が長かったり、親しさを感じる程度が強かったりする紐帯を「強い紐帯」としました。「強い紐帯」には閉じる（クリークをつくる）傾向があり、反対に「弱い紐帯」には、強い紐帯のクリークどうしをつなぐ傾向があると考えました。そのクリークどうしをつなぐ「紐帯」を「局所ブリッジ」とよびました。

　図2は、AさんとBさんとの弱い紐帯が、Aさんが属するクリークと、Bさんが属するクリークをつなぐ局所ブリッジとなっていることを表しています。もしも2人が知り合いでなければ、2つのクリークは、13個の局所ブリッジを介してようやくつながることになりますが、AさんとBさんとの間の弱い紐帯によって、2つのクリークの間に情報が伝達される最短のルートができたことになります。

　政治学者のパットナムは、そのような人々のネットワークが、国や自治体、地区の自治への参加を促す力をもつことに着目して、「社会関係資本（ソーシャル・キャピタル）」という言葉を用いました。そして、社会関係資本について、グラノヴェッターのいう「強い紐帯」のように内側に閉じているものを「結合型」、「弱い紐帯」のようにそれらをつなぐ役割を果たすものを「橋渡し型」と考えました。地域づくりや公共政策を進めるうえで、資金や施設などの経済資本、担い手の知識や技能といった人的資本と同様に、社会関係資本の量やタイプも重要な条件となります。
（清水洋行）

居住地	関係							
	子ども	親	きょうだい	その他の親族	友人	隣人	同僚	合計
同じ近隣地域	9 (4.0)	23 (6.8)	25 (4.2)	54 (6.9)	194 (13.1)	182 (74.3)	18 (8.3)	505 (13.0)
イースト・ヨーク内の他の地域	23 (10.1)	35 (10.3)	63 (10.6)	85 (10.9)	211 (14.3)	38 (15.5)	28 (13.0)	483 (12.5)
トロント市内	26 (11.5)	94 (27.6)	130 (22.0)	176 (22.6)	441 (29.9)	10 (4.1)	83 (38.4)	960 (24.8)
トロント大都市圏内の他の地域	108 (47.6)	50 (14.7)	147 (24.8)	227 (29.1)	359 (24.3)	10 (4.1)	71 (32.9)	972 (25.1)
トロント大都市圏以外	61 (26.9)	138 (40.6)	227 (38.3)	237 (30.4)	271 (18.4)	5 (2.0)	16 (7.4)	955 (24.6)
N 全体中の%	227 5.9	340 8.8	592 15.3	779 20.1	1476 38.1	245 6.3	216 5.6	3875 100.0

出典：バリー.ウェルマン (2006)「コミュニティ問題―イースト・ヨーク住民の親密なネットワーク」(野沢慎司・立山徳子訳) 野沢慎司監訳『リーディングスネットワーク』勁草書房，p172の表5-2に加筆して作成

図1　回答者との関係ごとにみた親密な相手の居住地

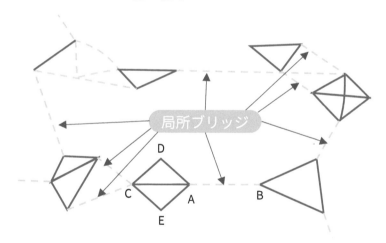

アメリカ　社会学者　M．グラノヴェッター（1943- ）

── 強い紐帯　　---- 弱い紐帯

局所ブリッジ

D
C　A　B
E

出典：マーク.グラノヴェッター(2006)「弱い紐帯の強さ」（大川栄美訳）野沢慎司監訳『リーディングスネットワーク』勁草書房，p130の図4-2に加筆して作成

図2　弱い紐帯による局所ブリッジ

参考文献

野沢慎司編 監訳 (2006)『リーディングス ネットワーク論』勁草書房

ロバート.パットナム (2006)『孤独なボウリング』(柴内康文訳) 柏書房

ロバート.パットナム (2001)『哲学する民主主義』(河田潤一 訳) NTT出版

地域の文化は不変とは限らない動的な存在

歴史・風習・伝統・地域文化

歴史は、政治、経済そして社会に関わる大きな歴史と、人々の生活に埋め込まれている小さな歴史があります。歴史を知るには、史料からの読解とともに、人々の日常生活について直接話を聞くことで読み取っていくことも重要です。人々の日常生活に埋め込まれている歴史を考察する方法として、個人の人生を語り、振り返ってもらいながら再構成するライフヒストリー研究、そして長く社会集団において伝承されてきたことをもとに、日常の生活を再構成する民俗誌を記述する方法があります。このような方法は、文化人類学、社会学、民俗学で行われ、研究成果が蓄積されています。

風習は、長くその地域の生活のなかでつくられてきた側面があります。社会生活上のしきたりや祭礼などの運営のあり方などに風習を読み取ることができます。

また、伝統は風習とも重なる概念ですが、あらゆる領域（宗教、生活、芸能、社会生活など）において、一定の型式を意識されながら継承されていく行為、技芸そして考え方とみることもできます。しかし風習や伝統は、過去から連綿と不変に続くものとは限らず、現代の枠組みのなかで語られながら、再評価、再創造される側面もあります。つまり風習や伝統は動

的な存在であることも留意しないといけません。

地域文化としての風習や伝統をどのように発見していくことができるでしょうか。そもそも風習や伝統はその地域の個性として捉えることができます。長く受け継がれた伝統文化も、変わらず次の代に継がれる場合もあれば、その時代の事情により改変変容させていくこともあります。長く受け継がれる静的な側面と、その時代の事情により積極的に変えていく動的な側面もあります。この静的な受け継がれ方と動的な文化変容の両方をみていくことで、その地域の文化を地域資源として発見していくことができます。その地域資源は、まったくの第三者による評価だけではなく、その文化を担う当事者によって自らを評価し認識される側面もあります。

自ら地域資源を発見する流れとして、千葉県木更津市で毎年7月に行われる八剱八幡神社の祭礼を例にとります。ここでは二本担ぎとよばれる伝統的な神輿の担ぎ方が伝わっています。二本担ぎは、「神様に背中を向けて担いではいけない」といわれ、両腕をあげる、肩で担ぐ力的にもかなり厳しい担ぎ方です。伝統的な担ぎ方でしたが、若年人口の減少により、一度二本担ぎをあきらめた時期もあり

ました。

しかし、改めて自分たちの伝統的な二本担ぎを行おうという機運がでて、さまざまな氏子以外からの人材確保に対する方策を立てながら、現在では木更津市木更津地区における祭礼の伝統的象徴として改めて二本担ぎは復活し、継承されています。伝統とされていた担ぎ方を時代状況で改変をしながらも、地域資源として再発見、再認識し、現在再び継承されている事例といえます。

地域文化を発見していく「学問的方法」はさまざまです。民俗誌的記述を目指しながら行うもの、個人の人生を振り返って語ってもらいながら、その個人の語りから、さまざまな社会そして時代像を明らかにしていく方法などが挙げられます。社会学や文化人類学、民俗学などは、フィールドワーク、すなわち人々に話を聞きながら、ともに考えていく方法を蓄積しています。学問的方法としてフィールドワークを主体とした学問領域では、必ず現場に足を運んで、現地の人からの話を聞きながら「地域文化」を発見していく方法を探っていきます。まずは人から、直接話を聞き、そこに住まう人の地域文化を考えてほしいと思います。

（和田健）

44

風習や伝統をもとに、その地域の個性としてみる文化

➡ 長く受け継がれそして改変もされてきた地域の特徴、
それを発見することに大きな意義がある。

➡ その地域の人が改めて、今までの風習や伝統を再確認して
継承していく側面があることも考えないといけない。

1-4

地域の社会的な構成要素

> 地域資源、観光資源として括られる風習や伝統は、静的な
> 不変のものではなく、現在の観点で再認識され動的に作られ、
> 継承されていくものでもある。

> 地域資源は、風習や伝統の発見から、その地域の新たな魅力
> として、地元の人たちによって自ら評価する道筋をたどるも
> のでもある。

図1　地域文化としての風習と伝統、その発見

図2　八劔八幡神社夏の祭礼で行われる二本担ぎ（千葉県木更津市）

参考文献

上野和男・高桑守史・福田アジオ・宮田登編 (1987)『新版　民俗調査ハンドブック』吉川弘文館
好井裕明 (2006)『「あたりまえ」を疑う社会学　質的調査のセンス』光文社
宮本常一・安渓遊地編 (2008)『調査されるという迷惑：フィールドに出る前に読んでおく本』みずのわ出版
和田健 (2009)『海の暮らしと房総の民俗』千葉日報社

地域のなかで成り立つ人々の生活

地域のなかの生活

人の生活は地域のなかで成り立っています。その生活には段階があります。ベッドや住宅などの、個人や家族での生活、いくつかの家族が集まる集合住宅、それらが集まる近隣の地域、さらに集まる町内会といったように、生活は広がっていきます。

生活の広がりを「生活圏」として捉える考え方があります。生活圏には、単位圏域、一次生活圏、二次生活圏、地方生活圏の4つのタイプがあります。単位圏域は、徒歩圏程度で半径500mくらいの範囲で、世帯数は500戸程度でまとまった生活圏です。中心商業施設にはコンビニがあります。一次生活圏は、小学校区程度で半径1〜2kmの範囲で、単位圏域が3〜4程度集まった規模の生活圏です。中心商業施設には、コンビニ、日用商店、サービス店、飲食店があります。二次生活圏は、中学校区程度で半径2〜3kmの範囲で、一次生活圏が4〜5程度集まった規模の生活圏です。中心商業施設には、ショッピングセンター、日用商店、サービス店、飲食店があります。

また、およそ30,000人以上の人口規模は、地方生活圏とよばれ、中心商業施設は、デパート、専門店街、サービス店、飲食店、アミューズメント施設となります。

それぞれの中心商業施設や、小学校、中学校といった施設を思い浮かべてみると、生活の圏域を想像できます。これらの基準をもとに、それぞれの地域がどういった生活圏に属するかを分類できます。

また、ニュータウンや新たな街をつくる都市計画では、地域にどのような施設をバランス良く配置するかが検討されたり、どこにどういった商業施設をオープンするかなどの分析などに活かされたりしています。

次に、地域のなかの人々の生活から考えてみましょう。ある市に住むある夫婦とその大学生の子供の移動を立体的な図式で描いたものが図1です。底辺に地域的な広がりを置き、縦軸を時間軸とした立方体です。そこに、夫、妻、大学生の平日の移動を、地域の広がりと時間との関係で描いています。自宅にいる家族は重なっていますが、日中は3人の行動は異なり、地域に展開しています。この図は、ある家族の動きですが、この動きをその地域を構成するさまざまな人たちと、それらの外出行動にまで広げると、さらに複雑な地域のなかの動きが考えられます。この立方体の図がどのように埋まっていくか考えることは、その地域の個性をみることにつながります。

人の外出行動の内容には、さまざまなものがあります。仕事、買い物、外食、レジャー、送迎、社会的つきあい、個人的つきあい、など多様で、これらが地域のなかで営まれ、地域が構成されています。それと同時に、地域がこれらの活動を支え、作用しています。

外出行動は、そのために移動をする頻度や目的は人によって異なります。また、個人の身体力や交通手段による経済力によっても左右されます。当然ながら、地域のインフラや公共交通機関など交通環境にも影響されます。

それらを総合してモビリティとよびます。前述の外出行動をとるタイプは比較的モビリティが高く、地域内で交流するタイプや広域を移動するタイプになります。一方、モビリティが低いと、在宅療養者など自宅からほとんど移動しないタイプ、近隣のみで活動するタイプがでてきます。地域は、モビリティの度合いによって変化します。

このように、人々の生活という観点から地域をみることによって、地域の理解もしやすくなります。また、地域を活性化したり、元気にする取組みを進める際には、地域の人たちの生活やモビリティの視点を考えることにつながります。
（鈴木雅之）

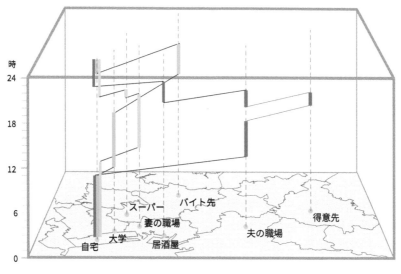

図1　ある3人家族の行動の時間軸×地域的広がり

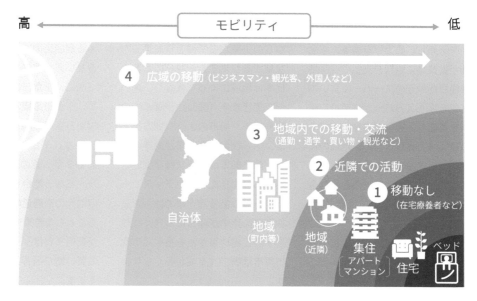

図2　モビリティの種類

参考文献

荒井良雄ほか（1996）『都市の空間と時間』古今書院

経済による地域ごとの特色

地域経済

地域経済は、地域外を主な市場とする「地域外市場産業（製造業、農業、観光）」と、地域内を主な市場とする「地域内市場産業（小売業、生活関連サービス）」に分けて考えることができます（図1）。

お金の流れに注目すると、例えば、①製造業の会社が地域外に製品を販売し、売上げを得る、②会社が従業員に給料を支払う、③地域住民が地元のスーパーで買い物をする、④スーパーが従業員に給料を支払う、流れがあります。その後③④を繰り返して、地域内需要が拡大する、という地域経済の構造になります。地域外からお金を流入させる地域外市場産業は、地域経済の心臓部ともいえ、地域外からお金を稼いでくる産業の集積を促進し、競争力を強化することが重要となります。

所得という視点から地域をみてみると、都市と地方とでは格差があります。千葉県内の市町村の平均所得を比較すると、最も多い市は都市部の市で591万円、最も少ない市は地方部の市で362万円、と200万円以上の差が生じています。このことから、地方部での所得を高める必要があるという課題がみえてきます。また、この所得の差が、よりよい収入を求めての地方から都市への、人口流出の原因の一つとみることもできます。

地域経済のうち地域外市場産業を考えるにあたって重要なのが、その地域の主産業についてです。大きな分類としては、自然界から直接に所得を得る第一次産業、第一次産業が採取・生産した原材料を加工して所得を得る第二次産業、目にみえないサービスや情報などの生産から所得を得る第三次産業があります。それらの産業の比率は地域によって異なり、違いがでてきます（図2）。千葉県内の南房総市や旭市のような地方部では、第一次産業の比率が大きくなり、都市部では第一次産業はほとんどありません。東京ディズニーリゾートのある浦安市では、第三次産業の比率が非常に大きくなります。工場地帯がある袖ケ浦市や市原市は第二次産業が多くなります。

さらに、地域を特徴づける地域産業の視点には、有効求人倍率、産業構造別の事業所数、従業者数、売上高、開業率・廃業率、年間商品販売率、製造業の状況、などが挙げられます。

次に、地域内市場産業という視点から、商業と消費動向をみてみます。地元の人が、地元で買い物や消費をすることで、その地元での商店や事業所の売上げが伸びるわけです。例えば、千葉県内で衣料品の地元購買率を比較してみる

と、都市部では、地元購買率が高く、地方部では低い傾向にあります。その地域に衣料品店があるかないかによりますが、よりよい衣料品を求めて、都市部の大型ショップに出かけてしまうという状況があることがうかがえます。これらは、地域のなかの消費を支える商店街の状況とも関連しているといえます。

次に、千葉市の商圏をみてみます。千葉市の東と南側にある市町村から多くの購買者を取り込んでいます。千葉市の人口は約98万人ですが、その商圏人口は約192万人となっています。周辺市町村の地元の商売を奪っていると捉えることもできますが、逆に千葉市が衰退すれば、周辺市町村の人々の買い物が困ることになるともいえます。

地元購買率が低くなるのは、拠点都市への買い物だけではなく、ネットショッピングの伸び率の大きさからも影響が大きいといえます。ネットショッピングはこれからも伸びてくると予測され、地方部の商業は、ますます衰退の傾向にあります。

これらのように地域経済は、地域外と地域内の産業の両方からみていくことで、地域間の差や地域の個性がみえてきます。
（鈴木雅之）

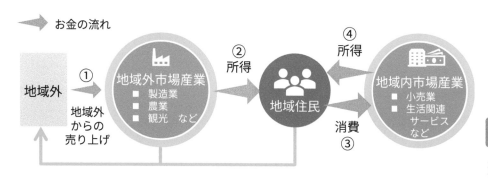

①製造業の会社が地域外に製品を販売し、売上を得る
②会社が従業員に給料を支払う
③地域住民が地元のスーパーで買い物をする
④スーパーが従業員に給料を支払う

出典：経済産業省「地域経済分析の考え方とポイント」より作成
図1　地域経済のお金の流れ

1-4 地域の社会的な構成要素

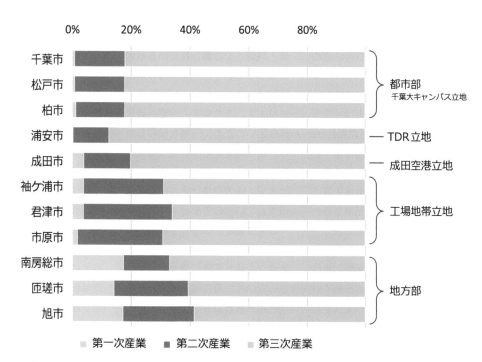

出典：総務省統計局「令和2年国勢調査就業状態等基本集計」より作成
図2　千葉県内の都市部・地方部の産業構造の違い

参考文献

山田浩之、徳岡一幸編(2018)『地域経済学入門　第3版』有斐閣
藤山浩編著(2020)『「循環型経済」をつくる』農文協

地域づくりと法政策
法制度

日本社会には、憲法を最高規範とする法体系が存在しており、政府レベル・市民レベル・両者の中間レベルにおいて諸法が具体的に解釈運用されています。これによって、公共の利益の具現化と市民生活の保障が図られています。

もっとも、中央集権的な統治体制の下では、憲法および各法律の解釈運用も中央主導で行われます。それは、さまざまな法規制や許認可を通して、市民生活・市場活動を管理・統制するものであり、それによって合理性・効率性・安全性が保たれることになります。

さて、わたしたちの市民生活には実に数多くの諸法律が取り巻いています。日々の暮らし、生活・居住環境、教育・福祉、健康・安全、政治・行政などの領域において、明確なルールが定められていることにより、地域での生活が営まれているのです。こうしたさまざまな法律によって制度がつくられたり、手続きが定められ、具体的に運用されることによって、市民生活の秩序・公共の福利・各種権利が保障されているわけです（図1）。市民生活にとっての諸法律は、円滑な市民生活を送ることができるために存在しているものであり、いわば潤滑油のようなものともいえます。

しかし、官僚統治の下に運用されている諸法律は、地域の現場で変化し続けている諸課題とズレを生じさせる場合があります。個人の生活も経済の営みも、諸規制が強すぎると不自由になってしまいますし、逆に規制が弱すぎるところでは不利益が発生してしまうこともあります。そもそも国と自治体・地域とでは置かれている状況が異なっており、上意下達の管理統制にはなじまないことも数多くあります。それゆえ、一定の政策的な狙いのために規制を緩和したり、状況の変化に応じた法解釈や立法を可能にさせることが求められます。地方分権はまさにそれを追求しているのです。

公共空間というものを、特定の主体や回路に限定することなく、多様な主体と回路に開かれたものとしていくためには、自分たちのルールを自分たちでつくっていくということが必要不可欠の条件となってきます（図2）。自分たちでものごとを判断し、決定していくことができるためには、それを根拠づける自前のルールというものが必要となるのであり、市民が立法と法解釈を自主的に営んでいくことが求められるのです。

自治体に関しては、具体的な諸課題に対応しうる、自治体独自の法解釈と立法が必須の課題となっています。まず社会的現実と諸問題を踏まえ、その解決に即した立法・法解釈・運用がなされ、具体的な制度がつくられるわけです。機関委任事務体制の下では、国の解釈・運用基準にかなっているかどうかを確かめる照会法務が主流でしたが、分権時代においては政策を具体化させるために自己立法や法解釈が必要とされています。

政策法務とは、条例などの法務手段を使って、政策目的を達成したり、政策課題を解決しようとするものです。何が問題なのか、それに対する現行法はどうなっているのか、問題解決のためにいかなる政策選択をするのか、といったことを踏まえながら、合意形成に向けた法的構成を図るわけです。

そこで改めて問われるのが市民自治の原則です。市民とともに課題解決に向けた立法活動・条例制定を展開することが問われています。

全国一律的な規制だけでは限界であり、自治体独自の法政策が必要不可欠の課題になってきます。いかなる地域特性や地域環境を配慮していくべきなのか、どのような規制や管理を行い、条例などを整備していくべきなのか、自治体と市民が協働して検討し、必要な措置を講じていくことが求められています。

（関谷昇）

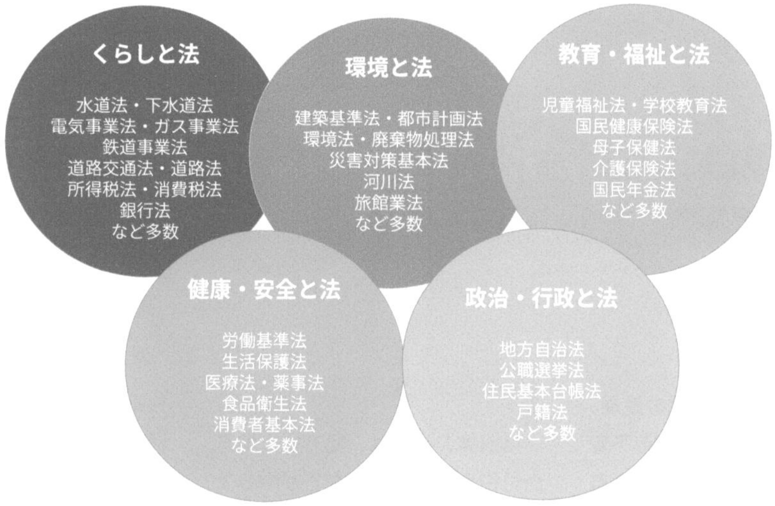

図1　市民生活を取り巻く主な諸法律

問題解決のための「ルール」解釈・運用・策定

- 自治体の問題を自治体が解決するためのルールづくり
- これまで自明視されてきた通達は失効
  ➡ 行政が事業を進める「根拠」はどこにあるのかを考える必要
- 政策実現において障害となる壁をどう乗り越えられるか

合意形成のためには「ルール」が必要

- まちづくりは、市民への恩恵や便宜ではなく「ルール」に基づく必要
- 問題の当事者の参加・参画を保障
- 当事者の恣意的判断を回避した合意形成

事業・政策における手続の普遍化

- 問題発見－企画立案－計画－実施－評価の各段階における市民参画
- 事業や政策の遂行における情報の公開と説明責任の確保
- 個別政策における条例の制定、要綱の条例化

図2　自分たちがつくり出すルール

参考文献

木佐茂男 (1998)『自治体法務入門』ぎょうせい
松下圭一 (1999)『自治体は変わるか』岩波新書
鈴木庸夫・新保浩一郎 (2016)『ケーススタディ図解　自治体政策法務』ぎょうせい

自治体の自立と自治体経営
行財政

人口減少や少子高齢化の進展、税収減による収支バランスの不安定化、地域経済の低迷など、今自治体を取り巻く社会環境は不安定化しています。そうした状況のなかで、いかに地域経済の持続可能な基盤整備と安定的な生活環境の確保を果たしていけるかが根本的な課題となっています。

人口増加や経済成長を前提とした行財政制度は、構造的な限界を迎えているといっても過言ではありません。自治体財政は、非効率的な行政運営、多額の借金、人件費や施設維持費の増大などによって厳しさを増している一方、より根源的には、自治体独自の財政運営ができないという行政構造の限界にも直面しており、問題状況をより深刻にさせているといえます（図1）。

自治体の会計は一般会計と特別会計とから成り立っていますが、いわゆる財布は複数存在しており、それらをトータルに捉えていかなければ自治体の財政状況を理解することはできません。また税資源の配分をめぐっても、多くの財源は国に集中しており、中央省庁による自治体関与が極めて高い構造になっています。地方交付税や国庫支出金は、自治体間格差を是正する反面、補助金などによる自治体の管理統制が顕著になっています。

自治体の歳入は、地方税、地方交付税や国庫支出金などが中心です。一方、自治体の歳出は、義務的経費と投資的経費が中心となっています。財政状況が極めて健全なところは不交付団体となりますが、どの自治体も財政状況が極めて厳しく、義務的経費などを除けば、自由に使えるお金が限られてしまっている自治体は少なくありません。

自治体の財政状況が厳しい構造の背景には、財政自主権の不在という問題があります。確かに、自治体間格差の是正やナショナル・ミニマムの保障には国の役割が不可欠であることはいうまでもありません。しかし、中央省庁主導の体制は、税資源の再分配が強固な縦割りによってなされることを意味しており、自治体が総合的な判断のもとに財政を運営していくことが不可能になってしまうという問題を抱えています。

それゆえに改めて、自治体が課税自主権を拡充させていくことが課題となります。これも地方分権が目指している取組みの一つです。国から自治体への分担金のあり方を捉え直すとともに、自治体が独自財源を拡充させることで、独自の政策展開を切り拓いていけるかが問われます。市民生活で保障さ

れるべき最低限度の水準であるシビル・ミニマムを問うていくことから、改めてナショナル・ミニマムを捉え直すことが必要ですし、自治体としての責任も求められるようになります。そこから、歳出歳入バランスを図る政策財務の課題が位置づけられ、自治体経営の工夫が評価されることになります。

自治体の政策財務を健全なものにしていくためには、スクラップ・アンド・ビルドを均衡ある形で促進させていくことが必要不可欠です。また、税金を使うことだけを考えるのではなく、公私分担のあり方を見直しながら、市民・民間・地域との協働に率先して取り組んでいくことも問われるところです（図2）。

こうした政策法務と政策財務を両軸とした自治体経営を実践していくためには、一定の政策基準が求められます。単なる経済合理性だけでは公共的な指標にはなりえない以上、的確な政策を策定・実践・評価していくための指標であることが必要となります。そのためには、コミュニティ・カルテなどにみられる指標活用が参考になります。生活環境や地域環境の実態に即したものであるとともに、優先順位づけの判断や市民協働への架橋なども問われるところです。
（関谷昇）

社会状況の変化

人口減少 少子高齢社会 の本格化	税収の 大幅な減少 社会保障費 などの増加	経済情勢 により税収が 落ち込む

人口増加や経済成長を前提とした行財政制度の構造的限界

自治体の財政が逼迫する状況

無駄な経費の 使いすぎによる 非効率的な 行政運営	多額の起債と 多額の返済という 負のスパイラル	人件費や 施設維持費の 財政圧迫	財政的自立度の 低さ	自治体独自の 財政運営の難しさ

財政運営の限界状況／自治体間格差の拡がり

図1　自治体経営の岐路

政府間の財源配分の変革

自治体独自の「課税自主権」の拡充が課題

自治体財源の拡充

国から自治体への分担金（交付金・補助金など）の占める割合が多い限り、自治体は従属的立場から脱却できない

独自財源の拡充を通じた自治体独自の政策展開へ

自主政策の拡充

自治体や市民が抱える諸課題は、ナショナル・ミニマムの充足を経て、シビル・ミニマムの充足から捉えていく必要

市民参加を通じた政策形成と負担をめぐる合意形成へ

政策財務の拡充

自治体の自立に必要不可欠な財務管理を確立し、無駄の削減と課題解決に必要な予算編成と進捗管理を具体化していく必要

スクラップ・アンド・ビルドの促進、市民・民間活力の活用へ

図2　自治体の自立と税源移譲

参考文献

田村明（2000）『自治体学入門』岩波書店
神野直彦（2007）『財政のしくみがわかる本』岩波ジュニア新書
曽我謙悟（2019）『日本の地方政府―1700自治体の実態と課題』中公新書

特徴のある地域

地域の分類には、その成立過程、空間の特徴、課題などによって分類できるものがあります。都市にしかない地域、地方にしかない地域もありますが、10の地域について、それぞれの成り立ちや課題をみていきます。

オフィス街

オフィス街は、都市圏において会社などの事務所やオフィスビルが集中して立地する区域です。ビジネス街ともいいます。東京では、霞ヶ関、丸の内などが有名です。

課題には、マンションなどの住宅としての建物は比較的少なくなるので、住民の空白地帯が顕著化していることがあります。また、オフィス街では地元自治体は住民税が得られないため、企業からの税収に依存しています。そして、大規模なオフィス街においては、周辺都市から短時間の間に大量の通勤者が押し寄せるため、慢性的な通勤電車の混雑が顕著になっています。

中心市街地

中心市街地は、都市における地域の中心となる中央業務地区です。人口が集中し、商業、行政機能が集積しています。

郊外のロードサイドショップの進行に伴い、地域の中核的な役割を担う中心市街地の活力が失われてきています。中心市街地の多くは高齢化が進行し、若者や店舗経営者も郊外部に転出するなど人口も減少

しています。

空き店舗、空き地も増加しており、特に地方の中心市街地の活力や魅力が低下しています。空き地が多い理由には、バブル期に再開発計画で取り壊されたものの、バブル経済がはじけて、計画が頓挫し、そのまま取り残されたことが原因です。

商店街

商店街は、商店が集まっている地区や、商店が建ち並んでいる通りのことで、小売店、飲食店およびサービス業を営む事業所が近接して30店舗以上ある場所と定義されています。

商店街は一部の商店街を除き、郊外や地方では低迷しています。移動手段が鉄道やバスから自家用車へ変化し、駐車場が広くて目新しい商品を多く扱う大型郊外店が進出し、多くの客はそちらに奪われました。商店街は駐車場が少なく、魅力の乏しい旧態依然とする店舗が多いところでは客足が遠のいたわけです。構成する店舗の廃業や撤退が続き、郊外の住宅地や地方などの商店街のなかにはシャッターを下ろした店舗が建ち並び、シャッター商店街になっています。

そのようなシャッター商店街の課題として、歩いて暮らせる日常生活圏にあった商店街の衰退によって、特に高齢者の買い物困難化が大きな影響として挙げられます。また、商店街を元気にしようとする活力の低下があり、おそらく元に戻すことは相当な困難があると考えられてい

ます。

住商混在市街地

住商混在市街地は、人口が相当程度集積し、低中層の地域型の住宅、商業施設などが混在して市街地を形成している地域です。現在は、土地利用転換による中層の共同住宅の立地が目立つようになっています。

住商混在市街地での課題には、人口減少や急激な高齢化、近隣の店舗、診療所などの撤退・閉鎖、バス路線の廃止など公共交通サービスの低下、空き家の増加や空洞化の進行による治安・防災上の懸念があります。

木造密集市街地

木造密集市街地は、老朽化した木造建築物が密集した市街地です。さらに道路や公園などの公共施設が十分に整備されていないため、火災・地震が発生した際に延焼防止・避難に必要な機能が確保されていない状況にあります。

木造密集市街地にはさまざまな課題があります。古くからある既成市街地なので、権利関係が複雑で、接道していない敷地もあります。道路は狭く、行き止まりの道路もあり、建替えなどの更新が難しくなっています。公園などのオープンスペースや緑が不足しており、建物の老朽化、倒壊危険、建物の密集が重なって、災害時の延焼や避難の危険性が高くなっています。日常の交通の便や生活の快適性が不足し、魅力が劣ることから、若年層の流出、高齢化

オフィス街

中心市街地

住商混在市街地

木造密集市街地

郊外住宅地（団地）

郊外住宅地（戸建て）

スプロール市街地

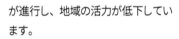

再開発住宅地

漁村集落

図1　特徴のある地域の配置図（すべて同じ縮尺）

が進行し、地域の活力が低下しています。

郊外住宅地

　郊外住宅地のは、計画的につくられたニュータウン、団地です。高度経済成長期に大都市圏への人口集中による住宅不足などを解消するため、昭和30年代後半から大都市の郊外部に計画的に開発された住宅地です。4, 5階建ての中層の住宅が平行に配置された住宅地と、戸建て住宅だけで構成されている住宅地があります。前者は、県営、市営、公団（UR）が管理する賃貸住宅団地と、日本住宅公団が分譲した分譲住宅などで構成されています。

　急激に人口増加した昭和30年代〜40年代の計画的住宅地において、人口減少や高齢化が急速に進行しています。市街地形態や居住者層が単一の形態である住宅市街地ほど、人口減少や高齢化が顕著になっています。独居高齢者や高齢者夫婦世帯が増加し、コミュニティや防犯が問題化したり、自治会などの組織の担い手不足が大きな課題ともなっています。このようなことから、転出も増えていき、空き地や空き家の増加に伴い、防犯上の課題もでてきています。また、団地の建物はエレベーターがなく、高齢者や子育て層にとっての日常生活が大変不便で

す。

スプロール市街地

郊外住宅地には、スプロール市街地というものがあります。先ほどの計画的住宅地とは異なり、都心部から郊外へ無秩序、無計画に開発が拡散して形成された市街地です。計画的に道路や上下水道などのインフラが整えられず、虫食い状に宅地化が進んだ結果、このような住宅地が生まれました。

虫食い状に宅地開発された地域は、計画的な市街地に再生することは不可能です。道路などのインフラ未整備による防災性能や緊急時の危険も非常に高くなっています。

再開発地区

再開発地区は、工場跡地や市街地などで土地を高度利用し、住宅や商業施設、公園、広場、街路などの公共施設など都市機能の更新や再整備を行う地区です。超高層マンションが多く建つ地区になっています。

工場跡地や市街地などで、超高層マンションが急激に建つようになるとさまざまな課題を引き起こします。まず、多くの新住民が引っ越してくる人口増による課題です。それを目当てに大型商業施設も進出し、従来の地域の商売や商業経済への悪影響につながります。交通渋滞や、公共交通機関の混雑、学校の不足も大きな課題になってきます。また、高層ビルによる日照被害や風害、電波障害が起きたり、新住民と旧住民との融和が不足し、軋轢が起きている地域もあります。

農山漁村

農山漁村は、農業、林業、漁業などの第一次産業に従事する人の割合が高く、人口や家屋の密度が小さい集落です。

課題は、まず第一次産業全般で所得が減少していることです。高齢化、後継者不足によって、第一次産業は継続されなくなり、農地などがそのまま放置される耕作放棄地の拡大を招いています。また、イノシシやキョンなどの鳥獣被害も顕著です。若者は、第一次産業に魅力を感じずその地域から流出してしまっています。人口が少なく、そのわりに地域が広いことから、地域内の公共交通機関は弱体化し、その結果買い物困難者も増えるという悪循環がみられます。

歴史的市街地

歴史的市街地は、歴史的、伝統的に価値がある建造物群があり周囲の環境と一体をなしている市街地です。城下町、宿場町、門前町などがあり、伝統的建造物群保存地区として保護されています。

課題としては、観光客の増加に伴う自動車交通への対応、歴史的風致に関わる建造物の外観・外構について増改築への制約があります。また、外国人観光客も増え、騒音やごみ、私有地への無断立ち入りなど観光客のマナー問題、いわゆる観光公害も起きています。

（鈴木雅之）

2章
これからの地域の考え方

わたしたちが生存できる地球環境の持続

サスティナビリティ（持続可能性）

サスティナビリティ（持続可能性）とは、わたしたちの生存できる地球環境を持続する考え方をさします。サスティナビリティの考えが広まったのは、国連における環境と開発に関する世界委員会、通称「ブルントラント委員会」とよばれる会合です。この委員会は1984年に設置され、1987年までの約4年間で8回の会合が開かれました。その後にまとめられた報告書「Our Common Future（邦題『地球の未来を守るために』）」で、持続可能な開発（Sustainable Development）について述べられたことから、以後、地球環境を持続するための基本的な考えとして国際社会で広まりました。

Our Common Future では、持続可能な開発を「将来世代のニーズに応える能力を損ねることなく、現代世代のニーズを満たす発展」という概念で説明しました。「将来世代のニーズに応える能力を損ねることなく」とは、例えば現在のわたしたちの生活のために化石燃料を使い果たしてしまい、将来世代が利用できなくならないように、現代を生きるわたしたちに責任ある行動を求めています。また、「現代世代のニーズを満たす」とは、貧困問題の解決を意味します。すなわち、人間として尊厳をもって生きるために必要な基本的なニーズを満たすことができない貧困層をなくさなければなりません。

持続可能な発展の考え方が普及するまでは、人類にとって地球環境資源は有限であり、無限の経済発展はあきらめるべきとの考えが先進国を中心に広まっていました。このため、経済的な発展を望む途上国から強い反発がありました。そこで、持続可能な開発では、経済、社会、環境のバランスを取りながら、地球環境資源の有限性を認めつつ人類の発展も可能という両立可能性を示しています。

持続可能な発展における国連の重要な出来事が、1992年にブラジル、リオデジャネイロで開催されたリオ地球サミットです。リオ地球サミットは、環境や持続可能に関する実質的な原点といわれています。リオ地球サミットでは、持続可能な発展に関する重要な文書として基本概念などをまとめた「リオ宣言」と、その実施手段に関する「アジェンダ21」が採択されました。さらに、環境分野における2つの重要な国際条約である気候変動枠組条約と、生物多様性条約の2つが採択されました。このリオ地球サミットはその後2015年に COP21で合意に至るパリ協定へとつながります。

189の加盟国が参加した2009年9月の国連サミットでは、2015年までに達成する8つの具体的な目標と18のターゲットを示した「MDGs（Millennium Development Goals）」が掲げられました。MDGsとよばれるミレニアム開発目標は、極度の貧困と飢餓の撲滅（目標1）、初等教育の完全普及の達成（目標2）、ジェンダー平等推進と女性の地位向上（目標3）、乳幼児死亡率の削減（目標4）、妊産婦の健康の改善（目標5）、HIV／エイズ、マラリア、そのほかの疾病の蔓延の防止（目標6）、環境の持続可能性確保（目標7）、開発のためのグローバルなパートナーシップの推進（目標8）と、21のターゲット、60の指標からなり、持続可能な開発に焦点をあてていました。MDGsは、貧困や飢餓の撲滅など一定の成果をあげたものの、先進国が中心となった途上国支援の内容に偏っていたという課題がありました。また、世界情勢が変わり、富の集中や貧富の差は途上国だけでなく先進国にもみられる世界的な傾向となってきました。そこで、MDGsで残された課題の克服や、先進国を含めた国際社会全体の問題として、持続可能な社会の実現を目指した持続可能な開発目標であるSDGs (Sustainable Development Goals) が採択されました。

（田島翔太）

図1　持続可能な発展

2000~2015

ミレニアム開発目標（MDGs）

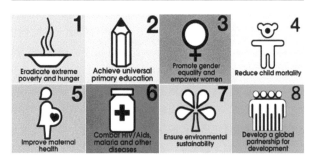

出典：国連開発計画（UNDP）「ミレニアム開発目標（MDGs）」(https://www.jp.undp.org/content/tokyo/ja/home/sdg/mdgoverview/mdgs.html)

図2　ミレニアム開発目標（MDGs）

参考文献

日本建築学会編（2009）『地球環境建築のすすめ』彰国社

沖大幹ほか（2018）『SDGsの基礎：なぜ、「新事業の開発」や「企業価値向上」につながるのか』事業構想大学院大学出版部

足達英一郎ほか（2018）『ビジネスパーソンのためのSDGsの教科書』日経BP

UNDP『Sustainable Development Goals』(https://www.undp.org/content/undp/en/home/sustainable-development-goals.html)

国と地域が達成すべき持続可能な開発目標

SDGs

SDGsはSustainable Development Goals の頭文字を取った「持続可能な開発目標」の略語です。2015年9月の国連サミットで採択された「2030アジェンダ」において、先進国を含めたあらゆる国と地域が2030年までに達成すべき目標として示されています。これらを推進する役割は、採択した国連加盟国にありますが、非加盟国の中にも積極的に推進するところがみられます。

SDGsの理念は、「だれ一人取り残さない」です。貧困や気候変動などによる経済、社会、環境をめぐる広範な課題に包括的に取り組むことが明記されています。その理念を達成するため、SDGsは17の目標と具体的な169のターゲットで構成されています。また、ターゲットの達成に向けた進捗状況を定量的・定性的に図るため、232の指標が示されています。このように、SDGsには課題解決のための具体的な行動指針や評価手法が備わっている特徴があります。

SDGsは、目標1「貧困をなくそう」から始まっています。「あらゆる場所で、あらゆる形態の貧困に終止符を打つ」という野心的な目標です。目標2以降は、飢餓の撲滅、健康な生活、教育、ジェンダー、水、エネルギー、雇用、インフラ、不平等の是正、安全な都市、持続可能な生産、気候変動、海洋、生態系や森林、法の支配等の課題が挙げられており、最後はパートナーシップという目標になっています。17のどの目標においても、「貧困」と「気候変動」に関わる記述が多くみられます。

目標やターゲットは独立して示されていますが、それぞれはつながりを持っています。国連・世界食糧計画の「学校給食プログラム」がその例です。学校給食プログラムは、家庭で満足に栄養が摂れないアフリカの子どもたちのために学校で給食を提供する事業です（目標2）。給食を食べて健康になった子どもたちは（目標3）、授業に集中でき、質の高い教育が受けられます（目標4）。その結果、より良い仕事に就き（目標8）、平等な社会進出を促し（目標10）、やがて次世代への貧困の連鎖を止めます（目標1）。このようなつながりを、インターリンケージとよびます。

SDGsをグローバルレベルの目標と捉えた場合、その達成には、国レベル、自治体レベル、個人や企業レベルにおいて取組をおこなっていく必要があります。特に、地域活性化に関わる自治体レベルのSDGsでは、国の方針を受けて自治体行政の責務として推進する義務的なSDGsと、それぞれの自治体が地域の特性を踏まえて推進する自主的なSDGsが求められます。自主的な取組では、自治体の地域資源を活かしたSDGsの取組みを国が認定する「SDGsモデル都市」が広がりつつあります。

人口減少に直面する自治体がSDGsに取り組む必要性は以下の通りです。

1つ目は、持続可能な開発を通して自治体の活性化を図ることです。多くの自治体は将来における衰退が懸念されています。持続可能な開発に必要な固有の資源を数多く有していることから、SDGsに取り組むことで自治体の活性化につながる可能性があります。2点目は、SDGsにおいて自治体参加の重要性がうたわれています。グローバルな課題とローカルな課題の双方に取り組むうえで、自治体の参加は欠かせないものとなっています。3点目は、SDGsの達成には住民や企業との連携が不可欠であり、多くの利害関係者とパートナーシップを組むうえで自治体行政の役割が重要になります。最後は、国際協力の主流化が求められていることです。SDGsを通じた国際交流を、姉妹都市協定のレベルを超えた自治体の主要な政策課題の1つとして位置づけることが求められます。

（田島翔太）

出典：国際連合広報「SDGsのアイコン」（https://www.unic.or.jp/activities/economic_social_
　　　development/sustainable_development/2030agenda/sdgs_logo/sdgs_icon/）

図1　SDGsの17の目標

出典：村上周三ほか（2019）「SDGsの実践 自治体・地域活性化編」事業構想大
　　　学院大学出版部 より作成

図2　自治体SDGsの枠組み

参考文献

外務省『SDGsとは？ JAPAN SDGs Action Platform』（https://www.mofa.go.jp/mofaj/gaiko/oda/sdgs/about/index.html）

United Nations『About the Sustainable Development Goals - United Nations Sustainable Development』（https://www.un.org/
sustainabledevelopment/sustainable-development-goals/）

村上周三ほか（2019）『SDGsの実践　自治体・地域活性化編』事業構想大学院大学出版部

サイバー空間とフィジカル空間（地域）の融合

DX・Society5.0・デジ田

社会のDX（デジタルトランスフォーメーション）化の進展はめざましいものがあります。それは地方や地域にも浸透してきています。DXは、地方創生や地域づくりの推進において、新たな可能性を拓く重要な手段です。DXの導入を通じて、地域社会の持続と地域住民の生活向上が実現されることが期待されています。

デジタル化やDX化は、労働力不足への対応という必要性からもきています。人口減少は労働力の減少にもつながり、作業の自動化などにより効率性・生産性の向上が必要となります。デジタル化やDX化により、それらを実現し人々の負担を軽減させることを目指しています。

DXによって、地域の中小企業や農林水産業などで、新たなビジネスモデルが展開され、地域経済が促進されます。たとえば、農林業においては、IoTやロボティクス、ビッグデータ解析などの技術を導入し、効率化や生産性向上を図ることが可能です。

高齢化、医療・介護の不足、交通インフラの整備などの課題に対しても同様で、人工知能（AI）、ロボット、自動運転などの新たな解決策やサービスによって、地域の持続化につながります。また、デジタル技術を活用したコミュニケーションツールや情報共有プラットフォームにより、さまざまな知識や情報が共有され、地域住民や関係者が連携しやすくなり、新たな価値が生まれる社会となり、地域の活性化も図れるでしょう。

そして、DXが進むなかでは、Society 5.0 のコンセプトが重要性を増しています。Society5.0とは、サイバー空間と現実のフィジカル空間を高度に融合させたシステムにより、経済発展と社会的課題の解決を両立させながら、新たな価値を生み出すことを目指す人間中心の社会のことです。

現在はサイバー空間とフィジカル空間が分かれて存在しています。サイバー空間にはクラウドサービスが多くあり、便利な世の中ですが、それでもそれらのサービスには、人がアクセスして情報を入手・分析しています。Society5.0では、現実のフィジカル空間から、センサーとIoTを通じて、人の行動や嗜好などの人の情報や環境情報、機器の作動情報を初めとするあらゆる情報がサイバー空間に集積されていきます。それらの情報はビッグデータとよばれます。そして、AIがそれらのビッグデータを解析し、高付加価値な情報、提案、機器への指示など、現実空間にフィードバックされていきます。

そうしたなか、国は2024年からデジタル田園都市国家構想（通称：デジ田）を推進しています。デジ田では、地方創生の柱である地域産業の振興、都市から地方への人口移動、少子化対策、地域づくりにおいて、ボトルネックとなっている地域課題を、DXを導入することで、解決しようとするものです。ここでは、都市部と地方の格差を縮小し、地方での暮らしや働き方の魅力を高め、若者の人口流出を抑制することも目指されています。

しかしながら、これらの取り組みを進める上では、課題もあります。まず、デジタル格差です。一部の地域や住民が恩恵を受けるだけでなく、すべての地域や住民が利益を享受できるような施策が必要です。

圧倒的なデジタル人材の不足も大きな課題です。技術の急速な進化に追いつくだけの人材が育成されていません。企業や政府は、継続的な学習を促進するプログラムやリソースを提供し、人材のスキルアップを支援する必要があります。

このようにデジタル化やDX化を最大限に進めることによって、地域づくり、地方創生がさらに推進されていくことが期待されています。

（鈴木雅之）

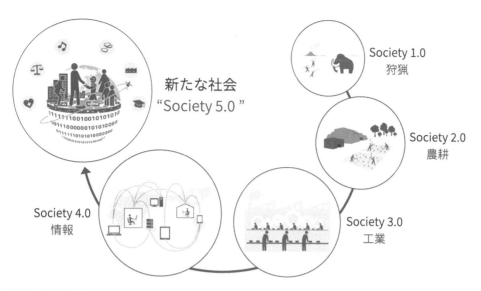

出典：内閣府『Society 5.0』（https://www8.cao.go.jp/cstp/society5_0/）より作成
図1　Society 1.0から Society 5.0へ

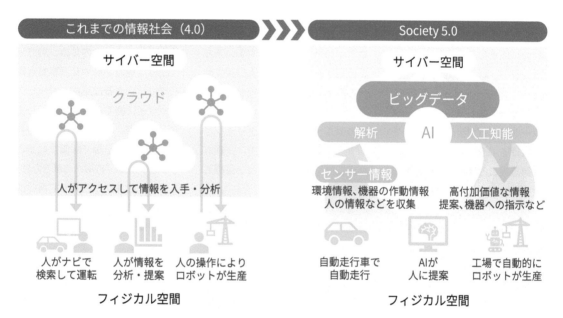

出典：内閣府『Society 5.0』（https://www8.cao.go.jp/cstp/society5_0/）より作成
図2　サイバー空間とフィジカル空間の高度な融合

参考文献

内閣府『Society 5.0』(https://www8.cao.go.jp/cstp/society5_0/)
日立東大ラボ(2018)『Society 5.0 人間中心の超スマート社会』日本経済新聞出版社

コンパクトシティ
集約型都市構造・小さな拠点

日本の都市は高度成長期を経て拡大を続け、政策的にも郊外の住宅地開発が進められてきました。しかし、大規模小売店舗法の改正などもあり1990年代より中心市街地の空洞化現象、いわゆるドーナツ化現象が各地でみられるようになりました。特に鉄道網の不十分な地方都市においては自動車中心社会に転換し、巨大ショッピングセンター、幹線道路沿線の全国チェーンのロードサイド型店舗、ファミリーレストラン、ファーストフード店などが出店し、競争を繰り広げるようになりました。また商業施設のみならず、公共施設や大病院も広い敷地を求めて郊外に移転する傾向がみられます。

一方、従来からの市街地は街路の整備が不十分で車社会への対応が十分でない場合が多くみられます。昔から身近な存在であった商店街は、衰退し、いわゆるシャッター通りが生まれています。

郊外化の進展は、既存の市街地の衰退以外にも多くの問題点を抱えています。自動車中心の社会は移動手段のない高齢者など「交通弱者」にとって不便です。無秩序な郊外開発は持続可能性、自然保護、環境保護の点からも問題です。際限のない郊外化、市街の希薄化は、道路、上下水道などの公共投資の効率を悪化させ、膨大な維持コストが発生するなど財政負担が大きいといえます。

以上のような問題を解決するために生まれたのがコンパクトシティという考え方です（図1）。コンパクトシティとは、都市の郊外化に対しスプロールを抑制し、市街地をコンパクトに保ち、歩いて行ける範囲を生活圏とするコミュニティの再生や住まいやすいまちを目指す考え方です。人口減少時代を迎えるなかで市街地をコンパクトに集積させ、市街地内に水や緑のブルーインフラやグリーンインフラを導入することで、快適な都市空間にしていくことを目標としています。

コンパクトシティは、小学校区程度のコンパクトタウンが集まって形成されます。近隣住区を超え、環境的にも地域経済としても自律循環を目指し、自己決定できるコミュニティとしての自律生活圏であるコンパクトタウンの確立が、住民主体のまちづくりのゴールであり、災害に強い市街地の基本となります。自らの生き方を自らで決定できる小規模で分散した自律的なコンパクトタウンが多重にネットワークされることで形成されるコンパクトシティは、施設面でも情報面でも人間関係や行政組織においても重要となります。

各都市における市街地は公共交通沿線に形成されましたが、郊外に市街地が拡散し、市街地密度が低下しています。今後は、少子・超高齢社会に対応した「歩いて暮らせるコンパクトな集約型都市構造」への再編が不可欠となります。

公共交通は都市において本来備わるべき「都市の装置」であり、集約型都市構造の実現にとって必要不可欠です。このため、地方公共団体は地域住民や交通事業者等と協働し、必要な路線、サービス水準などに関する目標を設定します。この際、地域活性化などの外部経済効果は市場で評価されることがないため、「市場への働きかけ」を行い、公共交通機関の利用促進を支援することが重要です。

人口減少や高齢化が著しい中山間地域などでは、将来にわたって地域住民が暮らし続けることができるように小さな拠点の形成が進められつつあります（図2）。地域住民が主体となった集落生活圏の将来像の合意形成、持続的な取組み体制の確立、生活サービスの維持・確保、地域の中での収入確保のためのコミュニティビジネスの実施等の取組みを進め、小さな拠点の形成を推進する必要があります。

都市でも郊外部でも集約拠点が形成され、歩いて楽しいまちへの転換が求められています。

（松浦健治郎）

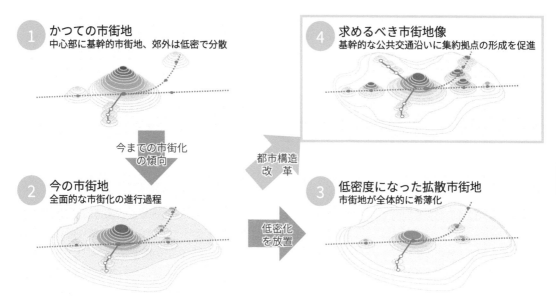

出典：国土交通省関東地方整備局「集約型都市構造の実現に向けて」http://www.ktr.mlit.go.jp/city_park/machi/city_
　　　park_machi00000093.html より作成

図1　拡散型から集約型都市構造への再編

出典：内閣官房まち・ひと・しごと創生本部「小さな拠点の形成」（https://
　　　www.kantei.go.jp/jp/singi/sousei/about/chiisanakyoten/）より作成

図2　小さな拠点の形成

参考文献

海道清信（2001）『コンパクトシティ―持続可能な社会の都市像を求めて』学芸出版社
伊藤雅春ほか（2011）『都市計画とまちづくりがわかる本』彰国社

地域の経営

エリアマネジメント

わが国は人口減少社会を迎えており、これからのまちづくりは「つくること」から「育てること」へシフトしていく必要があるといわれています。エリアマネジメントは、こうした要請に応えるように、地域における良好な環境や地域の価値を維持・向上させるための、住民・事業主・地権者等による主体的な取組みであり、快適で魅力的な環境の創出、美しい街並みの形成による資産価値の保全・増進、ブランド力の形成といったソフトな領域も含まれています（図1）。

エリアマネジメントには、4つの特徴があります。第1に、「つくること」だけではなく、「育てること」です。人口の減少局面においては、開発＝つくることだけではなく、維持管理・運営の方法である育てることまでを考えた開発を行うことが重要です。「開発＝つくる」段階とは異なる「維持管理・運営＝育てる」段階における民間と行政との間の公共空間の利活用や公共貢献を含めた連携関係の構築にもつながります。

第2に、住民・事業主・地権者などが主体的に進めることです。従来の平均的・画一的と評されがちなまちづくりではなく、「個性豊かな地域」や「身近な地域」を実現することが重要です。地域の問題が多様化し、解決方法もさま

ざまであるため、住民・事業主・地権者などが主体的に進める必要があります。

第3に、多くの住民・事業主・地権者などが関わりあいながら進めることです。エリアマネジメントは、地域の限られた人々による取組みではなく、多くの住民・事業主・地権者などが関わりあいながら、地域に関するさまざまな活動を総合的に進めるものです。「地域の総意を得る」、「活動に対して費用負担をする」、「活動メンバーとして主体的に参画する」など、さまざまな関わり方が求められています。必要に応じて行政や専門家・ほかのエリアマネジメント団体と関わりあいながら進めている場合も多くみられます。

第4に、一定のエリアを対象としていることです。エリアマネジメントは、多くの住民・事業主・地権者などが関わり合って進めるものであるので、敷地単位でなく一定のエリアを対象とすることが基本と考えられています。一定のエリアを設定することで、活動の目標や内容を共有し、活動の成果や地域の変化等を評価し、PDCAサイクルを回すことにより、エリアマネジメント活動を持続可能なものとすることにつながります。

次に、エリアマネジメントの活動の具体的な内容について、みて

いきます（図2）。まちの賑わいづくりでは、季節に応じたイベントの開催などにより、多くの人をよび込み、まちの賑わいを創出します。防災・防犯では、企業やテナント間の連携を強化することや帰宅困難者を受け入れるための備蓄倉庫を整備するなどにより、地域の防災能力向上を目指しています。地域ルールづくりは、まちづくりの方針やガイドラインなどにもとづいて、統一感のある景観を形成するための取組みです。

まちの情報発信では、まちに関する情報を広く発信し、知名度向上が図られています。公共施設・公共空間の整備・管理では、道路、広場等の公共施設や公共空間、私有地において、屋外広告物を企業に販売することやオープンカフェやイベント等、利潤が上がる事業を実施し、得られた広告収入などをエリアマネジメントの財源にあてる活動です。民間施設の公的利活用については、使われていない空き家・空き地を地域の手で再利用し、まちの拠点として再生するなどの活動が行われています。

このようにエリアマネジメントは、さまざまな主体が連携してまちを運営していくことにより、まちの魅力化・愛着化につなげることができます。

（松浦健治郎）

人口減少社会のまちづくり

つくること ▶ 育てること

我が国は人口減少社会を迎え、これからのまちづくりは「つくること」から「育てること」へシフトしていく必要があると言われている。

地域の価値を高める様々なまちづくり活動
「エリアマネジメント」の定義

地域における良好な環境や地域の価値を維持・向上させるための、住民・事業主・地権者等による主体的な取組

出典：国土交通省土地・水資源局「エリアマネジメント推進マニュアル」（2008）より作成

図1　エリアマネジメントの定義

1 まちの賑わいづくり
（イベント・アクティビティ）

▲ 福岡ストリートパーティ【福岡県福岡市】
車道を封鎖し出店することなどによりわくわく感を演出

2 防災・防犯、環境維持

▲ 震災訓練【東京都港区】
六本木ヒルズ自治会と森ビル株式会社の共催による震災訓練

3 地域ルールづくり・コミュニティづくり

▲ ライトアップされた高野街道の街並み
【大阪府河内長野市】
高野街道では、ライトアップのほかにも、川床でホタルを見ながら食事を楽しむ「蛍の宴」や周辺住民の玄関先に杉玉を吊す「杉玉のある町並み」といった取組みを実施

4 まちの情報発信

▲ 丸の内ウォークガイド【東京都千代田区】
大丸有の魅力を歩いて体感することを目的に、週3日の3コース（大手町、丸の内、有楽町）を大丸有エリアマネジメント協会が実施

5 公共施設・公共空間の整備・管理
（エリアマネジメント広場・オープンカフェなど）

▲ エリアマネジメント広告【愛知県名古屋市】
街路灯バナーや、工事用仮囲い広告をエリアマネジメント広告として活用

6 民間施設の公的利活用
（空き家・空地など）

▲ 桜城址公園【愛知県豊田市】
MAMATOCO（ママトコ）と隣接する公園であり、毎月第3土曜日に行われるStreet & Park Market の会場として活用

出典：内閣官房まち・ひと・しごと創生本部事務局「地方創生まちづくり〜エリアマネジメント」2017より作成

図2　エリアマネジメントの活動

参考文献

小林重敬（2018）『まちの価値を高めるエリアマネジメント』学芸出版社
内閣官房まち・ひと・しごと創生本部事務局（2017）『地方創生まちづくり-エリアマネジメント』

行政・市場・地域のトリアーデ

地域経営

これから自立的な地域づくりが求められていくにあたって直面する課題について、経営という観点から考えていきます。

自治体は、いまだ行政による統治＝管理という発想が根強いですが、それを克服しようとする市場化と市民化の動きが加速しており、自治体を経営するという視点が注目されています。行政資源の効率的な投下・適正な評価・民間資本の積極的な活用といったことは、今後の自治体運営にとって必要不可欠の課題となっています。

固定化した公私関係やその役割分担を見直す協働のまちづくり、営利・非営利といった形式的区別を突破したビジネス手法の公共的活用は、資金や人材が硬直化した状況を捉え直し、自治体運営や地域づくりの新たな可能性を模索していくうえで、重要な視点となっています。

課題解決に向けた多様な主体の参加や多種多様な手法の導入は、公共的活動そのものを多角化していくことにつながります。多様な発想・手法・資源の持ち寄りと結びつけは、ガバナンスとして、今後の地域経営のあり方を大きく左右することになるといっても過言ではありません。

また、自治体経営の技術としては、公共的活動そのものを競争原理にさらし、事業遂行の効率性と事業成果の妥当性を問う流れが加速しています。公営主体の独立行政法人化や事業主体の民営化は行政運営のスタンダードとなっていますし、資金調達に関しても、民間企業が負担やリスクを負う形で、資金やノウハウを社会資本整備に活用する動きが進んでいます。

地域経営に活かしうる諸資源は、実に多様なものがあります。それらを活かしていくためには、その多角的な解釈とアイデア出しが必要ですし、幅広く情報を発信・共有していくことが必要となります。近年では、当該自治体の行政情報や地域情報をデータベース化して発信し、そこから新たな市民活動やビジネス活動の契機をつくっていく動きも注目されつつあります。

もっとも、行政運営と民間経営は、効率的な事業展開という手法においては共通する側面があるものの、両者を同一視することはできません。図1にあるように、公共的活動は営利活動に還元できるものではありません。公共性には競争原理や成果主義になじまない事柄も含まれていますし、行政としては採算に合わなくても最低限度の保障をしなければならない責務も存在します。あくまでも何が目的であるのか、いかなる課題を

どのように解決しようとしているのか、その根幹をしっかり捉えていくことが必要不可欠です。

重要なことは、持続的で豊かな地域生活を営むことであり、そのために活かされるべきことが活かされ、制御されるべきことが制御される地域経営を実践していくことです。自治体や地域の現場においては、経済合理性に傾斜しすぎている傾向がありますが、自治体経営や地域経営は、市民自治と無関係のものではありえません。市民の意思が反映され、市民の自覚と責任のもとに地域づくりが展開されていくことが肝要です。

その意味では、図2で示したように、あくまでも市民自治を基軸としながら、地域活動・市場活動・行政活動が融合していく経営体制が必要です。

ただ、地域社会においては、常に資源共有を押しとどめてしまう力学が内在しています。そのために、主体・手法・形態・世代・分野を区切る境界線を突破していくことが根底のところで問われてきます。資源をめぐる多角的な検討、対話と解釈、そして固定観念を打破する発想こそが、課題解決に資する地域経営を可能にさせるということができるでしょう。

（関谷昇）

行政と民間との違い

主目的は公共活動 **行 政**	民営化の手法が功を奏する領域 競争原理が適さない領域	主目的は営利活動 **民 間**

行政と公共性という目的

- 営利活動や競争原理から漏れ落ちてしまう人々・事柄
- 行政運営の効率化が的確な課題解決に結びつく必要
- 短期的な成果主義に回収されない統治技術
- 最低限度の保障（ナショナル・ミニマム、シヴィル・ミニマム）

ガバナンス

- 行政のみでなく多角的な主体による公共活動の創出
- 民間、市民、地域などの多角的な地域資源

- 経営的発想や手法を制御できる統治能力の必要
- 客観的数値からの判断＋市民の判断

図1　行政運営と民間経営との違い

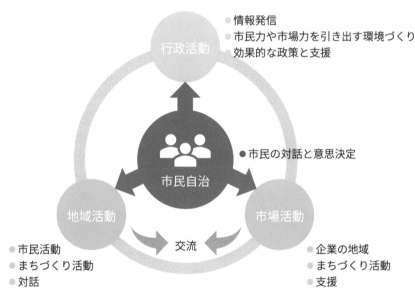

情報発信
市民力や市場力を引き出す環境づくり
効果的な政策と支援

市民の対話と意思決定

市民活動
まちづくり活動
対話

企業の地域
まちづくり活動
支援

図2　地域経営の概念図

参考文献

秋吉貴雄（2017）『入門　公共政策学―社会問題を解決する「新しい知」』中公新書
宮脇淳編（2017）『自治体経営リスクと政策再生』東洋経済新報社
遠藤哲哉（2019）『「地域経営」における価値創造―新しい自治体経営を志向して』現代図書

地域における新しいお金の流れ

地域活動支援と寄付

地域づくりを展開していくうえで、大きな課題の一つとなるのが、その活動資金の調達です。多くの活動団体は、受益者が支援対象者に限られたり、活動そのものに対価性がないことから、活動資金の調達に四苦八苦しているのが実情です。しかも、活動が十分に周知化されておらず、積極的な支援に恵まれていないことから、行政の補助金などに依存している場合も少なくありません。

地域づくりを支える資金としては、活動団体の会員から集めた会費、行政からの補助金・助成金、行政などからの業務受託、受益者からの利用料金などさまざまなものがあります（図1）が、近年、注目されているのが、市民や企業からの寄付です。課題解決や魅力創出は、一部の関係者に限られたものではなく、地域社会全体で共有されていくべき事柄です。市民が明確な意志をもって直接的に活動を支援するというお金の流れがつくり出されていくことは、強く求められるところです。

納税と寄付は、ともに課題解決活動に必要不可欠なものですが、市民の意思が支援活動と直接的に結びつきうる寄付は、地域活動の一環として捉えることもできます（図2）。自分たちでできることは自分たちで実践するということが市民自治の起点であるとすれば、自分たちなりに持ち寄る諸資源の一つに寄付を位置づけることも、重要な市民参加だからです。

寄付の歴史は古く、結や講といった地域でのつながりのなかで金銭的支援を行うことや、富裕層や商人による慈善活動はすでに存在していました。また、奉仕活動や募金活動なども地域社会に定着しているところです。近年では、大規模災害における義援金活動や、NPO活動に対する支援活動といったことも周知されるようになり、ファンドレイジングの促進が注目されています。

もっとも、欧米諸国と比べると、日本の寄付市場は桁違いに小さく、寄付というものが社会における資金循環というところまでには広がっていないのが現状です。タテ社会の日本では、いまだ特定団体による囲い込みを通じた支援活動という側面が強く、社会全体で課題を共有し、その克服に向けて、活動資金を循環させていくという発想が希薄なところがあります。

寄付をめぐっては、さまざまな手法や環境整備が進んでいます。ふるさと納税も、寄付者が応援したい自治体の取組みを選択して支援できる仕組みです。寄付行為に対する税制優遇措置は、明確な意志をもった寄付行為をもって一部の納税とみなす仕組みであり、寄付社会を加速化させようとするものです。また遺贈寄付は、遺言を通じて自分の財産を地域活動や自治体に寄付するものであり、これも個人の意志を具体的な支援に結びつける試みです。地域通貨は、一定の地域において消費喚起と資金循環をつくり出す仕組みですが、ポイント制度を付随させることによって、経済活動から寄付を生み出していくツールとしても再注目されています。クラウドファンディングは、インターネットを介した資金調達の手法であり、寄付を通じて地域活動に参加できるという魅力を兼ね備えているものです。さらに、プロボノは、職業上で身につけた知識・技術体験をボランティアで活かす取組みであり、各分野の専門家による社会貢献の手法として注目されています。

寄付をはじめ、地域で必要とされる諸資源を市民が提供し、それらが地域づくりにおいて活かされるという支援循環社会は、これからの地域社会が問うていくべき物的環境の条件です。それは、支援という行為を社会的な共有として捉えていくことであり、行政による再分配とは異なる、市民社会と自治の実現に向けた取組みといえるでしょう。

（関谷昇）

会　　　　費	活動団体の会員からの会費、協賛金など

補助金・助成金	行政からの支援 民間財団等からの支援

業　務　受　託	受託した行政事業の経費など

事　業　収　益	サービス受容者（受益者）からの利用料金など

寄　付　金	活動に対する市民や企業からの寄付など

図1　地域づくりを支える資金

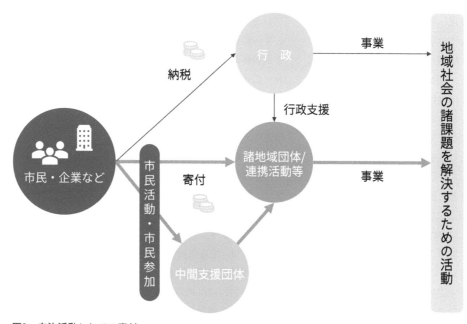

図2　自治活動としての寄付

参考文献

鵜尾雅隆（2014）『改訂版　ファンドレイジングが社会を変える』三一書房
寄付白書発行研究会（2017）『寄付白書2017』日本ファンドレイジング協会
宮城孝・長谷川真司・久津摩和弘編（2018）『地域福祉とファンドレイジング』中央法規出版

地域ブランドの構築の意味

地域ブランド

　ある特産品や食べ物が、特定の地域を想起させるようになっています。また、地域ランキングというものが民間機関によって毎年、発表されています。そのような地域は、地域ブランドづくりに成功しているといっていいでしょう。

　地域が元来もっている特性や質を、地域ブランドにまで高め、ほかの地域と差別化することによって、その地域をイメージしやすくなります。また、多くの人が訪れたり、その地域の特産品を買い物したり、地元の人が自分の地域に愛着と誇りをもつことができるようになります。

　ブランドとは何かについて、まず製品ブランドの機能と効果から考えてみます。製品ブランドとは、ティファニーのアクセサリーとか、トヨタの車、といったものです。

　アメリカの経営学者フィリップ・コトラーは、製品ブランドには、保証機能、識別機能、想起機能の3つの機能が備わっていると述べています。保証機能とは、一定のベネフィットをあらかじめ想像でき、保証するものです。識別機能とは、名称、言葉、記号、シンボル、デザインなどで、他社製品とは異なる識別を与えるものです。想起機能とは、過去の経験に照らして顧客の心のなかに蓄積され、商品カテゴリーや価値を想起

させるものです。これらが備わってブランドが構築され、それによって、顧客があるブランドに対してほかの製品より余分に払ってもよいと考えている価格、つまり価格プレミアム効果が生まれます。そして、ある特定のブランドに対する消費者の忠誠心、つまりブランド・ロイヤリティの向上も生まれます。さらに、製品を扱う企業にとっては、価格競争回避、高収益などの効果が生まれます。

　次に、地域ブランドについて考えていきます。地域ブランドの機能は、前述した製品ブランドに必要な機能と同じです。違いを考えてみると、まず、地域ブランドの実施主体は、地方自治体、生産者、法人、民間団体等になります。次に、最終目的は、地域の経済活性化、地域での満足度の向上になります。そして、コミュニケーションの対象は、特産品や観光サービスを受け入れる人々（消費者）、自治体職員、納税者等になります。

　そうすると、地域ブランドに必要な3つの視点がでてきます（図1）。まず、消費者からの信頼や評価を高めて、競争に勝ち残る、消費者の視点。地域の魅力を商品の付加価値として活用し、競争を優位にする、商品としての視点。そして、地域の魅力を高めて、人口増加や地域経済活性化などにつなげる、

地域や住民の視点です。

　経済産業省は、地域ブランド化を「地域発の商品・サービスのブランド化と、地域イメージのブランド化を結びつけ、好循環を生み出し、地域外の資金・人材をよび込むという持続的な地域経済の活性化を図ること」と定義しています。地域ブランドの構築では、まず、地域イメージを強化するために、商品サービスを生み出し、それが地域イメージの最初のイメージをつくり出し、その付加価値によって新たな商品サービスを生み出すような好循環を繰り返すことが求められています（図2）。

　地域ブランドは、その地域を一体的、総合的に捉えることも重要です。例えば農林水産、加工品、商業地、観光地が、それぞれ独自に、ばらばらに取り組んでいっても効果が薄れてしまいます。そうではなく、その地域の傘としての全体のブランドを構築する目標が大切になります。ブランディングの「場」、地域性をもつ地域が基盤にあり、「地域性」を活かした地域資源のブランド化、それによる地域全体のブランド化、そして地域資源ブランドの底上げ、最後に地域経済の活性化、という繰り返しと循環によって地域ブランドが構築できます。

（鈴木雅之）

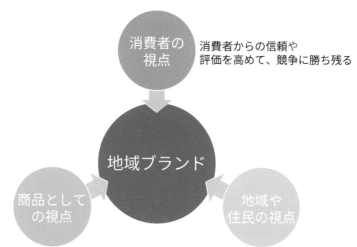

出典：（独法）中小企業基盤整備機構「地域ブランドマニュアル」より作成
図1　地域ブランドに必要な3つの視点

地域ブランド化を

（Ⅰ）地域発の商品・サービスのブランド化　と、

（Ⅱ）地域イメージのブランド化　を結び付け、

好循環を生み出し、地域外の資金・人材を呼び込むという持続的な地域経済の活性化を図ること。と定義

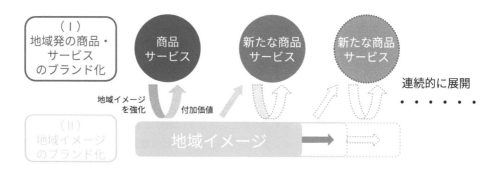

出典：経済産業省（2015）「地域ブランドの商標法における保護の在り方について」より作成
図2　地域ブランドと地域ブランド化

参考文献

田中道雄ほか編著（2012）『地域ブランド論』同文舘出版
青木幸弘（2008）『地域ブランドを地域活性化の切り札に』『ていくおふ』2008年秋号（No.124）
（独法）中小企業基盤整備機構（2005）『地域ブランドマニュアル』

既成のまちを再起動するシェアという仕組み

シェアリング・タウン

シェアという言葉は、最近さまざまなところで聞くようになっています。シェアリング・タウンは、シェアによる地域づくりです。まちの資源を発掘し、シェア、つまり共有というコンセプトによって編集し直して、新しいタイプのまちに再生していくことです。

シェアが地域の課題解決の出番となるのは、地域に次のような課題があるためです。1つめは、住まいや商業、働き方をある特定の地域でミックスさせてようとしてもなかなかできないことです。2つめは、個人の生活を向上させようと努力しても、さまざまな規制があることです。3つめは、多様な人たちがまちを良くしようと思っていても、関わる部分が少なかったり、関われなかったりすることです。4つめは、多様な居住者の生活や仕事のニーズに対応しきれていないことです。最後に、何十年も経った街には、凝り固まった空気や、しがらみががんじがらめに存在していることです。

一方、地域を構成する人たちの、居住、消費、仕事のスタイルには新しいタイプがみられるようになってきています（図1）。居住スタイルでは、他人と共生してもいい、複数の拠点で暮らしている人もでてきています。消費スタイルは、モノの消費から体験などのコトへの消費にシフトしてきていますし、モノの所有にはこだわらず賃貸や共有でもいいという人もでてきています。新築から中古へという動きもあります。仕事スタイルでは、時間や場所を選ばない、在宅勤務、テレワークという働き方もでてきていますし、副業という働き方もあります。ライフスタイルでは、菜園やスポーツ、食といったさまざまなテーマで積極的に新しいライフスタイルで生きていこうという人たちが増えています。

最近よく耳にしたり、利用したりしているシェアサービスがあります。それらは、空き物件、車・自転車、衣服、各種技能・ネットワークなどを共有し、個人生活の充足・地域課題の解決・新しいビジネスの創出に活かす仕組みです。インターネット上のサービス事業者が媒介していることから、プラットフォーム型シェアとよばれています。

これらのシェアサービスは、個人や法人が保有する資産などを共有しながら、生活・仕事・地域における諸活動を活性化させる取組みです。空間、場所やスキルを提供したい人がいて、それらを利用したい人がいます。それらをマッチングするのが、シェアサービスです。

これらは、インターネットのプラットフォームを活用したシェアですが、地域にはインターネットができない人、さらに地域のなかの資源を直接地域の人とマッチングしたいという人もいます。シェアによる地域づくりをさらに展開するために、ネット上のプラットフォームではない「ローカル型シェア」という仕組みも必要になります。地元にあるプラットフォームを介して個人間でシェアしたり、地元にある拠点（運営者）を個人がシェアしたり、地元のプロジェクトやイベントに個人間でシェアしたりするようなものです（図2）。

このように、地域のなかでシェアが展開していくと、シェアを介した豊かな関係性の創出がなされて、地域における協働の地域づくりに発展する可能性があります。多くの人が地域資源をシェアすることで、まちの「育て直し」が始まり、地域課題が解決されるようになります。これまでまちに関われなかった人も「関わりしろ」ができ、まちへコミットする人が増えてきます。ある人は、自らがもっている地域資源を活用し新しい商売をつくるでしょう。そしてまちを自分たちで楽しむ場面が増えていき、コミュニティの新たなつながりの機会ができていきます。
（鈴木雅之）

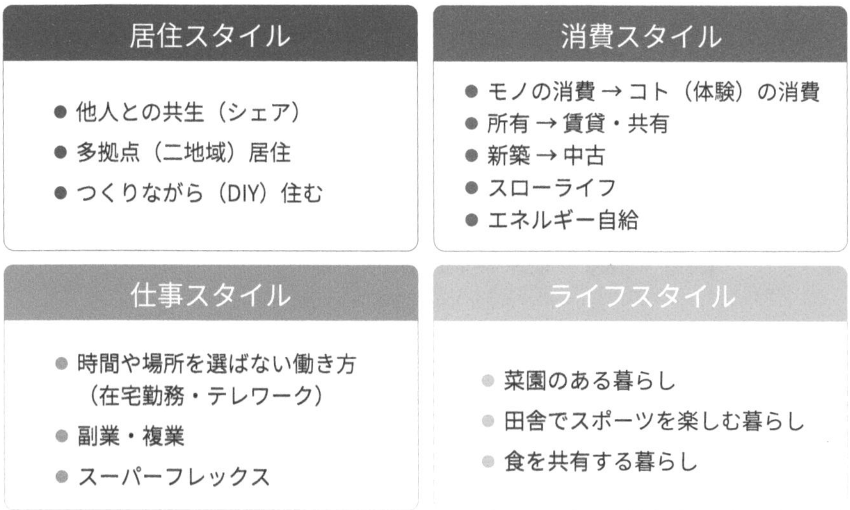

居住スタイル
● 他人との共生（シェア）
● 多拠点（二地域）居住
● つくりながら（DIY）住む
消費スタイル
● モノの消費 → コト（体験）の消費
● 所有 → 賃貸・共有
● 新築 → 中古
● スローライフ
● エネルギー自給
仕事スタイル
● 時間や場所を選ばない働き方（在宅勤務・テレワーク）
● 副業・複業
● スーパーフレックス
ライフスタイル
● 菜園のある暮らし
● 田舎でスポーツを楽しむ暮らし
● 食を共有する暮らし

図1　新しいタイプの居住・消費・仕事のスタイル

地元・プラットフォーム（仲介）型
地元にあるプラットフォームを介して個人間でシェア（貸借や売買や提供）
個人
個人
享受側（シェアする人、ゲスト）
貸借・売買
提供側（ホスト）
仲介手数料
地元のプラットフォーマー
地元・拠点型
地元にある拠点（運営者）を個人がシェア（貸借や提供）
個人
運営者
享受側（シェアする人、ゲスト）
貸借
提供側（ホスト）
プロジェクト参加型
地元のプロジェクトやイベントに個人間でシェア（貸借や提供）
個人
個人
享受側（シェアする人、ゲスト）
提供
提供側（ホスト）
参加
プロジェクト・イベント

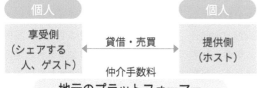

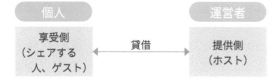

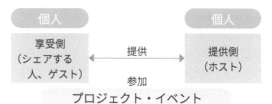

図2　ローカル型シェアのタイプ

参考文献

三浦展（2011）『これからの日本のために「シェア」の話をしよう』NHK出版

地域でのエネルギー自立

エネルギー自立地域

　エネルギー自立地域とは、一年間に地域内で消費されるエネルギー量と、地域内で生産されるエネルギー量が同じ地域のことをさします。地域内で生産されるエネルギー源には、主に太陽光や風力など、再生可能エネルギーを用います。しかし、それぞれの再生可能エネルギーがつくり出すエネルギー量はあまり多くないため、地域のエネルギー自立を実現するためには、エネルギーの創出だけでなく、消費するエネルギーを減らすための工夫が必要です。

　エネルギー自立地域を考えるための視点の一つが、領土原則です。領土原則とは、地域で使われるエネルギーをその地域内で生産するという考えです。地域で使われるエネルギーには、住宅やオフィスなどで使用される電気や熱などに加えて、車やバスの移動に使われるガソリンなども含まれます。私たちの生活に必要なすべてのエネルギーをいかに地域で調達するかというのが、エネルギー自立地域を実現するうえでの課題です。

　エネルギー自立地域と似た考えで、100％再生可能エネルギーという言葉があります。100％再生可能エネルギーは、地域外にある太陽光や風力などで得られたエネルギーも活用します。地域のエネルギー自立を目指す点は同じです

が、領土原則には基づいてません。

　エネルギー自立地域にはどのような利点があるのでしょうか。そもそも私たちは、近代の石油や原子力といった大規模な発電システムである集中型エネルギーを発明するまで、木炭、風力、水力といった自然の力を活用して生活をしてきました。このような小さいエネルギー源で熱や電気などのエネルギーを得ることを分散型エネルギーとよびます。しかしながら、分散型エネルギーは、気候、時間帯などで得られるエネルギーが変動するため、非常に不安定です。そのため、私たちはより快適で豊かな生活を求め、石油や原子力などの集中型エネルギーに依存してきました。そのようななか、地球温暖化や集中型エネルギーの安全性の問題などに加え、自然エネルギーの活用にかかるコスト低下などさまざまな要因によって、分散型エネルギーが再び注目されるようになりました。

　地域のエネルギー自立は化石燃料に依存しない環境にやさしい考え方だけでなく、新たな経済的利点ももたらします。例えば農家では、不安定な農業に加えて、売電による安定的な収入が得られる太陽光発電の導入により、経営の安定化を図る動きもありました。また、廃材や薪をチップにし、バイ

オマス燃料として活用することで、それまで廃棄物となっていたものを新たな収入源として活用することもできます。そして、分散型エネルギーが集中型エネルギーと異なる最も大きな利点は、地域内で経済を循環できることにあります。大規模な発電所の多くは地域外にあり、電力だけでなく建設や設備のメンテナンスなど、かかるコストのほとんどを地域外に支払います。一方で分散型は地域内に設備があるため、適切な事業者の選定をすれば地域内でお金を循環することができます。ドイツでは、再生可能エネルギー分野が伸びることで雇用が創出されています。

　地域で分散型エネルギーが普及し、エネルギー自立地域が実現すると、経済循環だけでなく、緑豊かな町、環境の町というイメージが高まります。企業はCSRやESGへの配慮から、こうした環境にやさしい町での活動を推進する可能性があります。企業の移転や環境に配慮した工場が増えれば地域に雇用が生まれ、従業員や家族が住むようになり、町も活発になります。このように、分散型エネルギーはコストがかかるというイメージがありますが、一方で地域経済、地域社会にプラスの効果を生み出します。

（田島翔太）

出典：Pterra Consulting HP（http://www.pterra.com/transient-temporary-and-ground-fault-overvoltages-at-wind-farm-installations/）より作成

図1　地域コミュニティの強化と新しい雇用創出

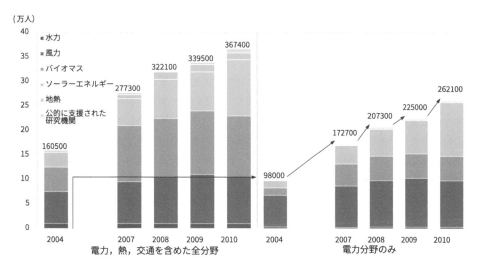

出典：滝川薫『100％再生可能へ！欧州のエネルギー自立地域』より作成

図2　ドイツの再生エネルギー分野における雇用創出数

参考文献

日本建築学会編（2009）『地球環境建築のすすめ』彰国社

滝川薫編（2012）『100％再生可能へ！欧州のエネルギー自立地域』学芸出版社

倉阪秀史（2012）『地域主導のエネルギー革命』本の泉社

地域の新たな潮流

2-1

市民自治と地域づくり

公共空間の再構築

これからのあるべき地域社会を具現化していくことを、公共空間の再構築として考えてみます。公共性とはどのように捉えればいいのでしょうか。

人々が内向化し、組織・分野・世代などが縦割り化する状況においては、公的領域と私的領域がますます分断していくとともに、市民と政治・行政の「あいだ」においても、市民相互の「あいだ」においても、関係が希薄化していきます。公共空間の再構築に必要なのは、各々の「あいだ」の関係を充実させていくことであり、家族・親密圏・公共圏の各位相が多角的に接合されていくことです（図1）。

重要なのは、さまざまな契機を通じて、各当事者が問題や課題をめぐる認識を深め、場合によっては考え方を変えながら、応答的関係が育まれていくことです。その過程から、公と私の関係が捉えられていくことになります。

公私をはじめ、営利／非営利、さまざまな団体・立場・行政区域の間に存在している境界線は、それぞれに内在している可能性を抑え込んでしまっています。だからこそ、その可能性を引き出し、活かしていくためにも、これらの境界線を突破していくことが期待されます。

公・公共・私の各々の領域は、あらかじめ決められていることでもなければ、行政が一方的に定めることでもありません。何がどの領域に該当するのか、誰がいかなる役割を果たすべきなのか、市民が基点となりながら、さまざまなあり方が模索されていくことが重要です。

そこで問われてくるのが市民自治です。元来、市民は「信託」を通じて政治・行政にさまざまなことを委ねているわけですが、問題は何を委ねるべきかが流動化してきていることです。そうであるからこそ、市民が何を行政に委ねるべきかを明らかにしていくことが必要不可欠になってきます。まず市民にできることは市民が実践し（自助・共助、社会的連帯、地域自治）、市民にできないことは行政が実践する、という順序で考えていくところに、公と私の関係性が捉え直されていきます。

これは、公共性というものが、上からではなく下から築き上げられるものであるという考え方に立脚しています。この考え方によれば、国家によるナショナル・ミニマムの充足と、市民生活におけるシビル・ミニマムの充足が求められるとともに、後者を模索するプロセスを通じて前者のあり方が捉え直されるという回路も重視されていくことになります。国と自治体との関係が改めて問われるなか、自分たちの意思と判断がそのあり方を決めていくことになるわけです（図2）。

また、具体的な政策論の文脈においては、既存の取組みを捉え直しながら、限られた資源を有効活用していくあり方が求められています。

そのことをめぐっては、思想レベルでいえば、市場化と市民化という二つの流れが顕著です。市場化は、経済合理性にもとづく効率化とコストカットを求めるとともに、競争原理を徹底させて公的領域の縮小と民間領域の拡大を目指します。一方の市民化は、市民自治を基軸としながら、市民・民間の可能性を膨らませていくとともに、さまざまな負担は、個人ではなく社会で共有することを考え、協働や社会的連帯を積極的に目指します。この両者がどのような均衡のもとに捉えられていくのか、持続可能な公共空間の再構築の大きな課題です。

そのうえで、地域経営、拠点形成、資源共有、マネジメントなど、公共空間を人的・物的に具現化していくことが問われます。地域づくりは、このトータルなデザインと多様な実践に関わっているといえます。

（関谷昇）

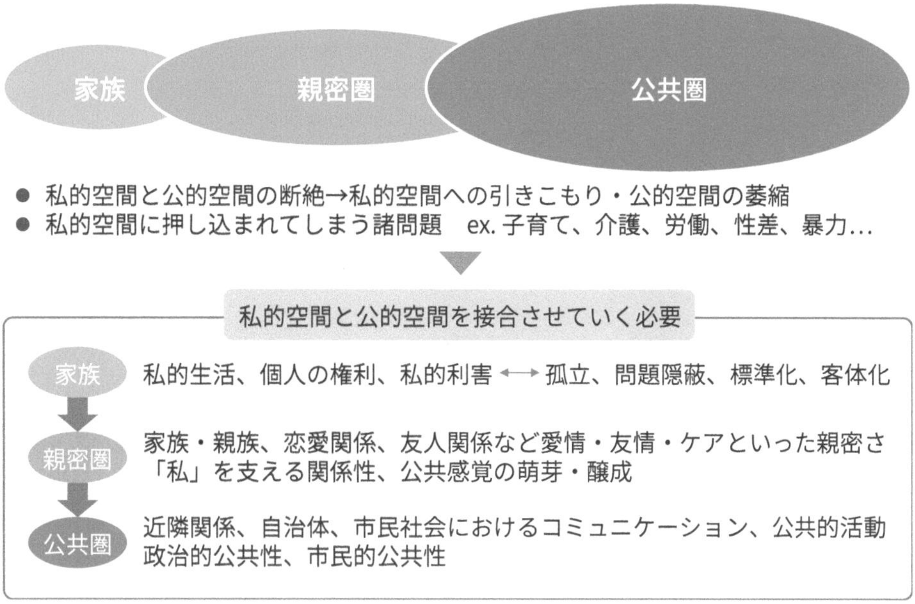

家族　親密圏　公共圏

- 私的空間と公的空間の断絶→私的空間への引きこもり・公的空間の萎縮
- 私的空間に押し込まれてしまう諸問題　ex. 子育て、介護、労働、性差、暴力…

▼

私的空間と公的空間を接合させていく必要

 家族　私的生活、個人の権利、私的利害 ⟷ 孤立、問題隠蔽、標準化、客体化

 親密圏　家族・親族、恋愛関係、友人関係など愛情・友情・ケアといった親密さ
「私」を支える関係性、公共感覚の萌芽・醸成

 公共圏　近隣関係、自治体、市民社会におけるコミュニケーション、公共的活動
政治的公共性、市民的公共性

図1　親密圏・公共圏の拡充

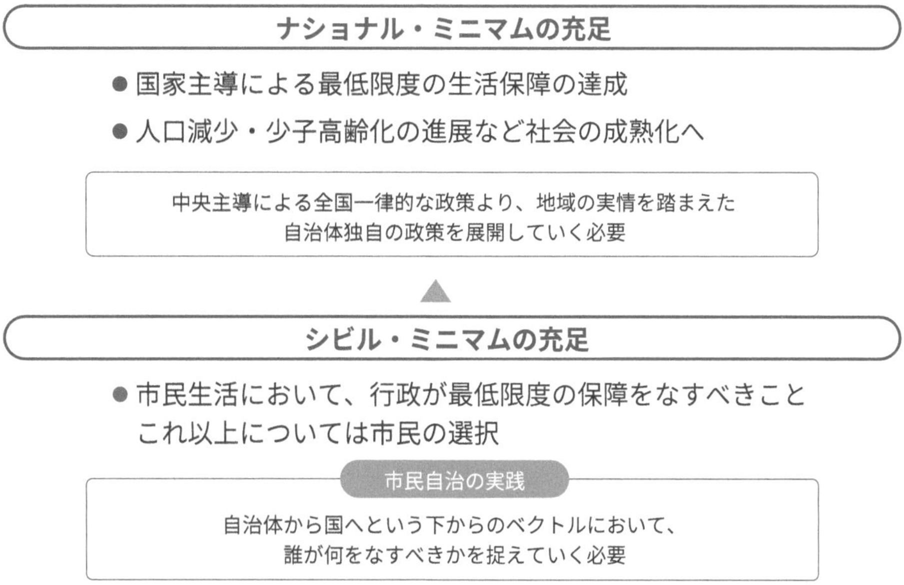

ナショナル・ミニマムの充足

- 国家主導による最低限度の生活保障の達成
- 人口減少・少子高齢化の進展など社会の成熟化へ

中央主導による全国一律的な政策より、地域の実情を踏まえた
自治体独自の政策を展開していく必要

シビル・ミニマムの充足

- 市民生活において、行政が最低限度の保障をなすべきこと
これ以上については市民の選択

市民自治の実践

自治体から国へという下からのベクトルにおいて、
誰が何をなすべきかを捉えていく必要

図2　ナショナル・ミニマムとシヴィル・ミニマム

参考文献

齋藤純一 (2000)『公共性』岩波書店
Z. バウマン (2017)『コミュニティ』(奥井智之訳) ちくま学芸文庫
待鳥聡史・宇野重規編 (2019)『社会のなかのコモンズ—公共性を超えて』白水社

地域づくりの多様な非営利団体を俯瞰する視点

サード・セクター

地域づくりに関わる市民参加の多様な団体を俯瞰する視点を考えていきます。

地域社会で活動する市民参加の団体は多様です。しかし、実はそれらを俯瞰し、まとめて何とよぶかは定まっていません。1998年に特定非営利活動促進法（通称「NPO法」）が施行されると、それらは「NPO」とよばれることが多くなりました。とはいえ、「NPO」にどのような団体が含まれるのかについては、さまざまな立場があります。

図1は、経済企画庁（現在の内閣府）が刊行した『国民生活白書』（平成12年版）に掲載されているものです。なお、今日までの間に公益法人改革などの制度改正があり、名称や仕組みが変わっている法人もあるので、注意してください。

最も狭く捉えると、「NPO」を、その言葉が広がるきっかけとなったNPO法人（正式には特定非営利活動法人）のみとする考え方もありますが、今日では一般的とはいえません。今日、比較的多い立場は、「本書での範囲」とされている、ボランティア団体、市民活動団体、NPO法人を合わせて「NPO」というものです。これは、市民が自発的に参加している点を重視するとともに、ボランティア団体や市民活動団体が必ずしも法人になるものばかりではないという実態を踏まえた考え方です。

同じく図1の「アメリカで一般に使われている範囲」をみると、保育所・高齢者施設などを運営する社会福祉法人や、学校・幼稚園などを運営する学校法人、病院ほかを運営する医療法人などが含まれています。これらは、すべて公益団体、すなわち不特定多数の利益の増進を目指す団体にあたります。なお、「NPO」はアメリカから来た言葉ですが、日本での使われ方と必ずしも一致しないので、アメリカの「NPO」に関する書籍や資料を参考にする時は、注意が必要です。

「最広義」は、協同組合などを含むものです。これはヨーロッパ大陸で用いられている考え方です。日本では、協同組合や町内会・自治会は、組合員や町内の住民の利益の増進を目指す「共益団体」であり、「公益団体」ではないとする考え方もあります。

これまでみてきた団体を「サード・セクター」として、まとめて捉える視点があります。日常語としては、政府でも企業でもない、すなわち「非政府・非営利」の団体をさして「サード・セクター」とよんでいます。一方、主にヨーロッパの社会科学者たちが用いる「サード・セクター」という概念は、日常的な意味と少し違います。図2は「福祉三角形」といわれる図です。社会全体を、「公共か民間か」「営利目的か非営利目的か」「フォーマルかインフォーマルか」という3つの軸で分けたものです。この図のなかでサード・セクターはどこに位置づけられるのでしょうか。

これまでの日本の一般的な考え方では、市民活動団体やNPOは、民間で、非営利で、インフォーマルというコミュニティの領域に位置づけられてきました。しかし、ヨーロッパの学者たちは、サード・セクターを、コミュニティ・市場・政府という3つの領域をつなぐ領域として、福祉三角形の真ん中に位置づけました。

例えば、市民参加で運営されているNPOが公共サービスを担うようになったからといって、まるごと行政の一部になってしまうわけではありません。また、それが利用者の獲得をめぐって企業と競争しても、企業とまったく同型的になるとは限りません。このように市民参加、公共性、企業的な経営など、各領域の性格を合わせもつようになった団体を「ハイブリッド組織」とよびます。

（清水洋行）

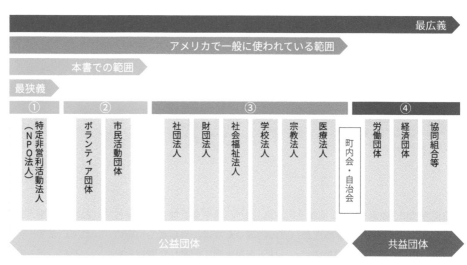

（備考）　1.各種資料をもとに当庁にて作成。
　　　　2.まれに地縁組織である町内会や自治会をNPOに含めるときがある。

出典：経済企画庁（2000）『平成12年版　国民生活白書－ボランティアが深める好縁－』, p130の
　　　第Ⅰ-5-3図より作成

図1　NPOに含まれる団体の種類

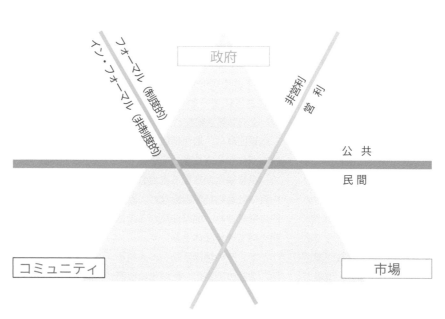

出典：A.エバーズ・J.-L.ラヴィル（2007）『欧州サードセクター』日本経済評論社, p.23の図1.3にも
とづいて作成

図2　福祉三角形

参考文献

経済企画庁（2000）『平成12年版　国民生活白書―ボランティアが深める好縁―』

A.エバーズ・J.-L.ラヴィル（2007）『欧州サードセクター』（内山哲朗・柳沢敏勝訳）日本経済評論社

（公財）公益法人協会編（2015）『英国チャリティ―その変容と日本への示唆』弘文堂

多様な主体による地域づくり

市民参加・市民力

市民参加は、政治・行政、地域・社会に関わる公共的な事柄をめぐって、市民が直接的・間接的に意思を表明し、また具体的に実践していく活動を意味しています。

自分たちにできることは、自分たちで取り組み、自分たちだけではできないことについては、代表者を通じて間接的な形で取り組むということが、市民自治の原理です。それを具現化していく市民参加は、行政参加・政治参加・地域参加など重層的な形で、各々の状況と文脈のなかで多角的に実践されます（図1）。

では、なぜ市民参加が必要なのでしょうか。端的にいえば、代表制の形骸化を克服すべく、市民の意志をできるだけ直接的に発信・共有していく必要があるからであり、市民自身の具体的実践が期待されるからです。当事者・現場の声を公共的な俎上に乗せていくこと、それらが共有されていくことによって政策が検討に付されること、制度と非制度の「あいだ」における漏れを克服することなど、公式的な回路のみならず、その外側からさまざまな契機をつくり出していくところに、市民参加の意義があるといえます。

近年の市民・地域・民間活動への期待は、共助の拡充にあります。行政活動が縮減に向かわざるをえないなか、最も身近なところからの地域づくりは、当事者や現場の状況を最大限に配慮した取組みをつくります。また、市民相互で支えあう共助も、市民力＝地域力の拡充に大きく寄与することになります（図2）。

日本社会における市民活動には、自治会・町内会を中心とする地縁活動、NPO・ボランティアを中心とするテーマ型活動、民間企業によるCSR活動、さらには特定主体にとらわれないネットワーク的な諸活動などがあります。

地縁団体は、居住地域におけるつながりから成り立っているもので、世帯単位からなる自治会・町内会や社会福祉協議会など、歴史的に継続され、地域住民からの信頼を得てきた団体活動です。

ただ、その地縁活動も、人材不足、活動の硬直化・形骸化に直面しています。また、その内向的・権威主義的な組織体質が世代間でのズレを生じさせ、若者の離反が顕著になっているのも事実です。さらに行政との関係をめぐっても、住民の自主組織なのか、行政への協力団体なのか、その組織的根拠が曖昧なところがあります。

一方、テーマ型活動団体は、特定の課題を克服していこうとする市民有志の自発的意志から成り立っているもので、多岐の分野にわたるさまざまな取組みが展開されています。

ただ、テーマ型活動も、その専門的性格と成果主義の捉え方の違いなどもあり、地縁団体をはじめとした既存の組織との間で十分な連携が図られていないのも実情です。行政との関係をめぐっても、行政が拠出する補助金に依存する傾向があることは否めません。

さらに、企業による地域参加も注目されつつあります。これまでは、営利非営利の境界線によって公共的活動とは一線を画してきたところがありましたが、民間企業がもつ知識や技術・ネットワークを地域の課題解決に活かしていくことは、地域づくりに新しい可能性をもたらすことができます。CSR・プロボノ・シェアリングエコノミーなど、さまざまな手法や環境整備が進められています。

しかし、企業の地域参加も、まだまだ従来の固定観念によって、足踏みしている実情があることは否めません。異質な立場がいかに連携し、地域活動資源を提供・創出していけるかは、これからの地域づくりの大きな課題といえます。

いずれにしても、こうした多様な主体による地域づくりは着実に広がっており、さらに自由な発想と実践が期待されています。

（関谷昇）

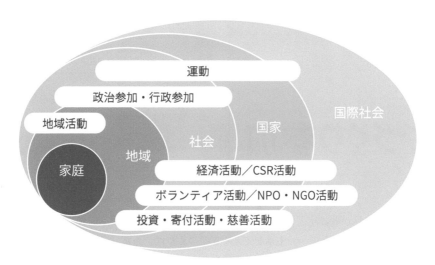

図1　「参加」の広がり

もっとも「身近なところ」からのまちづくり

- 現場の当事者たちが必要としているものに接近できる
- 問題を抱える当事者にもっとも身近なところから地域社会が共有すべき 基準・方向性・解決手法・取組内容を模索できる

市民相互で支え合う「共助」

- 共助の支え合いが市民の生活を支える
  - ➡ 現状認識、課題発見、担い手の創出 自分が楽しみながらやる活動が他人の支えになるという面白さ
- 小さな取り組みの積み重ねが結果的に公共的活動へ

地域づくりを支える「市民力」（＝地域力）

- 何かをやることがまた別の何かを生み出すというスパイラル
  - ➡ 地域の諸資源が身近なところで具体的に結びつく魅力
- 地域資源の循環を自治体の内外に創出していくことを通じて、地域力と その活性化を育む
  - ➡ 行政には創り出せない地域の底力
- 営利活動の社会的責任（CSR）と地域の内発的発展

図2　市民・地域・民間活動への期待

参考文献

篠原一（1977）『市民参加』岩波書店
原田寛明監修・佐藤徹編（2006）『地域政策と市民参加―「市民参加」への多面的アプローチ』ぎょうせい
関谷昇（2011）「自治体における市民参加の動向と行方―「共有」としての作為へ向けて」（千葉大学『法学論集』第26巻第1・2号, pp125-191）
P.C.ディーネル（2012）『市民討議による民主主義の再生―プラーヌンクスツェレの特徴・機能・展望』（篠藤明徳訳）イマジン出版

多様な主体によるまちづくり
まちづくり参加

まちづくりとは、市民が地域社会において生活をしていくうえで必要な基盤づくりであり、自然環境、住環境、経済活動、産業資源、さらには公共施設、公共交通、公衆衛生など、物的な環境を充実させ、市民生活を支えていくことを意味しています。自然環境の保全は、自然と人間との共生を改めて捉え直すことであり、物質化した地域生活を見直していくことを意味しています。地域産業も持続可能性の視点から捉えられ、さらに地域経済の循環も問われているところです。

地域づくりにおいては、こうした物的基盤をデザインしていくことが求められますし、当該地域の置かれた状況や履歴、そしてそこで生活を営む人々の意思が問われます。それゆえ、さまざまな立場の市民が主体的に参加していくとともに、行政が市民の意思にもとづいた公的活動を繰り広げていくことが必要不可欠となります（図1）。

まちづくり参加には、市民力や地域力を多角的に活かしていくことが期待されています。市民は、地域を担う当事者であり、さまざまな課題を抱えている当事者です。そうである以上、生活環境の一つ一つにおいて、何が必要とされているのかを見出すには、現場から捉えていく必要があります。市民生活を支えるまちづくりは、当事者に最も身近なところから始まると考えることが重要です。また、現場や当事者に寄り添うところから生み出される実感にはさまざまなものがありますが、それらが共感・共有されていくところに、住みやすいまちがつくられていきます。

このまちづくり参加には、また地域課題を深掘りしていくという重要な契機も含まれています。地域における諸活動は、どうしても分野・組織・手法が限定され、課題設定から課題解決までが固定化してしまう傾向があります。それが、地域での合意形成を妨げてしまうことにもなります。さまざまな立場・世代の人たちが参加するということは、そうした固定化を突破するとともに、視野を広げていくことを意味しています。さまざまな目で確かめ、可能性を追求し、力を持ち寄ることが、現場や当事者に即した課題解決に結びついていくわけです。

近年のまちづくり参加には、新しい傾向もみられます。これまでの市民参加は、どちらかというと意識の高い市民や既存の活動団体が念頭に置かれてきましたが、さまざまな参加プロセスやそのための技術は、目まぐるしく進展しています。それは、日常生活を営む人々がおのずと参加していくことが可能となる環境づくりといい換えることもできます。

こうした市民参加を促す材料としては、IT技術の進化・発展による、多方向的な情報の発信や共有によって張りめぐらされているさまざまなネットワークがあります。オープン・データは、従来の情報公開とは違って、市民活動からビジネスまでさまざまな動きをつくり出す契機となっています。また、地域資源の情報媒介は、地産地消からシェアリング・エコノミーまで、多方面にわたる資源の価値化・共有化のシステムをつくり出し、参加と活用の循環を生み出しつつあります。

一方、こうしたまちづくり参加に対する支援については、大きな転換期に直面しているといえます。まちづくり支援は、行政が活動団体に対して補助金を出すという形が一般的ですが、これから問われてくるのは、二者間関係の支援だけでなく、多者間における協働の展開であり、そうした連携・協力をつくり出していくための支援です（図2）。単体活動が限界に直面するなか、そうした広がりこそが、まちづくり参加の持続性を高めていくことにつながります。
（関谷昇）

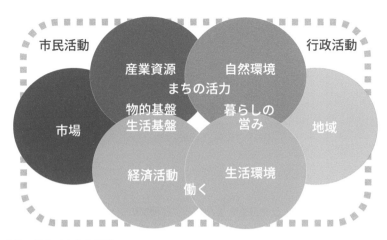

図1　まちづくりの諸相

 ## 二者間関係から多者間関係

- 団体単位の課題設定のみならず、他の取り組み状況も含めた課題共有
- 各活動成果は部分であることを自覚し、さらに課題解決につながる「もう一つの眼」を持つ
- 共有された課題解決のために、さらなる諸力を引き出していく

 ## 団体の成果から協働の成果へ

- 寄付をはじめとした共有資源を引き出していくための活動の見える化
- 活動資源を囲い込むのではなく、幅広く共有し、つながりの成果をつくる
- 団体、分野、世代を超えた動きを段階的につくっていくための継続的支援

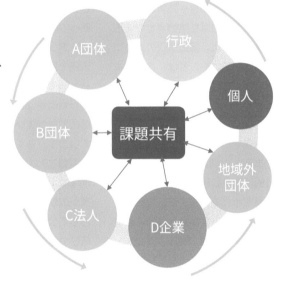

図2　まちづくり補助金のパラダイム転換

参考文献

佐藤滋編(2011)『まちづくり市民事業―新しい公共による地域再生』
山崎亮(2012)『コミュニティデザインの時代―自分たちで「まち」をつくる』中公新書
早瀬昇(2018)『「参加の力」が創る共生社会』ミネルヴァ書房

異質なものの組み合わせと集合的な力

協働

　協働とは、多様な立場の集合性がつくり出す解決手法であり、従来の公私区分を見直しながら、多様な活動資源の接合・集積・活用を目指そうとするものです。さまざまな主体の知恵や技術、ネットワークが、地域を結節点とする形で持ち寄られ、課題解決のために活かされていくことは、さまざまな分野・領域において必要とされており、その具体的実践が期待されています。

　市民参加を契機に、政治・行政と市民との間のズレが認識され、公的活動や公私の役割分担の見直しが問われていますが、協働はそうした文脈のなかで具体的に検討されるものです（図1）。一方で、政治・行政は従来の事業枠組みに固執し続け、他方で、市民の行政依存が根強いところがありますが、それでも市民の自主的な活動領域は広がりをみせていますし、政治・行政も、課題解決のさらなる拡充を図るべく、連携・橋梁の可能性を模索しています。

　最も注意を要するのは、市民活動と協働の違いです。市民活動とは、市民の自主的な活動であり、政治・行政からは相対的に自立したものであるのに対し、協働とは、課題解決に向けて市民と行政とが協議を重ね、実情に即した連携の取組みをつくり出していくもので

す。誰がどのような役割を果たしていくべきか、双方向的に事業を組み立てていくことが重要です。

　その意味では、あくまでも市民自治として協働を理解していくことが必要となります。協働をめぐっては、しばしば行政のスクラップ・アンド・ビルドの一環として市民・民間に一定の負担を負わせるといった批判がありますが、そうした問題は市民自治なき行政主導の域をでていないことに起因しています。あくまでも市民の視点を基軸としながら、市民・民間・地域による自発的活動、多角的連携が広がるとともに、それを前提として公的領域と私的領域の間を結びつけていくことが必要不可欠の条件となります。

　こうした協働の公共的活動への積極的な導入は、自治体運営・地域づくりのあり方そのものを見直していく契機でもあります。公私の役割分担の見直しや地域資源の横断的活用など、既存の枠組みや境界線を突破していこうとする発想と実践が求められています。

　図2で示したように、協働の手法にはさまざまなものがあります。①市民との対話・市民会議・市民参画、②市民ないしは行政が協働を提案する事業、③さまざまな主体が共通の土俵で話しあう地域円卓会議、④市民と行政が連携する

各種プロジェクト、⑤地域自治を最大限に尊重する地域まちづくり協議会などは、市民・民間・地域の諸力を地域づくりに活かしていくための主な手法ですし、⑥委託・PPP・事業評価など事業の効率化に向けて市民と連携していく手法も見出されます。これらは、自治体や地域が抱える諸課題に即して、的確に選択され、相互に結びつけられていくことが必要となるところです。

　そのためには、協働が分野・組織に通底する、いわば横串として捉えられていくことが求められます。それは、施策の立案から評価に至るまで、市場化と市民化の双方が均衡ある形で問われていくことでもあります。

　市民と行政との協働は、はじめから理想的な連携がつくり出されるわけではありません。当該課題をめぐって、市民と行政の双方でどのような取組みがなされているのかを検証しながら、その実情に即して異分野・異業種・異世代が自由に交わりながら、協働の進化・強化を図っていくことが肝要だからです。そのプロセスにおいて、双方が変わりながら、最適解を求めていくことが求められています。
（関谷昇）

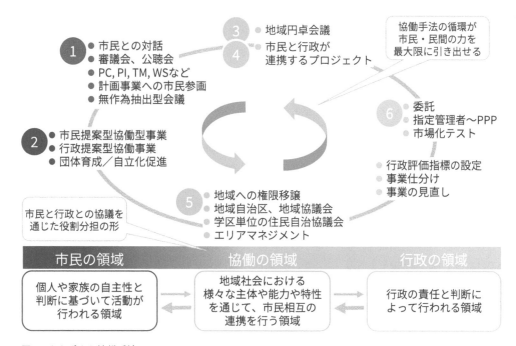

政治・行政

各法律に基づく固定業務
事業枠組・前例踏襲

ここにズレ！

市民

日常生活
行政依存

運用・状況判断
政策・事業見直し
政策法務・財務

生活状況の流動化
価値観の多様化
公共意識の高まり

協働のポイント
市民からの提案
相互補完の模索

未対応・非対応領域

自立化

図1　行政の目線と市民の目線のズレ

2-2

多様な参加・協働

3 ● 地域円卓会議
4 ● 市民と行政が
　　連携するプロジェクト

協働手法の循環が
市民・民間の力を
最大限に引き出せる

1 ● 市民との対話
　● 審議会、公聴会
　● PC, PI, TM, WSなど
　● 計画事業への市民参画
　● 無作為抽出型会議

6 ● 委託
　● 指定管理者〜PPP
　● 市場化テスト

2 ● 市民提案型協働型事業
　● 行政提案型協働事業
　● 団体育成／自立化促進

● 行政評価指標の設定
● 事業仕分け
● 事業の見直し

市民と行政との協議を
通じた役割分担の形

5 ● 地域への権限移譲
　● 地域自治区、地域協議会
　● 学区単位の住民自治協議会
　● エリアマネジメント

市民の領域	協働の領域	行政の領域
個人や家族の自主性と判断に基づいて活動が行われる領域	地域社会における様々な主体や能力や特性を通じて、市民相互の連携を行う領域	行政の責任と判断によって行われる領域

図2　さまざまな協働手法

参考文献

松野弘（2004）『地域社会形成の思想と論理—参加・協働・自治』ミネルヴァ書房
今川晃・山口道昭・新川達郎編（2005）『地域力を高める　これからの協働』第一法規
松下啓一（2009）『市民協働の考え方・つくり方』萌書房

分断社会から多様なつながりの社会へ
つながり

地域社会を捉えていくにあたって、団体・組織や分野・領域、世代・履歴・地域のそれぞれにおける分断状況はさまざまな問題を生じさせています。団体・組織の縦割りないし各々の閉鎖性は、地域における横のつながりを閉ざしています。分野・領域の専門分化は、行政から地域活動までを含め、強固な自己完結性をつくり出しています。世代間の負担格差や価値観の違いは、世代を超えた配慮や支えあいを難しくさせています。このように、さまざまな境界線が引かれていることによって、異なる歴史文化や多様な履歴をもつ住民間あるいは公私間において、積極的な交流が進まず、関係が希薄化している実情があります。

しかし、こうした分断状況のなかではあっても、境界線そのものが流動化し始めている現象は注目されてしかるべきです。

公と私の境界線の流動化、主体と主体との境界線の流動化、SNSといった技術革新による伝達手法の流動化といった流れは、この分断状況による硬直化を緩和させているところがあります。それは、境界線によって堰き止められていた人的・物的交流、情報発信のあり方が変わるということであり、新たな認識・理解・関係性がつくられ始めているということでもあ

ります。

そこで、改めて問われてくるのが、その流動化している現状のなかで、どのようにして「つながり」を回復させていけるかという点です。

かつて存在していた日本の伝統的コミュニティは、分野・世代・団体が専門分化する以前において、生活環境における有機的なつながりを有していました。そこでは、結や講をはじめとして、無尽や模合といった金銭融通、水路管理や屋根の葺き替えなどの共同作業、道普請、寺子屋、地域葬といった相互扶助など、地域においてお互いに助けあう営みは慣習として存在していました。つまり、生まれる・育つ・学ぶ・働く・支える・老いる・死ぬというライフサイクルが、地域コミュニティを媒介として重層的にむすびつけられていたのでした。

日本の近代化の歴史は、こうした地域コミュニティにおける自治や支え合いを国家行政が回収し、国家統治のもとに管理統制する体制をもたらしました。それは地域コミュニティを解体していった歴史でもあり、その過程において専門性と合理性による分化・分断がもたらされていったのです。

そのために、つながりの回復の原イメージは、この有機的なつな

がりにあります。留意すべきは、かつてのつながりは一つの形に収斂する傾向があったのに対し、これから問われていく、つながりとは、多様なものでしかありえないということです。それをどう再構築していくかということが地域づくりの課題となります。

さまざまなコミュニティは自分の存在を了解する場として存在しています。人は、複数のコミュニティとの関わりをもちながら、自分のアイデンティティを形成・維持しているといえます（図1）。

このつながりというものを、時間軸としてのライフステージと空間軸のコミュニティの双方から照らしてみると、実に多様な諸相があります。これらは、人によっても、状況によっても比重の置かれ方は違いますが、自分が足場とするコミュニティに加えて、不足するところは、ほかのコミュニティとの補完的な関係をつくっていくことができると考えられます（図2）。

こうしたつながりの回復を模索するということは、セーフティネットの再構築であり、新たな価値創造のきっかけにもなります。つながりという関係性が地域づくりの力となっていくのです。

（関谷昇）

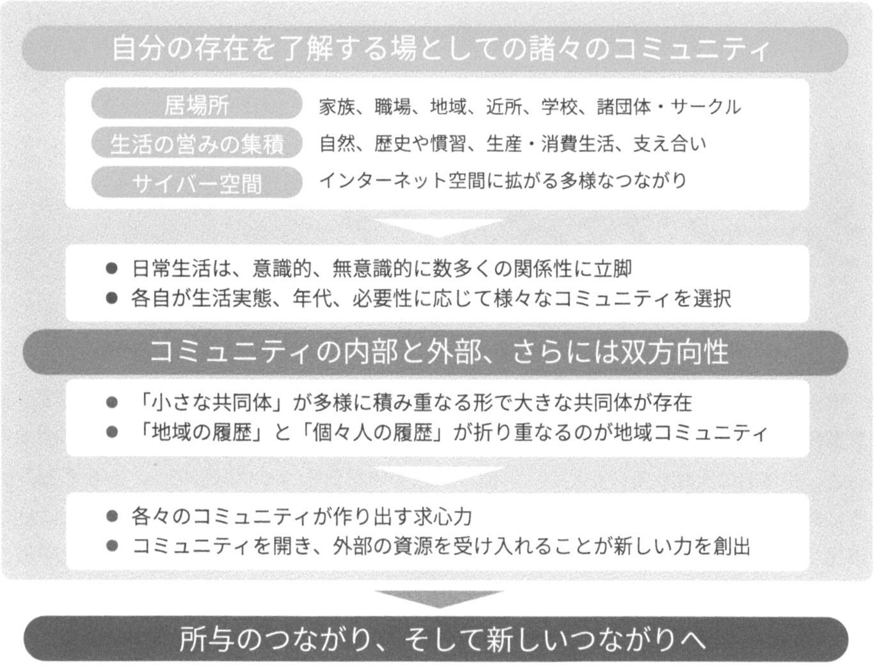

自分の存在を了解する場としての諸々のコミュニティ
居場所
家族、職場、地域、近所、学校、諸団体・サークル
生活の営みの集積
自然、歴史や慣習、生産・消費生活、支え合い
サイバー空間
インターネット空間に拡がる多様なつながり
● 日常生活は、意識的、無意識的に数多くの関係性に立脚
● 各自が生活実態、年代、必要性に応じて様々なコミュニティを選択
コミュニティの内部と外部、さらには双方向性
● 「小さな共同体」が多様に積み重なる形で大きな共同体が存在
● 「地域の履歴」と「個々人の履歴」が折り重なるのが地域コミュニティ
● 各々のコミュニティが作り出す求心力
● コミュニティを開き、外部の資源を受け入れることが新しい力を創出
所与のつながり、そして新しいつながりへ

図1　多角的な「つながり」

ライフステージ
コミュニティ
生まれる
育つ
家庭
近隣
学ぶ
学区
生活圏域
働く
自治体
老いる
死ぬ
広域連携

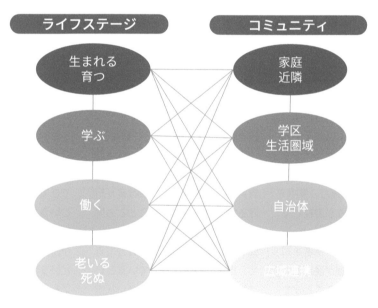

図2　つながりの回復を考える諸視点

参考文献

広井良典(2009)『コミュニティを問いなおす―つながり・都市・日本社会の未来』ちくま新書
吉原直樹(2011)『コミュニティ・スタディーズ』作品社
東島誠(2012)『<つながり>の精神史』講談社現代新書

参加と学びのスパイラル

シティズンシップ

市民とは、参加を通じて公共的な事柄を学び、その理解と自覚のもと、主体的に実践していくところにあります。民主主義社会は、市民が地方自治に参加していくことによって、民主主義を学び、理解し、実践していくシティズンシップにもとづいています。「地方自治は民主主義の最良の学校である」（ジェームズ・ブライス）という言葉に象徴されているように、身近なところから具体的実践を積み重ねていくところに、民主主義を具現化していく条件があります。

大衆社会状況は、私的世界への引きこもり、公共的事柄への関心の低下、囲い込みコミュニティにおける同調圧力といった特徴を有しており、そこでは相互関係の希薄化、分断や亀裂が、権力の集中・暴走をもたらす危険性が潜在しています。これは、シティズンシップとの関わりでいえば、他者を知るということへの契機が決定的に欠如している状況ということができます。他者認識が欠如していれば、視野狭窄に陥り、いかなる問題が存在しているのか、どのような問題を抱えた当事者がいるのか、といったことへの理解と配慮が希薄化してしまうわけです。

そうした状況は、地域教育の不在といい換えることもできます（図1）。他者経験の圧倒的な少なさは、当事者や現場のリアルに触れることなく、特定の人物や世論動向に流されやすい状況をつくり出してしまいます。それは同時に、既存の政治や行政に対する依存を招き、さらには強い依存をももたらしてしまいます。

そうであるがゆえに、公と私の「あいだ」をつなぎ、地域の自立と市民自治を具現化していくためには、最も身近なところからリアルに触れていく地域教育が必要不可欠となります。

こうした地域教育は、また学校における政治教育のあり方とも密接不可分のものです。日本の学校教育は、戦後一貫して政治的中立性に頑ななまでに固執し、政治教育を棚上げにしてきました。同じ教育委員会の下で、社会教育が行政主導で導かれてきたこととも同根の問題です。いずれにしても、公共的な事柄について、自分で考え、自分の意見をもっていくという能力が培われることのない状況が続いてきたのです。

この政治的中立性への固執は、同時に、政治的関心を枯渇させ、市民の醸成にとって足枷になってきたということもできます。重要なのは、党派教育と政治教育との区別であり、前者は回避されるべきであっても、後者はむしろ積極的に展開される必要があるという

ことです。公共的な事柄をめぐって、どのようなものの見方・考え方があるのかを知り、そのなかで、自分はいかに考えて行動するのか、それを学ぶことが政治教育の目的なのです。

政治教育は、欧米ではシティズンシップ教育として積み重ねられてきました（バーナード・クリック）。社会の一員であることの自覚と責任、そのなかでの自分の立ち位置となすべき役割、共同体で生きることの意味と規範意識、そうしたことを具体的な参加を通じて学ぶことが何より重要とされてきたからです（図2）。

しばしば政治的無関心といったことが指摘されますが、それは関心をもつに至るまでの情報を共有できていないことに起因しているということができます。あるいは他者との応答的な関係の希薄さが、公的関心を後退させてしまうという問題もあります。ポピュリズムとは、そうした間隙のなかで、市民感情が単一の力学に覆われてしまうところに生じる現象ということもできます。そうであるがゆえに、リアルな感覚をもち、自分たちとは異なる人たちを知ることによって、自己と共同体がどうあるべきなのかを不断に考えていくことが必要なのです。

（関谷昇）

地域における他者経験の圧倒的な少なさ

- 様々な課題を抱えた当事者・現場を知らない
- 個人や地域の履歴に対する理解不足
- 問題が引き起こしてしまう危機的状況へのイメージのなさ

課題の深堀りの弱さ

- 一般論では語りきれない状況の多様さと切実さ
- 個々の問題が生じている背景・原因を解明する取り組みの弱さ
- 行政及び地域活動の成果をめぐる分析と評価の不十分さ

「私」と「公」との「あいだ」を考える地域教育の必要

- 他者を知り、自己を開く
- 異質なものが共存する共同体における自己認識
- 課題をめぐる「理解」と「共有」

図1　地域教育の不在

シティズンシップの条件

- 社会的・道徳的責任感を持つ
- ボランティアなど地域社会の諸活動に参加する
- 政治的リテラシーを高める

個人と共同体との関係

- 地域コミュニティ、自治体、市民社会、国家を形成・維持する主体性を高めていく
- 共同体が有する権力によって、個人の諸権利が侵害されないように抑制していく

活動的実践

- 様々な問題状況を知り、そこから何をすべきかを理解していく
- 具体的他者との応答性を重ね、アイデンティティを育むとともに、共同体のあり方を問う

図2　バーナード・クリックのシティズンシップ論

参考文献

児玉重夫(2003)『シティズンシップの教育思想』白澤社
B.クリック(2011)『シティズンシップ教育論―政治哲学と市民』(関口正司他訳)法政大学出版局
G.ビースタ(2014)『民主主義を学習する―教育・生涯学習・シティズンシップ』(上野正道他訳)勁草書房

地域づくりにおける関係という価値

交流人口と関係人口

人口減少時代にふさわしい人口概念として、そこに住んでいる人口に着目した従来の定住人口とは異なる、交流人口・関係人口という考え方が注目されています。

人口というものは、税収から消費までを含め、地域づくりの規模を考えるうえでの重要な前提・基盤となるものです。しかし、人口減少・少子高齢社会が本格化するなか、従来の定住を中心とする考え方は限界に直面しています。量的拡大を前提としている限り、定住人口が減ることには否定的な評価が与えられます。しかし、人口増加策が非現実的で、移住策は時間を要するとすれば、定住に固執すること自体を見直していくことが改めて問われます（図1）。

そこで注目されるのが交流人口・関係人口であり、地域外の人たちとの関わりに着目していく考え方です。交流人口とは、通勤・通学、娯楽・趣味、観光などを目的として当該地域を訪れ、そこから広がる交流を活性化させていくことを重視するものです。

また、関係人口とは、地域外の人たちが当該地域と多様な形で関わりをもつということに注目する概念です。地域外の人たちが主体的に地域との接点をもち、さらには地域課題を共有することによって、そこから地域を変えていく動

きがつくり出されていくことが期待されています。

地域の担い手が減少していくなか、地域外から人材を見出し、できれば移住してもらうことは強く望まれています。かといって、すぐにそうした人材を確保していくことには困難が伴います。そのために、地域外の人たちと当該地域との交流、さらには関係を段階的に構築していくことが期待されているわけです。

当該地域との接点はさまざまにつくられますが、重要なのは、それが一過性で終わることなく、その後も継続的な関係がもたれていくかどうかです。そこに住んでいる人たちでも、豊かな関係性が育まれていけば、それは地域づくりの大きな力になっていきます。そうであるからこそ、多様な形態・手法で地域外の人たちが主体的に関わりうるための支援・架橋が問われているのです。

関係人口において想定されている人々は、訪問者をはじめ、当該地域にルーツのある人、ふるさと納税者、当該地域において知識や技術を発揮したい人など、実に多様なものがあります。参加する人たちが自分のもちうる力を発揮し、地域の課題解決に結びついていく、そうした地域内外を通した関係性こそが、人材確保にとって不可欠

の視点になっていきます。

当該地域との接点をもつきっかけはさまざまなものがあります。訪れる側からすれば、地元の人たちと積極的な関わりをもつことができる、さまざまな体験ができる、さらに自分なりにやりたいことに挑戦できる、つまり、関係性から自己実現が拓かれるということは大きな魅力です。

こうした考え方から、農村地域や過疎地域では、当該地域において自分の有する知見や技術を提供していく地域おこし協力隊や集落支援員のような存在も、重要な役割を果たしています。

こうした関係性が地域の力を創出していくという考え方は、さらに地域間のネットワークにも援用させていくことができます。ヒト・モノ・カネの流れは、さまざまに編み出される関係性によって価値が加えられていくからです。

これからの地域づくりにあたって、関係人口の拡充は、都市農村交流のみならず、さまざまな方面で活かせる発想をもつものです（図2）。いかなる目的に応じて、どのような関係性を築き上げていくのか、積極的な掘り下げと架橋が求められています。

（関谷昇）

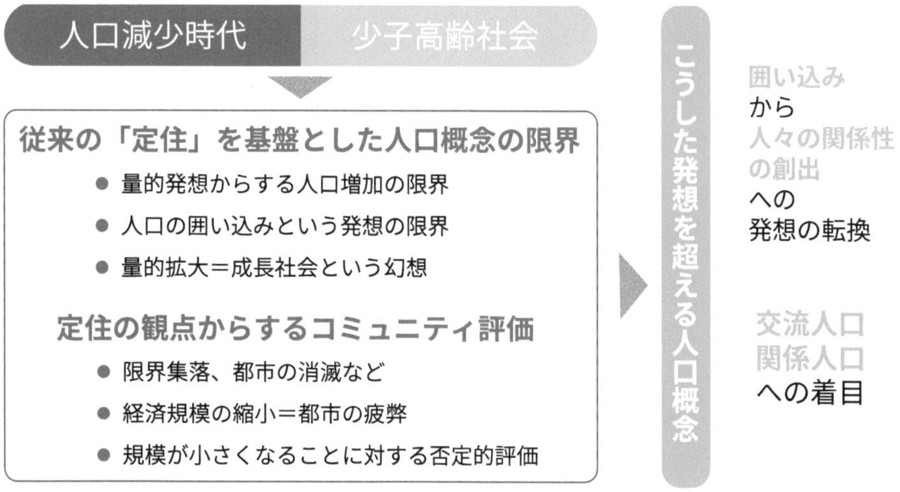

人口減少時代　　少子高齢社会

従来の「定住」を基盤とした人口概念の限界

- 量的発想からする人口増加の限界
- 人口の囲い込みという発想の限界
- 量的拡大＝成長社会という幻想

定住の観点からするコミュニティ評価

- 限界集落、都市の消滅など
- 経済規模の縮小＝都市の疲弊
- 規模が小さくなることに対する否定的評価

こうした発想を超える人口概念

囲い込み
から
人々の関係性
の創出
への
発想の転換

交流人口
関係人口
への着目

2-2

多様な参加・協働

図1　定住人口の限界

関係人口の拡充

- 関係人口は、都市農村交流のみならず、様々な方面で生かせる発想
- 地域と関係のある人たち／地域と交流のある人たちの巻き込み

豊かな関係性が切り拓く可能性

関係性を育みうる視点（例）

資金確保	ふるさと納税やクラウドファンディング 寄付サポーターなど
空き家活用	魅力ある改築と若者層の引き込み 生活支援交流拠点へのイノベーションなど
若者誘致	地元企業へのインターンシップ、起業支援 未来の看護・福祉・教育人材の実地研修など

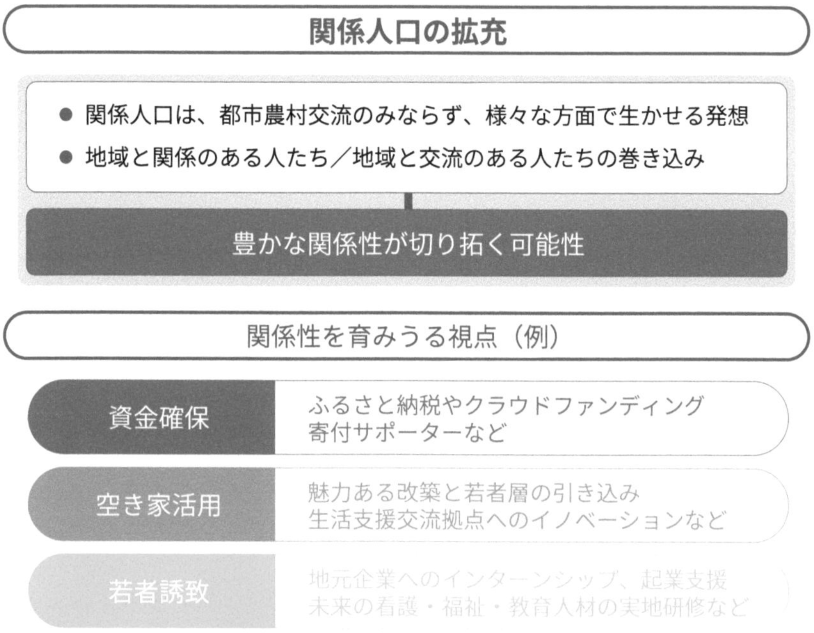

図2　「関係性」を活かした地域づくり

参考文献

小田切徳美 (2014)『農山村は消滅しない』岩波新書
田中輝美 (2017)『関係人口をつくる』木楽舎
石山恒貴編 (2019)『地域とゆるくつながろう―サードプレイスと関係人口の時代』静岡新聞社

3章

多様な構成要素のあり方

協働の中心的な担い手とされる自治会・町内会

自治会・町内会

市民参加や協働の中心的な担い手とされる自治会・町内会（以下「自治会」とします）についてみていきます。

それぞれの自治会には、実際には「〇〇町〇丁目自治会」、「〇〇町会」、「〇〇区」、「〇〇親交会」など、固有の名称があります。英語では、neighborhood association や、neighborhood organization などといいます。なお、マンションの住民が加入するマンション管理組合と自治会とは別の団体です。マンションの住民は管理組合とは別に、その地域の自治会に加入しています。

自治会は、必ずしも古い団体ではありません。例えば、千葉市には、2023年3月現在、自治会が1100団体ありますが、2016年度までずっと増加していました。同時に、千葉市では自治会の加入世帯数も2016年度まで増え続けていました。一方で、市内の全世帯のうち自治会に加入している世帯の割合である加入率は、低下傾向が続いています。

自治会のプロフィールについて、横浜市による調査報告書にもとづいて紹介します。まず、自治会の区域は全体の約3分の2が「〇〇町」や「〇〇町〇丁目」（町丁）を区域としています。そのほか、マンションや団地を区域とする自治会

があります。

図1は全国の自治会を対象とする調査の結果です。各自治会の加入世帯数は、平均すると約230世帯です。分布をみると、20〜39世帯までが最も多いなど、小規模の団体が多い傾向がわかります。

自治会は、図2にあるようにさまざまな活動をしています。ほとんどの自治会では回覧板や掲示板などによる地域情報の共有を図る活動をしています。これには、市町村や学校・警察などの公共機関からの情報も含まれます。また、祭りやイベントなど住民どうしの親睦を図る活動、防犯活動や防火・防災活動など地域生活を守る活動、新成人や還暦を祝うといった福利厚生に関わる活動、地域の清掃や花壇整備などの環境美化や地域管理に関わる活動なども、多く取り組まれている傾向がみられます。

実は、自治会は、上述した活動のほかに重要な役割を果たしています。例えば、佐倉市が自治会と結んでいる業務契約のなかに、「地区の総意としての要望の取りまとめに関すること」があります。同様の役割について、松戸市では「地域と市との窓口」となる「地域代表者制度」が設置されています。佐倉市や松戸市に限らず、自治会は、区域内の住民の意見をとりま

とめて市町村に伝える活動をしています。つまり自治会は、その区域の住民を代表する団体として位置づけられているのです。

自治会が住民の代表という役割をもつ背景の一つには、自治会の特質があります。まず、自治会の加入の単位は、個人ではなく、世帯です。ここには単身世帯も含まれます。次に、加入の方法は、各世帯が、どこかの地域に住むと、慣習・規範としては、自動的にその地域の自治会に加入する形になっています。これをさして、「全戸自動加入」といういい方があります（現実としては、加入率100％は少ない）。最後に地理的分布ですが、例えば子育て支援の市民活動団体は、複数の団体が活動している地域もあれば、活動団体が一つもない地域もあります。しかし自治会は、各区域には必ず一つです。つまり、市町村内の全区域に、全世帯が加入する団体が、一つだけある、ということが、住民の代表という役割を与えられる背景の一つです。

このように市民参加や協働の担い手として位置づけられている自治会ですが、「役員のなり手がいない」「会員の高齢化」などの課題を抱えているところが少なくありません。
（清水洋行）

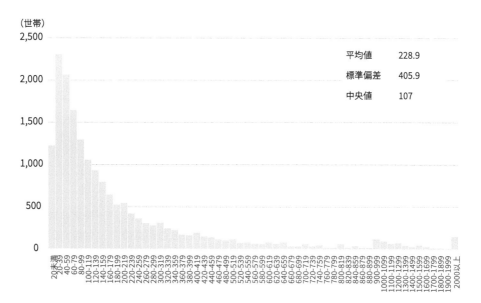

出典：辻中豊・ロバート. ペッカネン・山本英弘（2009）『現代日本の自治会・町内会』木鐸社, p48
の図2-3より一部省略して引用

図1　自治会・町内会の加入世帯数

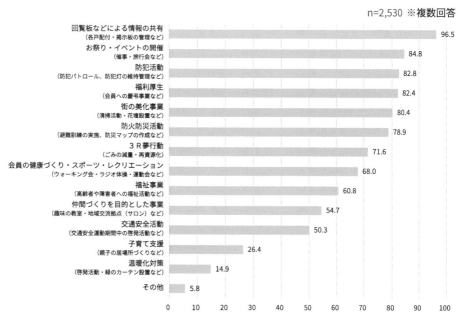

出典：横浜市市民局『平成28年度横浜市自治会町内会・地区連合町内会アンケート調査報告書』,
p15の表より作成

図2　自治会・町内会の活動

参考文献

辻中豊・ロバート・ペッカネン・山本英弘（2009）『現代日本の自治会・町内会』木鐸社
船津衛・浅川達人（2014）『現代コミュニティとは何か』恒星社厚生閣
紙屋高雪（2014）『"町内会"は義務ですか?』小学館
佐倉市 HP「自治会等への市からの支援（https://www.city.sakura.lg.jp/soshiki/jichijinkensuishinka/180/3405.html）
松戸市 HP「地域代表者制度（https://www.city.matsudo.chiba.jp/kurashi/shiminkatsudou/community/chiikidaihyousya.html）

特定非営利活動促進法と特定非営利活動法人
NPO

　地域づくりでよく耳にする「NPO」という言葉が広まるきっかけとなった特定非営利活動促進法（通称「NPO法」）と、この法律で定められた特定非営利活動法人（通称「NPO法人」）の概略をみていきます。

　NPO法人は、1998年のNPO法の施行以降、近年まで急速に増えてきました。現在では全国で5万団体以上あります。また、途中から認定NPO法人という団体も少しずつ増えてきましたが、これについてはここでは扱わないこととします。NPO法人を直接担当するのは都道府県と政令指定都市です。都道府県別NPO法人の数は人口に比例しているようにもみえますが、一概にそうともいえないところもあります。みなさんの地元の状況はどうでしょうか。

　それでは、NPO法人とはどのようなものかみていきます。図1は、NPO法人を定めている通称NPO法の第一条です。黒文字と青文字が1998年の制定当初の文章で、下線部（緑色）は2012年の改正で加筆された部分です。まず、黒文字と青文字の部分に着目すると、この法律は「市民が行う自由な社会貢献活動」を応援するものであることがわかります。その先に目指すものは「公益の増進」です。「公益」とは、不特定多数の利益をさします。つまり、NPO法は、不特定多数の利益の増進を目的として制定されたものといえます。

　そして、「市民が行う自由な社会貢献活動」を応援する手段が、それらの活動に「法人格を付与すること」です。わたしたちの生活はさまざまな法人との関わりによって成り立っています。例えば、千葉大学の運営団体の種類は「国立大学法人」です。同様に、私立大学は「学校法人」、病院は「医療法人」、保育所や介護施設は「社会福祉法人」、企業は「株式会社」といった具合です。「法人格を付与する」とは、団体を「〇〇法人」として認めることをさします。法人となると、団体として売買や契約ができるようになります。また、そのことによって責任の所在が明確になり、対外的な信用も高まります。

　NPO法の成立前から市民活動団体のなかに法人格を取得しようとする動きがありましたが、それぞれの法人格には取得のための要件があり、市民活動団体にとってはハードルが高いものでした。NPO法は、市民活動団体に対して、法人格の取得を現実的な選択肢として提供するものとなりました。

　第1条に戻ると、その法人格は、「特定非営利活動を行う団体に」「付与する」とあります。「非営利」とは、活動から利益をあげてはいけないということではありません。利用料や販売などによる収益のなかから、人件費、施設の賃貸料、光熱費など必要な費用を支出した後に残ったお金である利益を、次の年の活動に使うという意味です。株式会社では、収益から費用を差し引いて残った利益は株主に分配しますが、非営利団体では分配しません。「非営利」とは、この「利益の非分配原則」のことをさします。「NPO」は一般的に「Non Profit Organization」の略をさしますが、「非営利目的」を強調して「Not-for Profit Organization」という言葉も使われます。

　上述した「法人格」「公益」「非営利」は、NPO法に限らず用いられる言葉ですが、「特定非営利活動」はNPO法で定められているものです。具体的には、NPO法の第二条の別表にある20の活動分野のことです。図2では、20の活動分野と合わせて、分野別の割合を掲載しています。

　内閣府のNPOホームページでは、用語の解説をみたり、全国各地のNPO法人を検索したりすることができます。今後の学習に役立ててください。
（清水洋行）

1998年3月成立　12月に施行

第1条

この法律は、特定非営利活動を行う団体に法人格を付与すること並びに運営組織及び事業活動が適正であって公益の増進に資する特定非営利活動法人の認定に係る制度を設けること等により、ボランティア活動をはじめとする市民が行う自由な社会貢献活動としての特定非営利活動の健全な発展を促進し、もって公益の増進に寄与することを目的とする

2012年4月の改正（下線部分が加わる）

- 2001年から国税庁が所管していた認定特定非営利活動法人（認定NPO法人）がNPO法に位置付けられる。
- 仮認定NPO法人（2017年4月から特例認定NPO法人）が定められる

図1　特定非営利活動促進法（「NPO法」）第1条

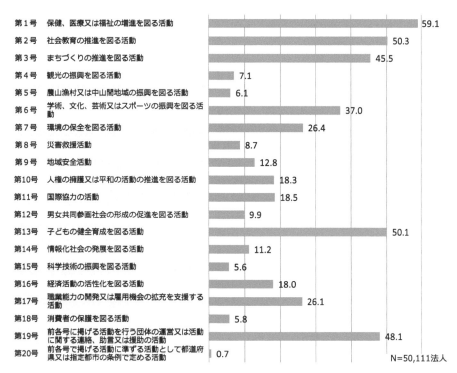

号	活動分野	割合
第1号	保健、医療又は福祉の増進を図る活動	59.1
第2号	社会教育の推進を図る活動	50.3
第3号	まちづくりの推進を図る活動	45.5
第4号	観光の振興を図る活動	7.1
第5号	農山漁村又は中山間地域の振興を図る活動	6.1
第6号	学術、文化、芸術又はスポーツの振興を図る活動	37.0
第7号	環境の保全を図る活動	26.4
第8号	災害救援活動	8.7
第9号	地域安全活動	12.8
第10号	人権の擁護又は平和の活動の推進を図る活動	18.3
第11号	国際協力の活動	18.5
第12号	男女共同参画社会の形成の促進を図る活動	9.9
第13号	子どもの健全育成を図る活動	50.1
第14号	情報化社会の発展を図る活動	11.2
第15号	科学技術の振興を図る活動	5.6
第16号	経済活動の活性化を図る活動	18.0
第17号	職業能力の開発又は雇用機会の拡充を支援する活動	26.1
第18号	消費者の保護を図る活動	5.8
第19号	前各号に掲げる活動を行う団体の運営又は活動に関する連絡、助言又は援助の活動	48.1
第20号	前各号で掲げる活動に準ずる活動として都道府県又は指定都市の条例で定める活動	0.7

N=50,111法人

出典：内閣府「特定非営利活動法人の活動分野について」HP（2023年9月30日現在）より作成
図2　特定非営利活動法人の活動分野とその割合

参考文献

岡本栄一・石田易司・牧口明編（2014）『日本ボランティア・NPO・市民活動年表』明石書店
内閣府NPOホームページ（https://www.npo-homepage.go.jp/）
宮垣元編著（2020）『入門ソーシャルセクター』ミネルヴァ書房

3-1

地域の活動組織

ジェンダーの視点からの NPO のルーツ

ジェンダーと NPO

　地域社会で活動するNPOのルーツについて、ジェンダーという視点から考えます。

　家族は、労働と生活の単位です。生活するためには労働によって賃金を得ることが必要であると同時に、働き続けるためには食事・洗濯ほかの家事が必要です。また、より長期的にみると、人が生まれて働けるようになるまで育児やしつけなどが必要ですし、病気や加齢に伴い介護などのケアが必要となる場合もあります。そのような賃労働を支える活動を「再生産労働」といいます。

　また、家庭内で行われる再生産労働は、賃金が支払われないため「アンペイド・ワーク」といわれたり、賃金などの形で報われないことから「シャドー・ワーク」といわれたりすることがあります。この再生産労働と賃労働が、女性と男性という性差と結びついて担われている状況を性別役割分業といいます。また、そのような性別役割分業を自然なことやあたり前のこととみなす文化や規範をジェンダーといいます。

　都市化とともに増えたサラリーマンの家庭では、性別役割分業に従って、夫は賃労働を、妻は主婦として再生産労働を担うようになります。しかし、ここで増えている家庭は核家族であるとともに、

それらの核家族が増えている都市郊外は、かつての農村社会のように家族ぐるみのつきあいがある地域社会とは異なります。1970年代後半から、主婦らが各家庭で孤立して担っていた再生産労働を、ほかの主婦らとお互いさまで担ったり、新しいグループをつくってサービスとして担ったりする動きが目立つようになります。

　同時に、当時、企業が目を向けていなかった自然保護やリサイクル、安全な食の流通などに関わる活動も展開されるようになります。当時、これらの活動は主婦を中心に担われたことから、「女性団体」という呼び方もされました。そのほかにも「市民活動」や「市民事業」「住民組織」など、いろいろな呼び方がされていました。これらの団体による取組みのなかには、やがて、自治体や国の政策として制度化されたり、SDGsのように企業も含めて広く取り組まれたりするようになるものが少なくありません。地域社会は、家庭内で行われていた再生産労働の外部化の受け皿となったといえます。

　それでは、なぜ、市民活動が活発になってきたのが1970年代後半だったのでしょうか。図2は、専業主婦の推移を示したものです。緑色の棒グラフは、専業主婦全体の人数ですが、注目してほし

いのは「非農林業雇用者世帯の専業主婦」の数を示す青色の棒グラフです。最も人数が多いのは、1980年となっています。また、図の上の方にある折れ線グラフは、「全有配偶女性に占める非農林業雇用者世帯の専業主婦の割合」ですが、1965年から1980年にかけてピークを迎えていたことがわかります。また、この時代は、正規雇用・終身雇用が中心の時代でもありました。

　つまり、1970年代後半は、都市郊外を中心とする地域社会に、正規雇用・終身雇用の夫をもつ専業主婦が多く住んでいた時代でした。その主婦らが活動を始めるようになったきっかけの一つが、1975年の国際婦人年と、その後の国連婦人の10年です。これら国際社会からの働きかけを受けて、各自治体で女性を対象とする施策が行われます。

　その一つが公民館の講座など社会教育です。公民館での講座の卒業生たちが、卒業後、市民活動団体をつくり、自主的に活動を続けるパターンも少なくありませんでした。また、それらのなかには、現在では介護保険サービスなどを提供するNPO法人になっているものもめずらしくありません。

（清水洋行）

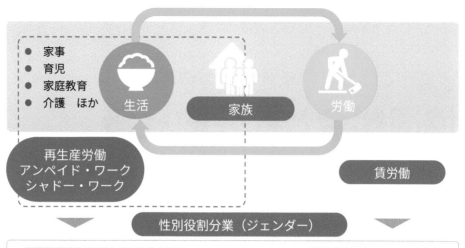

図1　再生産労働の社会化

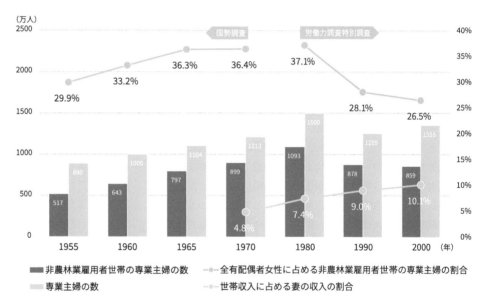

（注）非農林業雇用者世帯の専業主婦の数は、夫が雇用者（非農林業）で妻が非労働力（無業）の人口、専業主婦の数は、全有配偶女性で非労働力の人口。

出典：井上輝子・江原由美子編（2005）『女性のデータブック〔第4版〕』有斐閣, p85の図37-1より作成

図2　専業主婦の推移

参考文献

矢澤澄子・国広陽子・天童睦子(2003)『都市環境と子育て』勁草書房
井上輝子・江原由美子編(2005)『女性のデータブック〔第4版〕』有斐閣
横浜女性フォーラム編(1991)『新版・女のネットワーキング』学陽書房

地域の活動組織

3-1

地域づくりの担い手としての協同組合

協同組合と社会的経済

協同組合には、さまざまな種類があります。協同組合は、あまりなじみがないと思われがちですが、日本人は平均すると一人一つは加入しているといわれています。

例えば、各大学のほとんどの教員や学生はキャンパス内にある生活協同組合（生協）に加入しているでしょう。地方出身の人には、農業協同組合（農協）や漁業協同組合（漁協）はなじみ深い人が多いでしょう。また、市街地を歩いていると信用金庫をみかけることが少なくないと思います。

協同組合は、1844年にイギリスで誕生しました。労働者たちが、自分たちで出資して、店を開いたのが始まりです。ロッチデール公正開拓者組合というもので、最初の店舗は現在、記念館になっています。興味のある人は訪問先に加えてみてはいかがでしょうか。日本では、現在につながる協同組合は、1921年に神戸で誕生しました。設立者は賀川豊彦という人です。神戸市内には、賀川豊彦の博物館があります。

さて、現在の生協には、さまざまな種類がありますが、それぞれ店舗のほかに宅配サービスや福祉・介護サービス、共済など、さまざまなサービスを提供しています。このように、一見、生協はスーパーマーケットを経営する企業と同じように思えます。そこで、生協と企業との違いをみていきます。生協は、お店や保険、診療所などをつくりたいと思った人が、出資して設立します。これは、株式会社をつくる時に、投資家などが株式を購入するのと同様です。協同組合の出資者は、総会などの場で組合員として協同組合の運営に意見を述べることができます。これも、株式会社の株主が株主総会などの場で会社の経営に意見を述べることができるのと同様です。

ただし重要な違いは、株式会社では、株を多くもつ人が大きな決定権をもつのに対して、協同組合の場合は、出資額に関わらず、一人一票である点です。この「一人一票制」は、個人が連帯して、自分たちで経済をつくっていこうという考え方につながります。このような考え方にもとづく経済を「連帯経済」や「社会的経済」「社会的連帯経済」といいます。これらは、個人の自由な消費によって成り立つ「市場経済」とは異なる経済のあり方です。

また、図2にあるように、生協では個々の組合員が自発的にさまざまな社会的な活動を行っています。図をみると、例えば「生産者見学」があります。これは、安心・安全な野菜を購入するため、都市部の消費者である組合員が地方の農家とつながり、一般の市場とは異なる流通の仕組みをつくることにつながります。また、「グリーン電気・市民風車」の活動は、原発や化石燃料（火力発電）などに頼らずに、自然エネルギーで電気を生産する取組みです。このような、既存の社会の仕組みを変えていこうという取組みは、「社会運動」(social movement)といわれます。

働く場を自分たちでつくる取組みが労働者協同組合です。「労協」「ワーカーズコープ」ともよばれています。例えば、ワーカーズコープちばでは、病院内の清掃やレストラン経営、福祉・介護サービス、仕事おこしなど、さまざまな事業が行われています。

また、ワーカーズコープちばでは、社会的活動としてフードバンクを実施しています。フードバンクは、家やスーパーなどで不要になったり賞味期限切れが近づいたりした食品を集めて、社会福祉施設や食材を買うことが困難な人に配る活動です。コロナ禍以降、食材・食品の配布先として、こども食堂が急増しました。。

このほかにも地域には、さまざまな協同組合があります。みなさんも、普段の生活のなかで探してみてください。

（清水洋行）

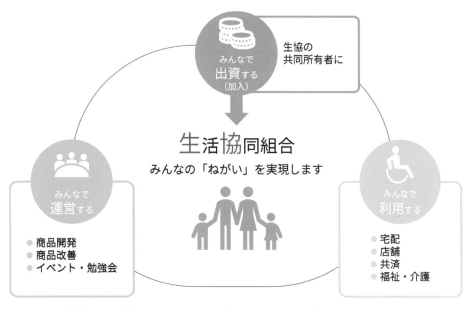

出典：日本生活協同組合連合会のホームページ（https://jccu.coop/）より作成
図1　生活協同組合の仕組み

	30代以下 積極的経験	40代 積極的経験	50代 積極的経験	60代以上 積極的経験
石けん運動	10.9	12.8	18.9	14.1
講演会	13.0	25.1	24.7	17.7
料理講習会	21.7	30.3	39.8	22.9
生産者見学	13.0	22.3	29.6	17.1
まつり	25.8	33.6	42.0	22.2
反・脱原発	2.2	3.8	13.3	12.3
代理人運動	0.0	10.1	15.4	6.7
グリーン電気・市民風車	4.4	8.7	8.7	10.0
ワーカーズ・コレクティブ	1.1	6.3	5.4	7.7
福祉基金	4.4	10.1	12.6	11.3
平和を考える	2.2	2.4	4.4	3.8

(%)

出典：西城戸誠（2008）『抗いの条件―社会運動の文化論的アプローチ』人文書院，p176の表1より抜粋
　　して引用
図2　生協の組合員による社会的活動

参考文献

ジャン＝ルイ．ラヴィル編（2012）『連帯経済』（北島健一・鈴木岳・中野佳裕訳）生活書院
日本生活協同組合連合会ホームページ（https://jccu.coop/）
労働者協同組合ワーカーズコープちばの HP「社会連帯活動フードバンクちば」（https://foodbankchiba.com/）
藤井敦史編著（2022）『地域で社会のつながりをつくり直す社会的連帯経済』彩流社

地域課題を解決する企業的な手法・考え

社会的企業

近年、「コミュニティ」や「社会」という言葉と、「ビジネス」「事業」「企業」という言葉が、いろいろと組み合わせて使われるようになっています。そのポイントは、地域や社会の課題の解決を、企業的な考え方や手法を用いて目指すという点です。

社会的企業を、NPOの財源の変化から考えてみます。図1のもとになっている図は、2-2-1「サード・セクター」でも用いたものです。NPOは、この図のなかにあるサード・セクターに含まれます。コミュニティから得られる収入には、活動メンバーの会費や地域や市民からの寄付金があります。政府からの収入には、元々税金を財源とする補助金や委託費があります。市場からの収入は、サービスやモノへの対価として得られるお金のことで、利用料や代金、家賃などがあります。これらの多様な種類の財源をもつことを「財源ミックス」といいます。

このような視点から、NPOの変化を捉えると、財源ミックスには、これまでコミュニティや行政から得た資金で運営されてきたNPOが、市場からの収入を増やすことによって、財政的なリスクを分散させる効果があることがわかります。つまり、社会的企業は、市場からの収入を合わせもつよう

になったNPOと考えることができます。

社会的企業の「企業性」には、市場からの収入の増大のほかにも、いくつかあります。まず、補助金や委託費など行政から得た資金を、効率的に使うことをさす場合です。2つめは、ニーズの把握や収入の見込みにもとづいてビジネス・モデルがしっかりとつくられていることをさす場合です。これらはNPOが企業的経営を行うようになることを意味します。3つめは、ベンチャー企業で想起されるような、従来とは異なる新しい事業手法や、新たなサービス開発など、イノベーションをさす場合です。これは、むしろ「起業性」といった方がしっくりきます。

一方、「社会性」という言葉は、かなり広く用いられています。最も広く捉えると、従業員に給料を支払うことですが、これでは「企業」と「社会的企業」が区別できなくなります。もう少し限定的な捉え方をみてみます。アイスクリームを製造・販売しているBen&Jerry'sという会社のホームページをみると、地球温暖化や気候変動といった環境問題に取り組む活動をしていることがアピールされています。また、化粧品を製造・販売しているTHE BODY SHOPという会社では、企業ポリ

シーとして、動物実験反対、人権尊重、環境保護など、倫理・公正に配慮して企業活動を行っていることがアピールされています。これらのように、社会的な問題や倫理・公正に配慮した取組みを行うことを「社会性」と捉えることがあります。

社会的企業の「社会性」を狭く捉えると、まず、社会的に不利な状況にある人々を対象とする事業やサービスを実施していることが挙げられます。例えば、福祉サービスや、地方の地域活性化に関わる事業などです。次に、社会的に不利な状況にある人々や地域が事業やサービスを実施していることが挙げられます。例えば、障がい者の就労や、住民自身による地域づくり・むらおこしなどです。

これらは、経済的貧困の克服や経済的な活性化をさすだけではなく、それらを通じて多様な人々とのつながりの創出や地域や社会への参加の促進を目指すものであることから、ここでの「社会性」は、社会的排除の克服を目指すことといい換えることができます。

つまり、社会的企業とは、社会的課題の解決や社会的排除の克服を目指すため、企業的な考え方や手法を用いて運営されている団体ということができます。

（清水洋行）

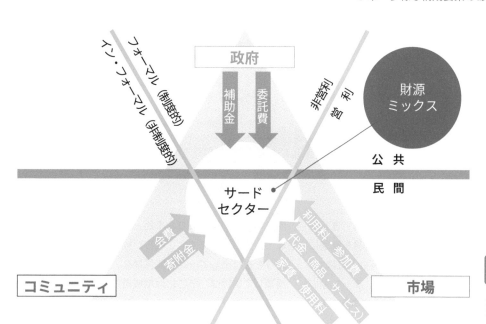

出典：A.エバーズ・J.-L.ラヴィル（2007）『欧州サードセクター』日本経済評論社, p.23の図1.3にもとづいて作成

図1　財源ミックス

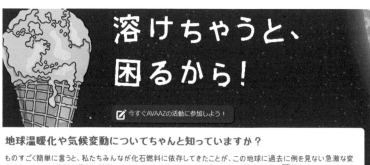

出典：2020年に日本での事業を撤退する前のHP（Ben & Jerry'sho-mupe-ji (https://www.benjerry.jp/values/issues-we-care-about/climate-justice)）

図2　Ben & Jerry'sにみる社会的な取組み

参考文献

後房雄（2009）『NPOは公共サービスを担えるか』法律文化社
藤井敦史・原田晃樹・大高研道（2013）『闘う社会的企業』勁草書房
C.ボルザガ・J.ドゥフルニ編（2004）『社会的企業』（内山哲朗・石塚秀雄・柳沢敏勝訳）日本経済評論社
THE BODY SHOPのホームページ（https://www.the-body-shop.co.jp/shop/e/econtact/）
Ben & Jerry'sのホームページ（https://www.benjerry.jp/）

地域における横断的連携
地域自治組織

日本の地域社会を支えてきた主体は実に多様です。地縁を基盤に成り立っている自治会・町内会、分野別の諸地域団体、テーマ型の自主活動であるNPOやボランティアなどはその典型であり、さらに学校から民間企業まで含めると、かなり広範囲にわたる活動が存在しています。

問題は、これらの諸活動団体が、分野・組織・手法の違いによって縦割り化している点です（図1）。しかも、行政の縦割りと結びつく形で、諸活動団体が自己完結的に事業を展開しており、いわばタテ社会の縮図が見出されます。

いわゆる囲い込みの発想は、内なるものを守る反面、その外側に対しては排他的な態度に結びついてしまうことがあります。これからの地域活動をめぐっては、人材や資金の不足がより顕著になっていくでしょうし、行政からの補助金も縮減の方向にあるとすれば、改めて地域活動をどのように持続させていくことができるかということが問われてきます。そこで必要とされてくるのが、開かれた地域づくりと協働による横のつながりの回復です。

補完性原理の考え方にもとづけば、これは地方分権と連動する地域分権の発想でもあります。家族など小さな単位を補完するのは近隣コミュニティであり、市民・地域・民間の活動です。これらが縦割りを抜け出して一定の関係性を構築していけば、そこには地域自治の可能性が生まれてきます。自治体が自立していくためには、こうした「小さな自治」をつくり出していくことが必要不可欠です。

地域活動単位を見直しながら、既存の発想や枠組みを横断する新しいネットワークを構築することは、そのための手法の一つです。

近年、学区単位など一定の地域において、さまざまな地域活動団体や有志が参加できる組織・ネットワークづくりが注目されています（図2）。この取組みは、既存の単位・形態・手法で続けるか、多様な連携で新たに取り組むか、実践的に考える契機ともなります。

地域自治組織は、地域で暮らす人々が、自分たちの生活を形成・維持していくために設立される、地域課題の解決を目的とした多様な主体が参加する実践組織です。主に小学校区などのエリアにおいて、自分たちで定めた一定のルールにもとづいて営まれる地域横断組織でもあります。

主な取組みは、高齢者交流サービス、声かけ・見守りサービス、体験交流事業、子育て支援事業、ミニ・ビジネスの展開、公的施設の維持管理など、既存の単位では解決しがたい課題に焦点が合わされています。また、主な活動資金も、市町村からの補助金のほかに自主事業による収益、構成員からの会費、公共施設の指定管理受託費、サービス利用者からの利用料など、さまざまな工夫が施されています。

地域自治組織には、主に地域の総意を導き出す民主的な代表母体としての側面と、さまざまな連携事業を実践する実施母体としての側面があります。現実的には、後者の側面と具体化する動きが顕著になっています。自治会をはじめ、地域で活動する諸団体が参加し、当該地域に固有な課題に協働で取り組む形は、その典型です。さらには、公民館や地域交流センターなどの行政機関と一体となった地域自治組織もあります。しかし、一方では、地域の総意をつくる母体がない以上、これからさまざまに問われてくる合意形成に向けた環境整備が必要になってくるのも事実です。

いずれにしても、多角的な市民参加を通じて営まれる地域自治の行方は、まだまだ未知数のところがあります。地域における課題解決にとっていかなる形態と方法が望ましいのか、今後の行方が注目されます。
（関谷昇）

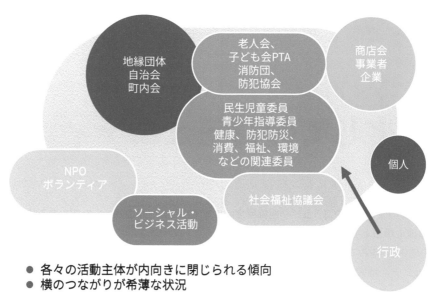

● 各々の活動主体が内向きに閉じられる傾向
● 横のつながりが希薄な状況

図1　閉じられている地域コミュニティ

典型的な制度設計

● 学区単位など一定の地域において、様々な地域活動団体や有志が参加する組織（ネットワーク）をつくり、地域運営（事業運営から自治までの幅がある）に取り組む

● 既存の団体の取り組みを見直し、そのままの単位・形態・手法で続けるか、より大きな単位で新たに取り組むかを考える（屋上屋を重ねるのではない点に注意）

● 地域課題を共有し、自分たちなりの事業計画を立てるとともに、各団体の特性を活かしながらまちづくりを実践する

● 計画した事業の実施に必要な人材、資金、物資、情報を集め、活動に活かす

● 行政は、組織の立ち上げ支援、計画された事業への支援、担当職員の配置などの側面支援を行う

「小さな自治」をつくることが問われている

課　題

● 団体間の連携、組織（ネットワーク）の柔軟な運営
● 住民の巻き込み、自治意識の醸成、地域の自立
● 資金や人材の獲得
● 行政との協働

図2　学区単位の連携と地域自治組織

参考文献

岡田知弘・石崎誠也編 (2006)『地域自治組織と住民自治』自治体研究社

名和田是彦編 (2009)『コミュニティの自治―自治体内分権と協働の国際比較』日本評論社

日本都市センター (2015)『都市自治体とコミュニティの協働による地域運営を目指して―協議会型住民自治組織による地域づくり』

コミュニティ形成の単位としての「地区」の成り立ち
地区としてのコミュニティ

各市町村で地域づくりやコミュニティ形成の単位とされている「地区」の成り立ちをみていきます。

「コミュニティ地区」や「地域コミュニティ」とよばれることもある「地区」は、身近な生活圏とされ、小学校区や中学校区などがあてられていることが少なくありません。

地域づくりには、その地域に関わるさまざまな団体や機関の協働が必要です。図1は、佐倉市の「地域まちづくり協議会」の例です。小学校区を単位として、健康づくり、福祉、防犯、地域活性化、自然環境保全、清掃美化、青少年育成、文化・スポーツなど、さまざまな分野に関わる団体や個人、機関が協働してまちづくりを進めていく方向性が示されています。

さまざまな団体や個人、機関のなかで、軸となる役割を期待されているのが、自治会・町内会（以下、「自治会」とします）です。各自治会は、中学校区を地区としてほかの自治会と「地区町内自治会連絡協議会」を構成しています。地域によっては「連合自治会」「町内会連合会」などの呼び方もあります。千葉市は政令指定都市なので、地区レベルの連絡協議会は、稲毛、中央区などの行政区ごとに区レベルの連絡協議会を構成しています。そして、区レベルの連絡協議会によって、市レベルの連絡協議会が構成されています。このように自治会はピラミッド型のネットワークを築いています。

次に、地区割りについてみていきます。例えば、人口約50万人の松戸市では、市内を15ヶ所の地区に分けて、その地区を単位として自治会の連合会がつくられています。同じく松戸市では、「地区社協」と略してよばれることが多い社会福祉協議会の地区組織の区割りが、地域福祉活動の単位にあたります。これを、自治会の連合会の地区割りと比べてみると、両者は重なっていることがわかります。地域包括支援センターは、介護保険事業の地域拠点となる施設ですが、松戸市では、その地区割りも「15ヶ所」となっています。ただし、学区、コミュニティ地区、地域福祉の地区、地域包括支援センターの対象地区などの境界が重なっている市町村ばかりではありません。みなさんの地元では、どうでしょうか。

地区は、身近な生活圏を単位とする住民参加の仕組みとして各市町村で用いられていますが、地区を単位とする仕組みに参加しやすい活動とそうでない活動があります。図2をもとに考えてみましょう。この図は全国の自治会を対象に、地域の他団体との連携状況をたずねたものです。

連携率の高い団体を緑色に、やや高い団体を空色にしました。緑は、子ども会、老人クラブ、消防団、社会福祉協議会、PTAなどです。緑や空色の団体は、どのような性格の団体でしょうか。

3-1-1で学んだ自治会の特質を思い出してみてください。みなさんは、自治会が、区域内の世帯が加入するものとされているとともに、区域内に一つだけ存在するという特質があることを学びました。このような視点からみると、自治会との連携率が高い団体は、いずれもそのようなタイプの団体であることがわかります。

他方で、育児サークル、障がい者団体、生協などの連携率が低い団体は、その活動の理念や目的に賛同する個人が自発的に参加するタイプの団体です。これらの活動は必ずしも自治会の区域や地区を単位とするものではないため、地区単位の仕組みには参加しにくい面がありそうです。しかしながら、そのようなタイプの団体は住民の多様なニーズに対応するものであるため、地区単位の地域づくりやコミュニティ形成に反映させていくことが求められます。

（清水洋行）

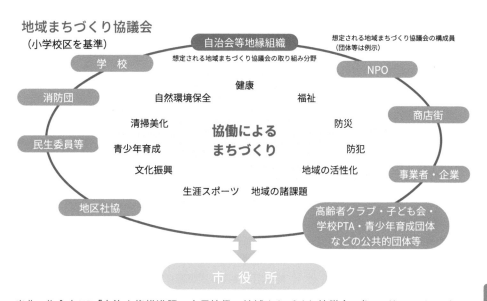

出典：佐倉市HP「自治人権推進課－市民協働－地域まちづくり協議会」(http://www.city.sakura.lg.jp/0000005010.html)（旧ホームページ）より作成

図1　まちづくりの単位としてのネットワーク

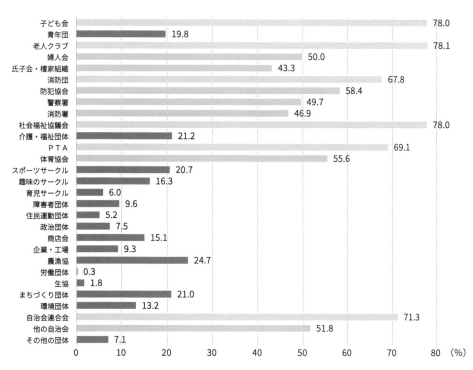

出典：辻中豊・ロバート.ペッカネン・山本英弘（2009）『現代日本の自治会・町内会―第1回全国調査にみる自治力・ネットワーク・ガバナンス―』木鐸社, p104の表5-1より作成

図2　自治会・町内会のネットワーク

参考文献

辻中豊・ロバート.ペッカネン・山本英弘（2009）『現代日本の自治会・町内会―第1回全国調査にみる自治力・ネットワーク・ガバナンス―』木鐸社

松戸市「町会・自治会コミュニティ」(https://www.city.matsudo.chiba.jp/kurashi/shiminkatsudou/community/index.html)

社会福祉法人松戸市社会福祉協議会のHP「地区協定とは」(https://www.matsudo-shakyo.or.jp/tikushakyo/)

地域や市民の活動を支援するための施設と組織

中間支援の施設と組織

「中間支援」とは、市民活動やNPOを支援する活動のことです。中間支援は、アメリカでは資金をもつ政府や助成団体と、資金を必要とする活動団体との仲介を意味する「インターメディアリー」、イギリスでは制度づくりや市民活動への理解を広めたり市民活動を支援する制度をつくったりするなどの活動環境の整備を意味する「インフラストラクチャー」という言葉が主に用いられます。

中間支援を行う組織を「中間支援組織」とよびます。ただし、中間支援組織以外にも、自分たちの活動を行いながら、ほかの団体に自分たちの経験やノウハウを伝える団体も少なくありません。また、中間支援を行うための専用の施設があります。この「中間支援施設」には、自治体が施設の設置と運営を行う「公設公営型、」自治体が設置した施設をNPO法人などが運営する「公設民営型」、NPO法人などが自主的に開設している「民設民営型」があります。

中間支援組織には、タイプがあります。図1の左側のボックスにあるさまざまな支援を、右側のボックスにあるさまざまな活動分野の団体を対象として行う「一般型中間支援組織」、さまざまな支援を特定の活動分野の団体を対象として行う「領域特定型中間支援

組織」、ボランティア募集や資金助成など特定の支援をさまざまな活動分野の団体に向けて行う「機能特定型中間支援組織」です。

公設民営型の中間支援施設の例として千葉市民活動支援センターがあります。ここを運営する中間支援組織は、一般型の中間支援組織にあたります。センターには、受付があり、活動団体や市民などからのさまざまな相談に対応しています。活動団体がイベントのチラシなどを印刷できる印刷機や、事務所のない団体が団体の資料・事務用品などを保管できるロッカー、会議・打ち合わせなどで使える部屋などもあります。また、活動団体のリーフレットなどをファイルした情報コーナーや、市民活動やNPO関係の本や報告書を閲覧できる図書コーナーもあります。そのほか、センターでは、団体の力量アップのための講座や、活動の担い手育成、団体どうしのネットワークづくり、団体が使える助成金の情報の提供などを行っています。また、このセンターの運営について協議する運営協議会が設置されています。

領域特定型中間支援組織の例として全国食支援活動協力会を紹介します。東京都世田谷区に事務所があり、全国各地で市民参加によって行われる食支援活動を支援

しています。食支援活動には、食事づくりが困難になった高齢者などへお弁当を配る配食サービスや、一人暮らし高齢者が一緒に食事をする会食会、食事を通して子どもや親子の交流を図ったり、食事をとれない子供に食事を提供したりする子ども食堂などがあります。当団体では、活動団体のスキルアップのためのセミナー開催、活動のガイドブックの作成、厚生労働省などへの要望、企業や財団への働きかけ、調査研究などを行っています。

機能特定型中間支援組織の一つとしてボランティアセンターがあります。千葉市の場合は、「チーム千葉ボランティアネットワーク」のホームページをみると、千葉市ボランティアセンターほか市内のさまざまなボランティアセンターが紹介されています。また、活動団体を資金面から支援するものに基金や助成団体があります。自治体や企業が資金を提供するもののほか、市民や地域の企業からの寄付を集めて提供するコミュニティ財団などがあります。

図2は、中間支援組織や中間支援施設を整理した図です。このように全国レベルから市町村レベルまで、さまざまな中間支援組織があります。
（清水洋行）

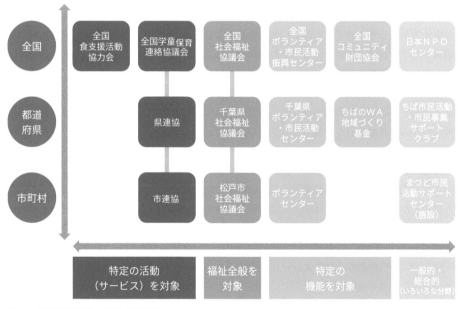

| 支援の内容 | 支援対象団体の活動分野 |

支援の内容
- 団体の立ち上げ
- 団体の運営・会計処理
- 活動のやり方（スキルアップ）
- ボランティア募集・育成
- 委託・補助・助成金の獲得
- 企業への橋渡し
- 他の団体とのネットワーク
- 要望の取りまとめ
- 制度や政策の解説
- 国・自治体との交渉
- 調査研究　　　ほか

支援対象団体の活動分野
- 福祉
- 社会教育
- 子ども健全育成
- 環境保全
- 外国籍住民　　ほか

一般型
中間支援組織

領域特定型
中間支援組織

機能特定型
中間支援組織

図1　「中間支援組織」のタイプ

3-2

地域の連携組織

	特定の活動 （サービス）を対象	福祉全般を 対象	特定の 機能を対象	一般的・ 総合的 （いろいろな分野）
全国	全国 食支援活動 協力会	全国 社会福祉 協議会	全国 ボランティア ・市民活動 振興センター　　全国 コミュニティ 財団協会	日本NPO センター
	全国学童保育 連絡協議会			
都道 府県	県連協	千葉県 社会福祉 協議会	千葉県 ボランティア ・市民活動 センター　　ちばのWA 地域づくり 基金	ちば市民活動 ・市民事業 サポート クラブ
市町村	市連協	松戸市 社会福祉 協議会	ボランティア センター	まつど市民 活動サポート センター （施設）

図2　中間支援組織・施設の布置図

参考文献

原田晃樹・藤井敦史・松井真理子（2010）『NPO再構築への道』勁草書房
千葉市民活動支援センターホームページ（http://chiba-npo.net/）
一般社団法人全国食支援活動協力会ホームページ（http://www.mow.jp/）
チーム千葉ボランティアネットワークのHP（https://chiba volunteer.com/）

長期的変化のための短期的アクション
タクティカルアーバニズム

タクティカルアーバニズムとは、アメリカで注目されている考え方で、「人の居場所」をつくる長期的変化のための短期的アクションをいいます。計画・実践・評価・見直しという従来のPDCAサイクルとは異なり、実践的な小さな試みから始めて、洗練させていく方法論です。

図1はタクティカルアーバニズムの考え方を示したものです。市民組織やコミュニティ組織によるボトムアップ、市長や市町村によるトップダウン、開発業者、計画者などが緩やかなパートナーシップを図りながら進めていくイメージです。

例えば、ニューヨーク・マンハッタンでは、車道を実験的に自動車進入禁止とし、椅子やテーブルなどを車道内に設置する歩行者空間化の社会実験が開催されました（2009年5月）。それまで、車による渋滞により、タイムズスクエアには、人々のための憩いの場がほとんどありませんでした。タクティカルアーバニズムにより、タイムズスクエア内に椅子・テーブル・パラソルなどを設置したことで、人々に経済的、社会的、安全上の利益をもたらしました。

バンクーバーでは、コインパーキングスペースを一時的なパブリックパークに変換するパークレットの取組みが行われています。バンクーバーでは、パークレットづくりのために、クラウドファンディングによる資金調達をしています。パークレットは年単位の取組みでしたが、常設的なテラスを道路空間に提供しつつあります。

例えば、マサチューセッツ州ソマービルにあるデイビススクエア近くの市営駐車場を3日間、広場として活用する試みが行われました（図2）。このイベントが市民に支持されて、公共スペースの改善につながりました。

車道の一部に自転車のサインをスプレーして、自転車レーンを仮設的につくり出す取り組みも見られます。ウェイファインディングとよばれる取組みでは、電柱などに主要な施設までの徒歩による所要時間と方向を表示した標識を仮設的に設置しています。最も簡易にできることの例として、道路上に瓶ビールのケースを置くことで、そこが仮設的な舞台になります。このようにタクティカルアーバニズムは手軽にできることが特徴のひとつといえます。

バンクーバーで2005年9月以来、開催されているパーキング・デイは、駐車場を活用した1日限定のイベントです。主催団体であるバンクーバーパブリックスペースネットワークは、オープンカフェや青空映画館などのイベントを実施しています。

日本では、弘前市におけるチェアボンビングの試みがあります。弘前市の中心市街地に位置する吉野町緑地公園に椅子100脚とテーブル25脚を配置しました。成田専蔵珈琲店が出店し、コーヒーとアップルパイを提供しました。公園内にはWi-Fiも完備しています。そのほか、交換型書店の「りんご箱書店」、出張動物園、移動図書館、アートTシャツの販売、オリジナルトートバッグをつくるワークショップなどが開催されました。

池袋のグリーン大通りでは、2014年10月から、通りに面したカフェやコンビニが連携して、店舗の前にテーブルと椅子を出すオープンカフェの社会実験が期間限定で実施されました。現在でも、それらが定期的に開催されています。

硬直的な都市計画から多主体連携型のまちづくりへの転換が叫ばれて久しいですが、試行的に市民が公共空間を改編するタクティカルアーバニズムの試みは、多主体連携型のまちづくりの手法のひとつとして今後ますます注目されると考えられます。

（松浦健治郎）

トップダウン

市長／市議会議員／市町村

タクティカル
アーバニズム

開発業者
企業家
BID

権利擁護団体
芸術家
計画設計事務所

ボトムアップ

市民組織／コミュニティ組織／近隣自治組織

出典：MikeLydon・Anthony Garcia ほか（2015）「Tactical Urbanism: Short-term Action for Long-term Change」より作成

図1　タクティカルアーバニズムの考え方

BEFORE

一時的な改善の前に、マサチューセッツ州ソマービルにあるデイビススクエアの近隣の小さな市が所有している駐車場の様子

AFTER

マサチューセッツ州ソマービルで開催された3日間のポップアップ・プラザ・イニシアチブにより、広報活動が広がり、公共スペースの改善が支持された

出典：MikeLydon・Anthony Garcia ほか（2015）「Tactical Urbanism: Short-term Action for Long-term Change」より作成

図2　駐車場を広場に変える試み（マサチューセッツ州ソマービル）

参考文献

Mike Lydon・Anthony Garcia 他 (2015)『Tactical Urbanism: Short-term Action for Long-term Change』Island Pr

3-3

都市デザイン

自然環境をとり入れた都市
グリーンインフラ

グリーンインフラとは、自然環境が有する機能を社会におけるさまざまな課題解決に活用しようとする考え方です。アメリカで発案された社会資本整備手法であり、昨今、海外を中心に取組みが進められ、わが国でもその概念が導入されつつあるほか、国際的にもさまざまな議論がみられます。

グリーンインフラの導入目的や対象は、国際的に統一されておらず、非常に幅広いといえます。例えば、アメリカでは雨水管理などの観点から都市の緑地形成に力点を置いています。シアトルでは、街路側の湿地帯とそれに隣接する浸透性のコンクリート歩道があります。雨水はこれらを通って土壌に浸透し、それによって雨水管への雨水流出量を減少させています。こうしたグリーンインフラを道路沿いに整備することによって雨水管理が実現しています。

ポートランドでは、高層ビルの屋上緑化がされており、雨水管理だけではなく、酸性雨や紫外線などから屋根を保護する効果が期待されています。また、ニューヨークでは、屋上緑化面積に応じた固定資産税の減税措置が図られています。

一方、EUでは生物多様性の保全が志向されています。フランスでは、廃線となった線路沿いを緑化し、周囲を再整備することで、レクリエーションや生態系観察の場として市民に利用されているほか、治安向上の効果があります。スペイン・バルセロナでは、グリーンインフラと生物多様性に関する戦略にもとづき、並木道を含め、都市の自然空間ごとに、自然環境の機能が評価されています。

日本では、1）防災・減災、2）地域振興、3）環境、という3つの目的からグリーンインフラが導入されつつあります（図1）。例えば、福岡県福津市上西郷川では、河川が本来有する自然の営みを視野に入れた川づくりを通し、環境教育の場としても活用されています。

防災・減災としてグリーンインフラを用いる例として、東日本大震災後の復興まちづくりが挙げられます。例えば、福島県いわき市薄磯地区では、集落が津波被害を受けたため、防潮堤の内側に防災緑地を整備しています。仮に防潮堤を超えても防災緑地で津波の力を弱める計画です。

欧米のグリーンインフラ議論では、人工構造物とグリーンインフラは連続であり、双方の特性を踏まえて、使い分けるべきだと議論されています（図2）。災害リスクが避けられず、土地利用条件の厳しいわが国では、技術・空間配置・相互関係のいずれからみても、人工構造物とグリーンインフラを切り離すことはできず、双方の特性理解の下、組み合わせて使っていくことが重要です。

次に、グリーンインフラの事例を2つ紹介します。第1に、韓国ソウルの清渓川の再生です。1970年代、都市開発に伴う水質汚濁の悪化のため、川に蓋をして暗渠化に、その上に高架道路を建設しました。高架道路が築30年を経て老朽化が目立ち始め、そのままでは危険な状態となったため、高架道路を撤去し、河川を復元させる都市再開発事業が行われました。

第2に、アメリカ・ニューヨークのザ・ハイ・ラインです。ハイラインは、全長2.3kmのニューヨーク市にある線形公園です。廃止されたニューヨーク・セントラル鉄道の支線の高架部分がグリーンインフラとして再整備され、人々の散策の場として活用されています。

人口減少時代を迎える今後の日本では、都市部にスポンジ状にできていく空き地や空き家の一部をグリーンインフラに替えていく、すなわち都市的土地利用を自然的土地利用に転換していくことが求められているといえます。
（松浦健治郎）

出典：国土交通省（2017）「グリーンインフラストラクチャー」（https://www.mlit.go.jp/common/001179745.pdf）より作成

図1　日本におけるグリーンインフラ

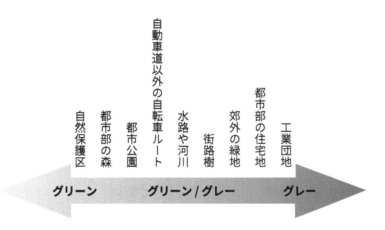

出典：GREENINFRASTRUCTURE PLANNING GUIDE Version:1.1より作成

図2　人工構造物と自然環境の機能活用との関係

参考文献

グリーンインフラ研究会（2017）『決定版！グリーンインフラ』日経BP

国土交通省（2017）『グリーンインフラストラクチャー』

3-3

都市デザイン

持続可能な都市
サスティナブルシティ

近年、持続可能性や持続可能といった意味のサスティナビリティ／サステイナブルといった言葉がよく使われています。サスティナビリティは、21世紀の最も重要な社会問題のひとつです。都市計画の分野では、自然資源の維持とともに居住環境や生活の質と経済活動が共生的に維持可能なことをいいます。世界におけるサスティナビリティの考え方に日本の伝統文化が与えた影響は大きく、日本の役割が期待されています。

サスティナビリティのひとつの柱に、サスティナブルディベロップメントがあります。サスティナブルディベロップメントとは、現代の世代が、将来の世代の利益や要求を充足する能力を損なわない範囲内で環境を利用し、要求を満たしていこうとする理念であり、1980年の世界保全戦略で初めて提示されました。1987年「環境と開発に関する委員会」の最終報告書の冒頭でも理念として掲げられました。この報告書は当時の委員長だったノルウェーのブルントラントにちなんで「ブルントラント報告」とよばれ、後の国際的政策に大きな影響を与えました。

エコロジカルプランニングとは、環境と土地利用の適合を図る計画論であり、アメリカの造園学者であるイアン・マクハーグが著書「デザイン・ウィズ・ネーチャー」で提唱しています。

「デザイン・ウィズ・ネーチャー」におけるエコロジカルプランニングの考え方をみていきます。調査段階では、地質・水系・気候・植生・野生生物・人類の文化的歴史的資源・社会生態などを重ね合わせ、生態系を総合的・重層的に評価し、地域特性を図示します。計画段階では、さまざまな専門家がその地域の特性データを共有し、協働しながら潜在的価値や開発適合地を明らかにし、地域の処方箋を導き出します。これらの手法は、のちに地理情報システムであるGISの開発や発展に寄与しました。

サスティナブルコミュニティとサスティナブルシティは、シム・ヴァンダーリンが提唱した考え方で、エコロジカルアーキテクチャーの概念のもとに、都市・郊外・歴史的な街区の統合のためのデザイン提言です。都市の環境負荷を抑え、成長の限界を考慮した郊外都市開発がサスティナビリティの最大の課題と提唱しています。

サスティナブルシティの例として、農住型住宅地「ビレッジホームズ」に注目します。アメリカ、カリフォルニア州にあるビレッジホームズは、家庭菜園・共同果樹園・市民農園など、住宅地の共有地や各戸の庭に、農の空間と活動が共生している農園型住宅地です。太陽熱活用の建築、夏のヒートアイランドを防ぐ道路沿いの高木、雨水が地中に最大限浸透する素掘りの水路など、環境負荷低減の工夫があります。また、マネジメント組織としてのホームオーナーズ・アソシエーションの存在も無視できません。農との共生の魅力やマネジメントまで含めたサスティナビリティを具現化したプロジェクトとして広くとり上げられました。中心的な理念である「食べられる風景」は江戸時代から続く日本の農村地域の政策と風景が影響を与えた概念といわれています。

図1はビレッジホームズのランドプランです。サスティナブルコミュニティの世界的なモデルとされています。24haの土地に240戸、約700人が居住しています。周りの住宅地に比べて緑地率が高くなっています。ビレッジホームズはクラスター状に区画割りされており、1区画平均8戸の住宅が配され、各々の区画に共同管理の果樹園や菜園があります。

欧米における住宅地開発の流れをみると、20世紀後半から、サスティナブルコミュニティと同義語の「環境共生」をキーワードにした住宅地開発がみられます（図2）。

（松浦健治郎）

面積　24ヘクタール
戸数　240戸
人口　約700人

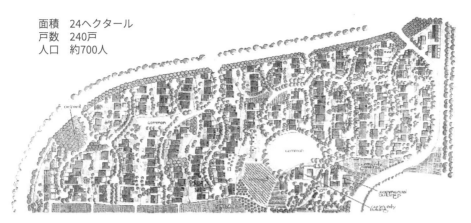

出典：信州まちづくり研究会（http://shinshumachidukuri.blogspot.com/2012/03/blog-post_13.html）より作成
図1　ビレッジホームズのランドプラン

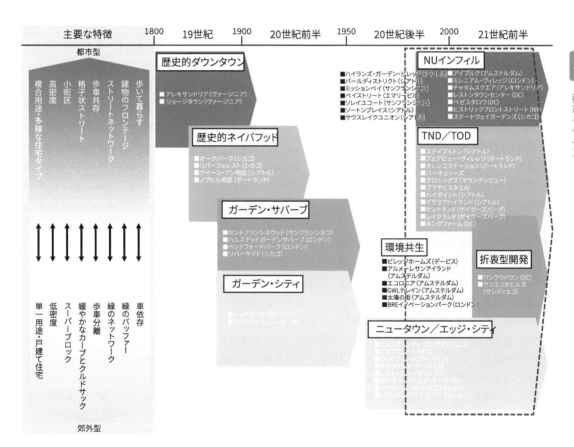

出典：住宅生産振興財団（2017）「2017米国住宅地開発事例視察調査」（http://www.machinami.or.jp/pdf/overseas/inspection2017.pdf）より作成
図2　欧米における住宅地開発の流れ

3-3
都市デザイン

参考文献

岡部 明子(2003)『サステイナブルシティ―EUの地域・環境戦略』学芸出版社
伊藤雅春ほか(2011)『都市計画とまちづくりがわかる本』彰国社
イアン.L マクハーグ(1994)『デザイン・ウィズ・ネーチャー』集文社
シム.ヴァンダーリンほか(1997)『エコロジカル・デザイン』ビオシティ

保全と開発のバランスを図り魅力的な町並み形成

歴史的町並み保存

わが国には、多様な歴史的まちなみ景観が残されています。京都や奈良など歴史的都市にみられるまちなみ、城下町由来のまちなみ、宿場町由来のまちなみ、農村集落のまちなみなどです。歴史的まちなみのなかでも重要な地区は文化財保護法による伝統的建造物群保存地区（伝建地区）という制度で保全の対象になっています。2023年12月現在、全国で105市町村127地区が選定されており、約30,250件の伝統的建造物および環境物件が特定され保護されています。

伝建地区では、建物の外観に加えて、石畳や生垣、土塀、神社の鳥居などの工作物も保全の対象とされます。既存の建物を周辺の歴史的建築物に調和するように修景したり、新たに建設される建物についてもデザインガイドラインによりコントロールするといった、トータルな環境を保全する仕組みが整っています。景観を保全するためには、住民間の合意形成が必要なため、住民参加による景観まちづくりが重要となります。

図1は、伝統的建造物群保存地区の一例です。例えば、伊根町伊根浦は漁村、美馬町脇町は商家町、函館市元町は港町、南木曽町は宿場町、室戸市吉良川町は在郷町を成立基盤としています。

伝統的建造物群保存地区は過疎地に立地することも多く、そうした地区では、地域振興や活性化も重要なテーマとなります。例えば、歴史的まちなみ保全の先駆けである中山道の宿場町妻籠宿では、重伝建地区として保全され、現在はまちなみ観光による地域振興の拠点になっています。妻籠の人たちは歴史的町並みを保全するために家や土地を他人に「売らない・貸さない・壊さない」という3原則をつくって、江戸時代の町並みを後世に伝えています。

歴史的町並み保存のために建物の外観を整える手法として修理事業と修景事業があります。修理事業とは、伝統的建造物の現状を維持しながら、あるいは復原的な手法を用いて健全な状態に直すものです。必要に応じて耐震補強なども行います。修景事業とは伝統的建造物以外の建造物や地区内に新築される建造物が歴史的風致と調和するよう、外観を整備するために行われるものです。この2つの手法を用いて歴史的町並みは保存されているのです。

修理・修景について、兵庫県豊岡市出石地区における取組みをみてみましょう。出石には歴史的町並みが保全されています。図2は兵庫県豊岡市出石地区の修理・修景基準の一部です。建物部位別に詳細なガイドラインが用意されています。

例えば、敷地割については、現状維持を原則とし、やむを得ず敷地が集合化された場合には、周囲の町家の間口に応じて建物が連担しているような外観構成としています。階数・高さについては、2階建てを原則とし、主たる通り側の1階庇の高さおよび2階屋根の高さは伝統的建造物の特性を維持したものとしています。主たる通りから望見できないように3階部分の壁面を後退させる場合は、3階建ても可としています。

神戸市旧居留地地区では、近代の歴史的建築物を保全するとともに地区計画を策定し、現代的なビルとの調和を図ってまちなみを形成しています。地区計画では、建築物の壁面位置の制限、街角広場、容積率などの規制がかけられています。

このように、保全と開発のバランスを図りながら、魅力的な町並み形成への取組みが進められています。

（松浦健治郎）

講中宿 ［早川町赤沢］ 　漁村 ［伊根町伊根浦］ 　社家町 ［京都市上賀茂］ 　商家町 ［美馬市脇町南町］

武家町 ［雲仙市神代小路］ 　港町 ［函館市元町末広町］ 　宿場町 ［南木曽町妻籠宿］ 　製塩町 ［竹原市竹原地区］

島の農村集落 ［竹富町武富島］ 　山村集落 ［南丹市美山町北］ 　在郷町 ［室戸市吉良川町］ 　茶屋町 ［金沢市主計町］

出典：文化庁「歴史を活かしたまちづくり」（https://www.bunka.go.jp/seisaku/bunkazai/shokai/hozonchiku/pdf/pamphlet_ja_05.pdf）より作成

図1　さまざまな伝統的建造物群保存地区

敷地割

修景基準
・現状維持を原則とする。

修景基準細則
・やむを得ず敷地が集合化された場合は、周囲の町家の間口に応じて、建物が連担しているような外観構成とする。ただし、敷地を集合化した 5 間程度の間口までは、1 つの建物としての外観構成を可とし、その場合はかつての町割りの明示を行うこと。

参考−出石城下町の敷地割（写真：材木）
近世の特徴を明確に受け継ぐ、2 間～ 2 間半の間口を基調とする町並み。

敷地割は
現状維持を原則

敷地を集合化したら 5 間程度の間口までは、1 つの建物としての外観構成も可

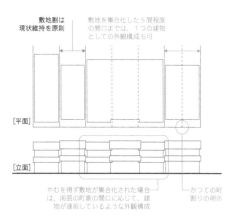

［平面］

［立面］

やむを得ず敷地が集合化された場合は、周囲の町家の間口に応じて、建物が連担しているような外観構成

かつての町割りの明示

出典：豊岡市「出石城下町の町家デザイン」（https://www.city.toyooka.lg.jp/_res/projects/default_project/_page_/001/001/474/izusidezain9-10.pdf）より作成

図2　兵庫県豊岡市出石地区の修理・修景基準

参考文献

大河 直躬・三舩 康道編著（2006）『歴史的遺産の保存・活用とまちづくり　改訂版』学芸出版社
饗庭伸ほか（2008）『初めて学ぶ都市計画』市ヶ谷出版社

持続可能なコミュニティ形成を目指す街
アーバンビレッジ

アーバンビレッジとは、1992年にイギリスで示された概念です（図1）。さまざまな階層の人々と、さまざまな用途の施主が混在する接続可能なコミュニティ形成を目指す動きです。住民参加が前提となり、公共交通を率先して利用する職住近接の生活を想定した都市構造を目標としています。

似た用語として、コンパクトシティがあります。コンパクトシティとは、都市的土地利用の郊外への拡大を抑制すると同時に中心市街地の活性化が図られた、生活に必要な諸機能が近接した効率的で持続可能な都市、もしくはそれを目指した都市政策を意味します。

アーバンビレッジは新しい住宅地開発を行う際の手法としても用いられています。サスティナブルで活気に満ちた生活と仕事の場としてのコミュニティ開発の手法で、地区内に多機能を備え、さまざまな人々が混じり合った比較的高密度な開発を想定しています。

開発における基本原則として、居住人口3,000〜5,000人で広さ30ヘクタール程度の地区、車を所有するが、環境よりも優先することはしない、生態学的に健全な形の開発、低エネルギー開発を行う、などが挙げられます。アーバンビレッジに似た開発の概念として、アメリカを中心に提唱されている

ニューアーバニズムがあります。ニューアーバニズムでは、伝統回帰的な都市計画が指向されており、鉄道駅を中心に、商業施設や住宅地がその周りを囲むような都市モデルを想定しています。過度な自動車依存を解消するための、鉄道やバスなど公共交通を基本とした都市構造が特徴的です。

アーバンビレッジの特徴では、5つのポイントが挙げられています。1）適切なサイズ、2）機能のミックス、3）多様な住宅タイプ・所有形態・さまざまな社会階層の共生、4）歩行者にやさしい環境とデザインの質の向上、5）アーバンビレッジが隣接した多核ネットワークの都市構造の構築です。

アーバンビレッジが生まれた背景をみていきます。イギリスでは、1960年代のシステム化された高層公共住宅団地やスプロール化した郊外住宅団地、非人間的スケールの街路空間などにより、親しみのない居住環境、近隣性やコミュニティの喪失、地域の自衛力や持続可能性の欠如、歩いて暮らせない施設の配置と車による移動の増大、画一的計画による住宅環境の悪化、といった課題が発生しました。これらの課題に対処するために冒頭のアーバンビレッジの理論が提唱されたのです。

アーバンビレッジには大きく3

つの種類があります。第1に、大都市のシティセンター周辺の市街地です。例えば、イギリス・リーズの運河沿いの工場・倉庫地区、イギリス・グラスゴーの低質な密集住宅による住工混在地区が挙げられます。第2に、地方小都市のブラウンフィールドです。ブラウンフィールドとは、工場跡地などの荒地をいいます。イギリス・サウスシールズの Westoe Crown Village が有名です。第3に、市街地拡張型のグリーンフィールドです。グリーンフィールドとは田園地帯を指します。イギリス・パウンドベリーが有名です。

Crown Street（図2）はイギリス・グラスゴー周辺にあるかつての住工混在地区のスラム地区において、その再生モデルとして先導的に行われたスラムクリアランス型の再開発です。この開発は貧困と犯罪の街の一掃が大きなテーマであり、伝統的なアパートメント形式をもとに高品質にデザインされた新しい住宅の建設、社会的階層のミックス化、地域経済を立て直すための組織を設置し、職業訓練や経営相談などの対応などが行われました。

今後の日本における既成市街地再生でも、アーバンビレッジの理論が役立つと考えられています。
（松浦健治郎）

1. 適切なサイズ	
①歩いて暮らせるコンパクトなサイズ	● 人々が風景、名前、組織など互いを知り、共通の経験を持つことによりコミュニティの基礎となる。
②都市活動や施設が成立する広いサイズ	● 住民の人口は約3000〜5000人であり、開発面積は約40ha
2. Mixed Use （機能のミックス）	
③歩いて働く場所へ行けるMixed Use	● 機能は村全体でもストリートブロックの中でもミックスし、職住近接を実現する。
④賑わいを生むMixed Use 開発	● 建物内での機能のミックス。密度が高い中心部やメインストリートで、特に1階は建物や全面空間に賑わいを生む店舗やレストランやパブや公的な機能、スタジオや仕事場のような生き生きとした活動の私的空間とする。
⑤機能の有機的変化	● ミクスドユース計画は硬直的ではなく、建物と機能が時間とともに変化し適用できる、ヒューマンスケールな開発。
⑥開発初期のミックス	● 開発初期は商業以外の機能を開発者は供給する必要がある。
⑦自給と雇用を可能とするMixed Use	● 用途と所有のバランスされたミックスは村の自給を可能にする。日常の店舗、健康施設、幼稚園、小学校、レクリエーション施設、文化施設などであり、さらに雇用を供給する。
3. 多様な住宅タイプ、所有形態、様々な社会階層の共生	
⑧多様な住宅タイプ	● 家から働く人の多様な住要求に対応しうる多様な住宅供給。例えば学校があるなら学生ハウス。高齢者のため、多様なタイプと所有、支援サービスをもつリタイアメントハウスなど。
⑨所有のミックス	● 住居と仕事場両方において所有がミックスされるべき。住宅の標準は所有であるが、持続可能となる賃貸やシェアードハウスなどを持つ。
4. 歩行者に優しい環境とデザインの質の向上	
⑩ヒューマンスケールな景観と歩行ネットワーク	● 活力ある、多様性のある、ヒューマンスケールなタウンスケープ。歩行者道や小道による大きな建物敷地の通過性。
⑪歩行・自転車利用優先の交通デザイン	● 歩行者に優しい環境、交通を鎮める手段や装置を洗練されたものにし、車の使用を増やすこと無く歩行者優先エリアを拡げる。
5. アーバンビレッジが隣接した多核ネットワークの都市構造	
⑫孤立せず隣接する近隣と機能を補完し合う多核の形成	● 既存の都市近隣に近接する場所に置いて、その目的は既に使っている施設を補完すること。敷地が100エーカー以上と成る場所では、2以上のアーバンビレッジが良い。 ● 隣接したアーバンビレッジの開発は、地域施設の補完とより大きな地域施設を供給し、すべての居住者のアクセスの機会をもたらす多核グループを形成する。
⑬公共交通で結び環境と都市生活の質の向上	● 公共交通で結ばれれば自動車交通・大気汚染を発生させずにライフスタイルの選択制と都市生活の質の向上を享受することができる。

出典：野嶋慎二（2013）「英国におけるアーバンビレッジの概念とその実態に関する研究」IBSAnnual Report 研究活動報告，pp51-56より作成

図1　アーバンビレッジの概念

出典：DiscoverGlasgow.org の HP（http://www.discoverglasgow.org/modern-crown-street/4574426259）より作成

図2　イギリス・グラスゴーの Crown Street（クラウンストリート）

参考文献

松永 安光（2005）『まちづくりの新潮流―コンパクトシティ/ニューアーバニズム/アーバンビレッジ』彰国社

野嶋慎二（2013）『英国におけるアーバンビレッジの概念とその実態に関する研究』IBS Annual Report 研究活動報告, pp51-56

3-3

都市デザイン

都市と人間の親和性の再生
ニューアーバニズム

ニューアーバニズムとは、1980年代後半からアメリカの一部の都市計画家により提唱されたアーバンデザインの考え方で、産業優先や急成長により失われた都市と人間の親和性を再生し、利用者や歩行者にとって魅力的な都市環境をつくり出す計画概念です。主な特徴は3つあります。第1に、再構築です。急速な住宅の供給と自動車依存により無秩序に広がった郊外都市、郊外大型店により活気を失った中心市街地の問題に対し、親密性のある都市要素が混在して融合する伝統的なスモールタウンの価値を再構築する方法です。第2に、担い手の創出です。都市計画・交通計画・土木・建築などの専門性の分離も原因とする問題意識からタウンプランナーや調整役を育て、協働を引き起こす担い手を創出します。第3に、計画実践論です。将来像を共有し、経済的・社会的・横断的な参画を促す協働型の計画実践論です。

アワニー原則とは、1991年に6人の建築家によって地方自治体の幹部が集まる委員会で提唱された持続可能な開発方針です。従来の開発による問題を提示した序言、歩行者や持続性を重視したコミュニティの原則と地域の原則、全体計画や参加の重要性を強調した実現のための戦略が提示されました。

1993年には、アワニー原則に関わったメンバーの5名とほかの賛同者を組織し、ニューアーバニズム会議が設立されます。1996年には新規開発に加えて既成市街地の再構築や制度化・基準化を見据えたニューアーバニズム憲章が策定されました。

ニューアーバニズムを実現する計画手法として、3つを紹介します。

第1に、成長限界線です。成長限界線とは、都市を拡大させないよう回りを緑地でとり囲む方法です。成長限界線の考え方自体は古典的なものですが、ニューアーバニズムでは、成長限界線が都市にアイデンティティを与え、人間が住む限界範囲を示して自然を守るものとして位置づけています。また、グリーンベルトには、住民に安らぎを与え生態系を保存する価値を、緑地やゴルフコースにはオープンスペースとして住民の憩いとレクリエーション機能を付加するとしています。

第2に、伝統的近隣住区型開発（TND:Traditional Neighborhood Development）です。TNDとは、伝統的コミュニティがもつ価値を再構築した開発の方法であり、新伝統主義とよばれたアメリカ・フロリダ州のシーサイドが初期のモデルとして有名です（図1）。ア

メリカでは、TNDが新規の住宅地開発の3割を超えつつあり、住宅地開発の大きな潮流となっています。TNDには3つの原則があります。用途と建築形式の多様性を提示する「ダイバーシティ」、歩ける規模と歩行者にやさしい環境を創出する「ウォーカビリティ」、公共空間の居場所感を重視したまちの小型化という「コンパクトネス」、です。建物形状の規範であるコードをもとに複数の建築家が個性を発揮し、デザインの統一性と多様性を同時につくる協働の仕組みをつくります。建築素材は誰もが改修可能な普遍的な素材に限定し、地域の特性をつくり出します。

第3に、公共交通指向型開発（TOD）です（図2）。TODとは公共交通の拠点から歩行者圏内に歩行を促す都市構造をつくる方法論です。駅を中心に半径800mの圏域内に開発を集約化させ、そのなかに規模や所有形式の異なる宅地、商業地・業務地を住区に混在させます。暮らしの選択肢を増やし、身近な公共空間の活用と居場所の多様化をもたらすことを意図しています。

（松浦健治郎）

出典：https://archpaper.com/2011/04/eyes-on-the-prize/ より作成
図2　シーサイド（アメリカ・フロリダ州）

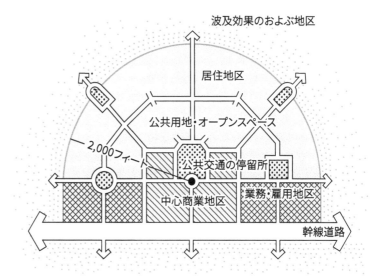

出典：ピーター.カルソープ（2004）「次世代のアメリカの都市づくり」より作成
図1　公共交通指向型開発（TOD）と混在による居場所づくり

参考文献

ピーター.カルソープ（2004）『次世代のアメリカの都市づくり―ニューアーバニズムの手法』（倉田直道・倉田洋子訳）学芸出版社
松永 安光（2005）『まちづくりの新潮流―コンパクトシティ / ニューアーバニズム / アーバンビレッジ』彰国社
伊藤雅春ほか（2011）『都市計画とまちづくりがわかる本』彰国社

都市デザイン

3-3

リバーススプロール

逆開発

これまでの人口増加時代の都市計画では、計画的に都市的土地利用をコントロールすることに主眼が置かれていました。一方、これからの人口減少時代の都市計画では、逆都市化、すなわち非都市的都市利用へと計画的にコントロールすることが求められています。

2005年の「人口動態統計」で出生数が死亡数を下回る「自然減」が確認され、わが国も本格的な人口減少社会に突入しました。2100年には現在の人口が半減すると想定されています。都市計画を含む戦後の社会システムは人口増加を前提として組み立てられてきました。国全体としてみると人口は減少しますが、全国で一様に減少するのではなく、人口移動がいっそう進み、人口が増えるところと人口が極端に減るところの2極化する可能性が指摘されています。中山間地域では、生活維持が困難な「限界集落」や「消滅集落」が多くみられ、地方都市や大都市圏の周辺部では、「限界市街地」も発生しつつあります。

2040年までに「消滅可能性都市（日本創生会議による定義（2014年）」が、日本全国に896自治体出現すると推測されています。千葉県の消滅可能性都市を地図上にプロットすると、房総半島の先端部および東部に消滅する可能性が高い都市が集中しています。

一方、人口減少などの影響により、自治体の財政破綻もみられつつあります。20世紀は都市化の時代、21世紀は逆都市化の時代といわれています。この逆都市化を「健全な都市・地域じまい」とする「縮退型都市計画」が必要となると考えられます。「縮退型都市計画」の課題のひとつは縮退後の土地利用の整序です。かつての森林を切り開いた土地を森林に戻し、田園だった土地を田園に戻すといった非都市エリアとの関係も重要となります。これまでの都市計画のように市街地を対象とするばかりでなく、農山村や自然地域も対象として全体を制御するイギリス型の都市農村計画も必要とされるでしょう。

公営住宅の集積化により逆都市化を実現している事例として、北海道の夕張市が挙げられます。夕張市は、かつては石狩炭田の中心都市として栄えていましたが、炭鉱の閉山により職の場が消失し、2007年に財政再建団体に指定されました。夕張市の人口は1960年の11万人がピークで2019年には8000人を割っています。そのようななかで夕張市の都市計画では、縮退型都市計画であるコンパクトシティを全面に掲げています。具体的には、公営住宅を駅前に集約化したり、

既存の公営住宅の棟数を減らすことなどを計画的に実施することで逆都市化を実現させています（図1）。

また、建築家の大野秀敏らは、2006年に、東京をグリーンインフラでつくり替えるファイバーシティ構想を提案しました。

そのなかで4つの戦略を提示しています（図2）。第1に、緑の指です。郊外住宅地を鉄道沿線歩行圏に徐々に集中させ、それ以遠を緑地化するという戦略です。第2に、緑の間仕切りです。都心を囲むように広がる災害危険度の高い木造密集市街地を緑の防火壁で小さく分割して、火災被害を最小限にすると同時に緑地の増加で居住環境を改善する戦略です。第3に、緑の網です。首都高速道路の中央環状線内側の交通機能を、災害時の緊急救援道路と緑道にコンバージョンする戦略です。第4に、都市の皺です。均質化し抑揚のない都市空間に、場所の風景と歴史を活かした特徴のある線上の名所をつくり出す戦略です。

このように、大都市でも地方都市でも逆都市化を検討すべき時期にきています。

（松浦健治郎）

夕張市のコンパクトシティ計画

出典：夕張市まちづくりマスタープラン（https://yubari-news.jp/2015/09/25/127/）
より作成

図1　公営住宅の集積化により逆都市化を実現している事例：夕張市

Strategy #01

緑の指／ GREEN FINGER

Strategy #02

緑の網／ GREEN WEB

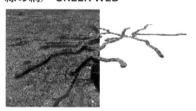

Strategy #03

緑の間仕切り／ GREEN PARTITION

Strategy #04

街の皺／ URBAN WRINKLE

出典：大野秀敏「ファイバーシティ2050」HP（http://www.fibercity2050.net/jpn/fibercityPDF.pdf）より作成

図2　ファイバーシティの四つの戦略

参考文献

日本建築学会（2017）『都市縮小時代の土地利用計画：多様な都市空間創出へ向けた課題と対応策』学芸出版社
大野秀敏（2006）『TOKYO2050 Fibercity』新建築社
増田寛也編著（2014）『地方消滅　東京一極集中が招く人口減少』中央公論新社

都市デザイン

地域のなかでのアクティビティを高める空間デザイン
人のアクティビティ

　わたしたちは、地域の日常生活のなかで、さまざまな行動や活動、つまりアクティビティをしています（図1）。地域のなかのアクティビティは、その周囲の物的な空間や建物、雰囲気に影響されています。質が悪い地域では、ごくわずかな最低限の活動のみしか生まれません。まちを歩く時に、ただ漫然と歩く場合、いろいろ見ながらうきうきして歩く場合、早く通り過ぎたい場合、などその場所ごとでの違いを経験したことがあるはずです。レストランで座る場所や電車で座る場所は、それぞれの好みで変わると思いますが、なんとなく守られているとか、他人と離れている、とかいくつもの選ばれる理由があります。なんとなく居心地が悪い、という時もあると思います。そういう時は、たいてい空間のつくり方が悪い場合です。

　豊かで活発なアクティビティが地域のなかにいくつも生まれる地域は、「生き生きとした地域」です。逆に、活発なアクティビティがないのは、物的な空間や建築が十分に用意されていないためです。生き生きとした地域を物的につくるためには、人々のアクティビティを想像して空間にとり込むことや、空間のつくり方から、人々のアクティビティを誘発する方法があります。

　パブリック空間とプライベート空間が直接に接していて、居心地が悪い時があります。例えば、自分のプライベートで大切にしたい空間が、公道などのパブリックな空間に直接面しているようなことです。

　そのような時には、パブリック空間とプライベート空間の間に、緩衝的な空間を置き、段階的に構成していく方法があります。パブリック空間側にプライベート的な性格をもたせるセミパブリック空間、プライベート空間側にパブリック的な性格をもたせるセミプライベート空間です（図2）。例えば、外部に面する住宅側に花壇を設置できるように設えたセミプライベート空間があるだけでも、まちが豊かになります。

　領域のつくり方にもよって居心地が変わります。壁によって囲まれた空間では、領域が形成され、その領域は場の一体感や安心感をつくり出すことができます。柱が数本立っているだけの空間では、領域はつくり出せません。その場の条件によりますが、囲まれた感じをどれだけつくれるかが大切です。安心して、ゆったりくつろげるようにするために、安心感をつくり出すことが必要なためです。

　アクティビティは、人と人の距離によっても影響されます。パーソナルスペースとは、他人との距離で、快適、不快に感じる空間のことです。もちろん個人差や、相手との関係もありますが、アクティビティは距離に応じて違いがあり、コントロールできそうだということがわかります。地域の空間においては、人と人との間に距離がある社会距離や、公共距離の特性を読み取り、そのデザインをどのように設計できるかが重要になります。

　例えば、ベンチの配置の方法で、コミュニケーションを操作できるようになります。ベンチを求心的に配置して、交流やコミュニケーションを促進させることができますし、逆に遠心的に配置することで、妨げることもできます。

　ここまでみてきたように、アクティビティを誘発する空間は、そのための仕掛けを十分に検討することによってつくり出すことができます。その場合には、空間と人の動きや気持ちや心理を読み込むこと、人や群衆の流れのシミュレーションすることも必要になります。そうすれば、例えば、出会いの場をつくり出す空間、大勢集まるイベントで、人がスムースに行き交う空間も意図的、計画的につくることができるようになります。

（鈴木雅之）

消費アクティビティ

自分アクティビティ

交流アクティビティ

移動アクティビティ

動きアクティビティ

図1　アクティビティの種類

図2　空間の境界と領域

参考文献

小野田泰明・鈴木雅之ほか編著（2014）『建築のサプリメント　とらえる・かんがえる・つくるためのツール』彰国社
エドワード.T.ホール（1970）『かくれた次元』（日高敏隆・佐藤信行訳）みすず書房

地域情緒の構造化
プレイスメイキング

プレイスメイキングとは、単なる空間づくりだけでなく、日常の生活場面をより実存感のあるものにし、心的価値をつくり、生活の質を高める居場所づくりの概念です（図1）。空間すなわちスペースではなく、場所すなわちプレイスをつくっていこうとするものです（図2）。

プレイスメイキングでは、主に公共空間や商業空間で、質の高い管理や運営により、人の利用価値を重視した居場所を創出することを目的としています。第三の居場所すなわちサードプレイスをつくる方法といい換えることもできます。建築家ロバート・ストーンは居住地のローカルエモーションすなわち地域的情緒創出を提唱しています。都市は歴史的モチーフや自然資源を尊重し、地域情緒を演出する設えをもつべきで、愛され続ける持続可能な都市には魅力要素の構造化が必要です。

スペースからプレイスに移行するうえで重要なのはセンス・オブ・プレイス（場所への愛着）の概念です。カーディフ大学のジョン・パンターはセンス・オブ・プレイスをもつプレイスの構成要素を物理的環境・活動・意味に分類しています。物理的環境では景観や建物の形態など、活動では土地利用や歩行者動線、意味ではわかりや

すさや文化的背景が挙げられます。

プレイスメイキングとはパブリックスペースを人の居場所に変えていく試みといえます。そのためには地域住民が居場所づくりに関わることが必須であり、関わる人々が多いほど多くの市民に愛されるプレイスになるといえます。

プレイスメイキングの事例として、千葉市の西小中台子ども食堂をみていきます。千葉市西小中台団地ショッピングセンターの店舗の閉店時間に店舗を地域に開かれた居場所にしたいという経営者の思いを受けて、地域住民・千葉大学が連携して数回のワークショップを開催した後、2017年10月から2023年12月まで、月に1回の割合で子ども食堂を開催しました（合計60回）。

毎回の子ども食堂では、食事以外に屋外映画上映会、みんなのはたけづくり、プロジェクションマッピング、お菓子づくりなど、さまざまなイベントを開催しました。食堂の前面はアーケードになっており、アーケードの前には広場があるため、イベントをアーケードや広場で開催することで誰でも気軽に参加できるような雰囲気づくりを心がけました。活動は6年で終了しましたが、さまざまな方々から協力の申し出があり、またリピーターの子供たちも増えつつあ

り、閑散としたショッピングセンターに変化が生まれました。

横浜市の左近山団地では、団地の集会所およびその周辺の屋外空間の改修についてプロポーザル方式で設計者を選定しました。選ばれたのは、さまざまな場所で小さな取組みが連鎖的に起きる将来像を提案した設計事務所でした。改修後の広場に行ってみると、定期的にマルシェなどのイベントが開催されており、その運営は団地住民だけではなく、そうした取組みに賛同した市民が中心になっておこなっています。このような取組みにより、広場が市民の居場所になっているといえるでしょう。

静岡市の青葉シンボルロードでは、多くの市民の協力のもと、暫定的な飲食・滞留空間の整備実験が開催されました。簡易的な芝生を敷くことで居場所をつくるなど、低予算で取り組まれたそうです。

アメリカのニューヨークでは、タイムズスクエアが実験的に広場化されました。それまでの車中心の道路空間が歩行者中心の広場に変わった事例です。

このように、地域住民によりプレイスメイキングが展開されることで地域住民に愛されるプレイスが世界中に広がっていくことが期待されます。
（松浦健治郎）

プレイスメイキング

単なる空間づくりだけでなく、日常の生活場面をより実存感のあるものにし、
心的価値をつくり、生活の質を高める居場所づくりの概念。
スペース（空間）ではなくプレイス（場所）へ。

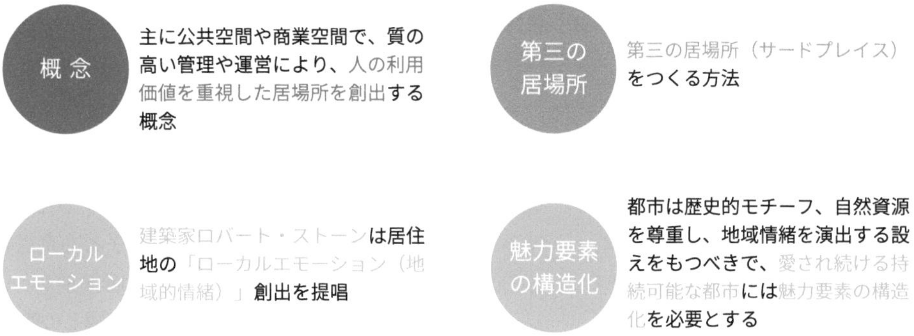

概 念
主に公共空間や商業空間で、質の高い管理や運営により、人の利用価値を重視した居場所を創出する概念
第三の居場所
第三の居場所（サードプレイス）をつくる方法
ローカルエモーション
建築家ロバート・ストーンは居住地の「ローカルエモーション（地域的情緒）」創出を提唱
魅力要素の構造化
都市は歴史的モチーフ、自然資源を尊重し、地域情緒を演出する設えをもつべきで、愛され続ける持続可能な都市には魅力要素の構造化を必要とする

図1 「プレイスメイキング」と地域情緒の構造化

物理的環境
スペース
活動
意味
プレイス
形態
活動
印象
センス・オブ・プレイス

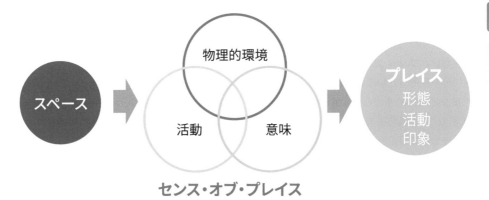

出典：園田聡（2019）「プレイスメイキング」学芸出版社より作成
図2 スペースからプレイスへ

3-4
空間デザイン

参考文献

園田聡（2019）『プレイスメイキング：アクティビティ・ファーストの都市デザイン』学芸出版社

パブリックスペース活用の潮流
公共空間の使い方

　現在、行政改革の側面、市民参加の側面などさまざまなベクトルが公共空間（パブリックスペース）に向けられており、パブリックスペースのあり方が問われています。

　行政改革の側面では、行政が管理するパブリックスペースの運営を民間に委託し、効率化を図ろうとする動きが加速しています。

　市民参加の側面では、誰のものでもないパブリックスペースを市民にとり戻そうという動きがさまざまな地域で動き出しています。例えば、三重県名張市では、地域住民が公園の再設計・施工・管理に関わっており、この動きは地域自治組織による地域マネジメントの一貫としてみることができます。以下、パブリックスペースの所有を公・コモン（共有）・私に分け、それぞれについて、特定の利用者層を想定した空間づくりをしている事例を探りながら、現在のパブリックスペース活用の潮流をみていきます。

　まず、市・県・国が管理している公的空間についてみてみましょう。公的空間は道路・公園・河川などに分けられますが、ここでは公園に着目します。公園のなかでもプレーパークに注目します。プレーパークとは「自分たちの子どもたちが遊びたい公園を自分たちの手でつくって管理しよう」と立ち上がった子育て世代が運営・管理する公園で、現在では222ヶ所でみられます。例えば、千葉市子どもたちの森公園では、週5回プレーリーダーが常駐し、子どもたちとさまざまな遊びをしています。実際に行ってみると、通常の公園というよりはキャンプ場のような趣きがあります。利用者について伺うと、親が共働きで家を不在にすることが多い家の子供など地域のなかに自分の居場所が少ない子供たちの利用が多く、そうした利用者はプレーリーダーとのコミュニケーションを求めて足繁く通っているといいます。

　次に、特定多数の人々が管理・利用するコモン空間をみていきます。千葉市西小中台団地では空き店舗が増加したショッピングセンター再生のために、月に1回、店舗の屋内外を活用して、子ども食堂や各種イベントを企画・実施してきました。空き店舗2店舗を買い取って外国人の就労支援などをしているNPO法人のTさんから就労支援のための広めのカフェを使っていない時間帯に地域に開かれた場をつくりたいとの相談を受けました。そこで、団地住民の方々とのワークショップから出されたアイデアのなかで、周辺に幼稚園・保育園・小学校が多いという立地を活かして、子供たちの居場所として「子ども食堂」を実践してみようという話になり、月に1回程度、子ども食堂を運営していました。店舗前のショッピングセンター広場との関係性を深めるため、子ども食堂時には、アーケード下にテーブルや椅子を並べたり、屋外映画上映会を開催するなど、積極的に屋外空間を活用することで、参加しやすい環境がつくり出されました（図1）。

　最後に、私的空間についてです。千葉市稲毛区のHELLO GARDENでは、住宅地の一角にあった空き地の所有者が熱意のある若者の地域づくりの夢に賛同し、空き地をみんなの広場として地域に開く取組みを支援している事例です（図2）。HELLO GARDENでは管理人が常駐し、本読み会や英会話教室など小さなイベントを定期的に開催しています。JR西千葉駅や京成千葉線みどり台駅の近くに位置し、不動産価値が高いことから、経済の論理でいえば、住宅や集合住宅になることが一般的ですが、資産家が地域に貢献するために出資することで成り立っているプロジェクトであるともいえます。

　このように、パブリックスペースの所有別にさまざまな使い方がみられつつあります。
（松浦健治郎）

図1　コモン空間をみんなの空間に：西小中台団地（千葉市花見川区、筆者作画・撮影）

図2　私的空間をパブリックスペースに：HELLO GARDEN（千葉市稲毛区、筆者撮影）

参考文献

松浦健治郎（2019）「パブリックスペースをみんなの居場所に」『造景2019』pp118-123 建築資料研究社

3 - 4

空間デザイン

埋もれている空間をみつけてシェア
空間のシェア

　地域のなかでシェアが展開し、シェアを介した豊かな関係性の創出がなされてくると、新しいタイプのまちに変化していくことが期待されます。ここでは、地域のなかで埋もれている住宅や施設などの空間を、さまざまなテーマでシェアして活用する、空間のシェアについてみていきます。

　みなさんが聞いたり、利用したことがある空間のシェアは、Airbnbやスペースマーケットといったようなものでしょう。Airbnbは、空き家などに宿泊できるサービス、スペースマーケットは会議室や公共施設をシェアするサービスです。これらは、インターネット上の事業者をプラットフォームとして提供者と利用者をマッチングするプラットフォーム型のシェアです。

　空間のシェアは、2つの軸で考えることができます（図1）。1つはシェアをする空間、もう一つはシェアをする用途です。この2つのかけ算で、空間のシェアはさまざまな展開が可能になります。シェアをする空間には、空き家、空き地、空き店舗、空き事務所、空き公共施設、公共空間、公園などがあり、地域の資源です。これらをうまく発掘していくことが求められます。一方のシェアをする用途は、その地域で足りないもの、

その地域の人々のニーズに合っているもの、などを丁寧に探ってシェアとして利用されるようにしていくことが重要となります。

　地域資源の活用には、プラットフォーム型シェアでもできますが、より地元に密着して、活用されるようになるためには、ローカル型のシェアも考えなければなりません。地元で空間をもっている人がそこを拠点化して運営者としてシェアをするサービスが多くの地域で始まっています。また、コミュニティが時間を限定してプロジェクトやイベントとして提供するサービスなども考えられます。

　ここからは、空間のシェアをさらに理解するために、いくつかの事例をみていきます。

　まず、住宅のシェアです。1つの住宅の複数の部屋を他人同士が住んで、キッチン、ダイニング、お風呂、トイレなどをシェアします。建物全体が複数のシェア住宅で構成され、大きなコモンスペースを共有するものもあり、それらの形態はさまざまです。

　次に、働く場のシェアです。コ・ワーキングとよばれるもので、ワークスペース、会議机、WIFIなどをシェアします。この形態は前からありましたが、コロナ禍で、特定の場所にこだわらないというワークスタイルが、都市部・地方

部に限らず広がりました。こういった場所では、利用者どうしの新しいつながりも生まれています。

　西千葉工作室は、千葉大学周辺の住宅地に、さまざまな工具や3Dプリンターなどの機器を備えた拠点を整備され、会員が自由に使えるようにした場所です。個人ではわざわざ買うのがもったいない、揃えるには大きすぎるような工具などをシェアしています。また、ここでは作業をアドバイスするスキルをもった人もボランティアで参加しており、スキルがシェアされることにもなっています。DIYしたもののコンテストなどのイベントも開催され、住民どうしのつながりもつくられています。

　空き地を地域のコミュニティの中心として、さまざまな活動が行われる事例もあります。柏市の「カシニワ」は、空き地をみんなでシェアして、共同菜園を中心に、イベントができるように設えられています。この事業は、空き家の提供者側と利用する側が地域のなかで、マッチングされ、その利用方法は地域団体のアイデア次第で、さまざま展開されているものです。

　さらにさまざまな空間のシェアがありますが、単なるシェアではなく、人々地域との関係がつむぎだされているのがわかります。
（鈴木雅之）

シェアをする空間		シェアをする用途	
● 空き家	● 仕事	● 遊び
● 空き地	● 買い物	● 行楽
● 空き店舗	● 食事	● スポーツ
● 空き事務所	● 喫茶	● イベント
● 空き公共施設	● 子供関連	● 鑑賞
● 公共空間	● 地域社会関連	● 趣味
● 公園	● 職場行事	● DIY
● 河川　など	● 冠婚葬祭	● 園芸　　など

図1　空間シェアの2つの軸

図2　空間シェアの事例（上：西千葉工作室、下：JRE Local Hub 館山）

参考文献

猪熊 純・成瀬 友梨ほか (2016)『シェア空間の設計手法』学芸出版社

3-4

空間デザイン

空き家の地域への影響とその対策

空き家と地域

国は5年に一度、「住宅・土地統計調査」という全国の住宅や土地に関する総合的な調査を行っています。そこでは5年ごとの総住宅数、空き家数、空家率が調べられています。最新の平成30年の統計によると、全国の住宅数は6,242万戸、世帯数が5,366万世帯となっています（図1）。空き家数は846万戸で、空家率は13.6%です。空家率は平成20年から13%台で推移しています。全国をならしてみると、おおよそ7軒に1軒は空き家ということになっています。

空き家は今後ますます増え続けていき、30年後には空家率が43%にもなるという予測もされています。空き家がこのように増えているにも関わらず、毎年90万戸の新築住宅が建設されています。極端にいえば、人口が減少しているなかで、新築を1軒建てれば、1軒は空き家になっていくということもいえます。

空き家があることによる地域への影響を考えていきます。地域のなかに、空き家や空き地が大量に発生すると仮定します。そうすると人口密度が低下し、生活サービスの縮小や撤退につながり、道路や上下水道などのインフラが非効率になります。それまで地域の活動を支えてきたコミュニティ機能も低下していきます。また、防災性、防犯性が低下し、衛生、景観も悪化していくと、地価が下落し、住民の転入減、転出増につながっていきます。地域をトータルにみた場合に、賑わいは減少し、経済活動も停滞していきます。行政にとっては税収も減少することから行政サービスも低下していきます。定住している住民にとっては、生活利便性が低下し、地域の価値が低下していってしまいます。

そのような地域にとって良い影響をもたらさない空き家ですが、空き家のまま放置されていく理由についてみていきます（図2）。最も大きな要因は「物置として必要だから」放置されることです。次に「解体費用をかけたくないから」「特に困っていないから」という理由が続きます。「将来の使い道を考えているから」という理由もありますが、なかには「仏壇など捨てられないものがあるから」といった理由もあります。空き家のまま放置されていく理由は、個々人がそれぞれ抱える事情が異なっており、それらが大きく影響していることがわかります。

地域に空き家を増やさないためには、さまざまな対策が段階的に必要になります。家屋の状況別にその対策をみていきます。まず居住・活用段階です。ここでは空き家にさせないような予防策が必要です。特に、賃貸や売買など情報発信が重要になります。空き家になってしまった場合には、適正に管理しつつ、その活用策をみつけていく必要があります。自治体では空き家の提供者と必要とするユーザーのマッチングを行う空き家バンクの整備を進めているところが多くあります。空き家を放置していくと管理不全になり、その先には老朽化し倒壊の怖れなど危険な状況になっていきます。それらを「特定空き家」とよびますが、除却を進めていくことも求められるようになります。

これらの空き家対策は、自治会や自主活動組織などの研修なども行い、自治体と地域とが連携して取り組むことが重要になります。

空き家活用がうまく進むようになれば、地域への効果もでてきます。住民が少しずつ増え、コミュニティ形成の機会が生まれます。住民が増えれば、自然監視とよばれる日常生活で行われる監視の力が高まり、防犯性も高まります。地域としての付加価値が生まれるようになり、空家抑制にもつながっていきます。このようなことで、地区の衰退化を防ぎ、地域の再生につながるとともに、個人としては資産価値が維持されるようになります。

（鈴木雅之）

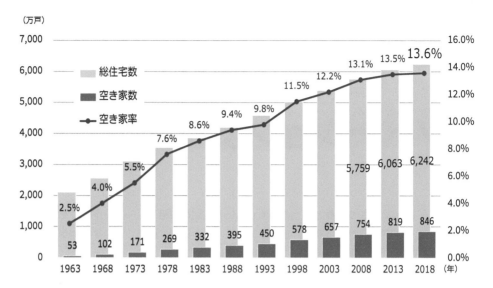

出典：総務省統計局「平成30年住宅・土地統計調査結果」より作成

図1　全国空き家数と空家率の推移

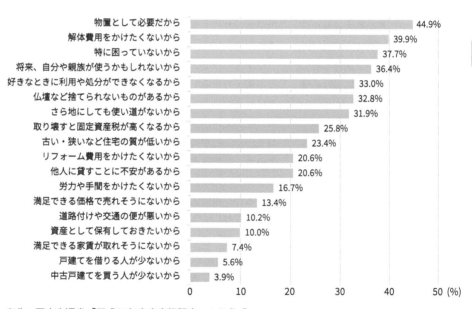

出典：国土交通省「平成26年空家実態調査」より作成

図2　空き家のまま放置されていく理由

3-5

住まい・施設と地域

参考文献

野沢千絵（2020）『老いた家 衰えぬ街　住まいを終活する』講談社

遊休資産活用の新しいまちづくり

リノベーションまちづくり

リノベーションまちづくりとは、「遊休化した不動産という空間資源と潜在的な地域資源を活用して、都市・地域経営課題を複合的に解決していくことを目指すもの」と定義されています（図1）。

人口減少時代に突入したわが国では都市計画の転換点だといえます。これまでの都市拡大社会から都市縮小社会が想定されるため、新築による新市街地を開発するのではなく、既成市街地における建築ストックを活用したリノベーションまちづくりが重要となってきます。

似た用語であるリフォームとリノベーションを比較してみます。英語で書くと、「再び」という意味のreは共通しています。リフォームでは、形という意味のform、リノベーションでは革新という意味のinnovationが続きます。国土交通省の定義によると、リフォームは「新築時の目論見に近づく様に復元すること」、リノベーションは「新築時の目論見とは違う次元に改修すること」とあります。要するに、リフォームは対症療法、リノベーションは原因療法ということです。

リノベーションまちづくりは「まちに増える遊休不動産をリノベーションの手法を用いて再生し、新しい使い方、新しい空間体験を生み出す」という個別の取組みを一定エリアに集中的、面的に展開して「雇用の創出」、「コミュニティの再生」、「エリアの価値向上」、「地価の向上」などに結びつけるまちづくりです。「建替えなどと比べて初期投資を抑制できる」、「事業のスピードが圧倒的に速い」などの特徴があり、全国に広がっています。

リノベーションにおける事業収支の考え方をみてみましょう（図2）。リノベーション事業では、リスクを抑えた小さな投資を積み重ねていくことが特徴です。不動産オーナーを家守事業者がサポートしながら、エリアの価値向上につながるか、投資回収が見込めるかなどを考慮して事業計画を組み立てます。事業成功には、おおむね5年以内で初期投資を回収することが重要になります。

リノベーションスクールでは、実際の空き物件を対象に、受講生たちが10人程度のチームを組んで、まちの未来を考えます。受講生は、リノベーションの事業プランを練り上げ、最終日に不動産オーナーに提案します。スクール後は家守事業者が不動産オーナーをサポートし、事業化を目指します。

リノベーションまちづくりの事例として、北九州小倉魚町があります。小倉の中心部において遊休不動産を活用し、雇用創出を目指すという小倉家守構想が提案されました。この都市政策のもとで、「やれることからすぐに始める」をモットーに、まちの魅力を創造していくリノベーションまちづくりがスタートしました。江戸時代における長屋の大家を「家守」とよびます。家守は、借地管理、家賃徴収、店子の生活面など、地区のマネージャー的な雑事を行っていました。現代版家守は、行政、地域住民などと連携し、建物管理や入居者支援などにより、総合的なまちづくりを行っています。

北九州小倉魚町のなかでもリノベーション物件が集約している魚町地区があります。魚町地区内のビルの1階と2階に2011年と2012年にリノベーション物件がオープンしました。特に2011年にオープンしたメルカート三番街が魚町地区のリノベーションの火付け役になったといわれています。その後、このビルの周辺で次々にリノベーション物件がオープンしていきました。

日本の多くの地方都市で空き建物の活用が求められており、建物単体ではなく、まちづくりの視点でリノベーションに取り組むリノベーションまちづくりの視点は重要だといえます。

（松浦健治郎）

	リフォーム	リノベーション
英語で書くと	reform re+form （形・見た目）	renovation re+innovation （革新・刷新）
国土交通省の定義	新築時の目論みに近づく様に復元する（修繕）	新築時の目論見とは違う次元に改修する（改修）
いってみれば	対処療法	原因療法

出典：沼津市「リノベーションまちづくりとは」（https://www.city.numazu.shizuoka.jp/renovation/towa/index.htm）より作成

図1　リノベーションまちづくり

リノベーション事業

- リノベーション事業では、リスクを抑えた小さな投資を積み重ねていく。
- 不動産オーナーを家守事業者がサポートしながら、「まちのため」にエリアの価値向上につながるか、投資回収が見込めるかなどを考慮して事業計画を組み立てる。
- 事業成功には、おおむね5年以内で初期投資を回収する投資計画を立てることが重要である。

Finance
① 投資コストの算出
② 事業期間の設定
③ 年間収入の設定
④ 年間支出の設定
⑤ 年間純収益の設定（③−④）
⑥ 投資回収期間の算定（①÷⑤）
⑦ 事業収支の判断
　⑥≦②×1/2　かつ
　⑥≦5年間（できれば3年間）

リノベーション事業投資パターン	1. 基本形	2. 入居事業者投資型	3. 転貸型	4. 複合投資型
（投資する主体）	物件オーナー	入居事業者	家守事業者	家守事業者 物件オーナー 入居事業者

出典：北九州市「リノベーションマップ」（http://www.city.kitakyushu.lg.jp/files/000811501.pdf）より作成

図2　リノベーション事業収支の考え方

参考文献

清水義次（2014）『リノベーションまちづくり 不動産事業でまちを再生する方法』学芸出版社
嶋田洋平（2015）『ほしい暮らしは自分でつくる　ぼくらのリノベーションまちづくり』日経BP
馬場正尊（2016）『エリアリノベーション：変化の構造とローカライズ』学芸出版社

住まい・施設と地域

3-5

地域を存続させるための公共施設の再編

公共施設の再編

公共施設とは、自治体が土地や建物を所有し、運営するものです。学校教育施設、公園・スポーツリクリエーション施設、文化施設、社会教育施設、高齢・社会福祉施設など身近な施設や、公営住宅、市場、道路や下水道などのインフラが公共施設です。

現在、多くの自治体で公共施設の再編が求められています。その大きな理由は、今後改修が必要となる公共施設の総量とその改修費用の合計額に対して、経費が足りなくなるためです。例えば、千葉市では2049年までに、公共施設等の維持管理・更新等に必要な経費に対して、一年当たり約355億円が不足すると見込まれています（図1）。現状のままでは、必要な改修や機能更新の6割程度しか実施できず、安全性の確保のため、数多くの施設を休止・廃止せざるを得ない状況になります。つまり、地域やまちづくりに大きな影響がでることになります。

高度経済成長期など人口が増加した時代に建てられた施設の多くが老朽化してきており、その改修の時期が一気に来ることも問題です。また、人口が減少すると公共施設の利用率は下がっていきます。さらに、改修費用にあてるための税収も減少し、自治体の財政は悪化していきます。少子化により子供の数が少なくなり、学校施設は必要性が低くなっています。逆に、超高齢化によって、高齢者向けの施設の需要は高まっています。

それらの公共施設を維持管理・更新し、適切な市民サービスを持続的に提供していくためには、公共施設の再編・見直しが必要です。

その方向性には、施設利用の効率性の向上、施設の再配置、施設総量の縮減、施設の長寿命化の4つがあります。施設利用の効率性の向上とは、事業の見直しや類似する機能を有する施設の統合など、ソフト・ハード両面から、施設としての効率性の向上を図ることです。施設の再配置は、都市のコンパクト化を見据え、施設総量の縮減と市民サービスの維持・向上の両立を図るため、施設の再配置を行うことです。施設総量の縮減は、総人口の減少や財政見通しなどのもと、長期的な取組みにより、公共施設の総量（総延床面積）を縮減することです。

施設利用の効率を高めるためには、集約化、複合化、類似機能の統合があります（図2）。集約化は、同一用途の複数施設を、より少ない施設規模や数に集約することです。複合化は、施設の稼働状況やニーズを踏まえ、余剰・余裕スペースについて、周辺の異種用途施設と複合することです。類似機能の統合は、政策目的（所管）は異なるものの、実態が似通っている複数の機能について、実態に即して事業そのものや、利用形態を統合することです。

例えば、機能が類似している施設が、それぞれ稼働率30%であれば、それらを一方に集約し稼働率60%に高め、もう一方の施設を廃止したり、ほかに賃貸することができるようになります。機能の類似した施設が近接している場合や、学区内に施設が分散している場合には、施設の再配置を検討します。組み合わせを工夫することによって、利用しやすい施設に変えていくこともできます。

公共施設の新規建設には注意が必要です。建設のための初期投資はうまくいっても、その後ランニングコストや改修費用が長期的に必要になるためです。新規整備は原則として行わず、既存施設や民間施設の活用を検討していことも選択肢の一つになります。このようなさまざまな手法で公共施設の再編を進めていくことが今後は重要になっています。

（鈴木雅之）

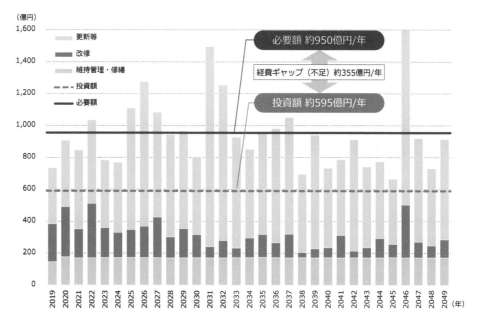

出典：千葉市（2023）「千葉市公共施設等総合管理計画」より作成

図1　公共施設（公共建築物・インフラ）の更新費用の見通し

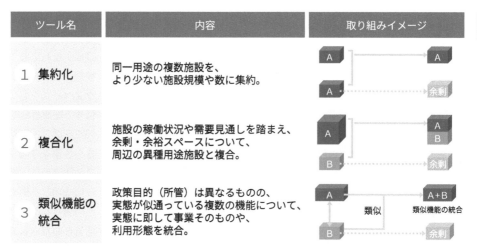

出典：千葉市（2015）「千葉市公共施設等総合管理計画」より作成

図2　施設利用の効率性向上のパターン

3-5

住まい・施設と地域

参考文献

千葉市（2015）『千葉市公共施設等総合管理計画』
堤洋樹編著（2019）『公共施設のしまいかた：まちづくりのための自治体資産戦略』学芸出版社

地域に貢献する廃校の活用

廃校の活用

2002度から2020年度に、日本全国で8580校もの公立の小中学校、高等学校などが廃校になっています（図1）。少子化の影響もあり、全国的に毎年約300〜600もの廃校が発生していることになります。都道府県別にみると、北海道が圧倒的に多く、同期間で858校が廃校になっています。同期間における千葉県の廃校数は217校で、全国で14番目の多さです。

廃校となった学校のなかで、跡活用ができているものが約75%で、活用未定が約20%となっています。廃校の活用例として最も多い用途は、社会体育施設、次に公民館・生涯学習センターなどの社会教育施設で、そのほかに、学校や、教育、文化施設、福祉、医療施設、庁舎などさまざまな活用例がでてきています。

一方、未活用のものも少なくありません。未活用の主な理由としては、老朽化している、地域等からの要望がない、などが挙げられています。老朽化していて使えないということはやむを得ないとしても、地域などからの要望がない、ということは問題がありそうです。

文部科学省は、廃校施設などの活用によるメリットとして、「学校施設を活用することで、同規模の建物を建設する場合と比べて費用の節約が期待できる。地域に密着した事業を展開する際に学校施設を拠点とすることで、地域の理解が得られやすい。「学校施設の再利用」という形の地域貢献が達成できる。」ことを挙げています。

学校は地域の中心としてあったものなので、廃校後の活用も地域に貢献できるものになっていくことが求められます。地域にはさまざまな課題やポテンシャルがあるので、課題を解決し、ポテンシャルを活かすような活用が考えられていくのが理想です。

廃校活用にあたっては、その廃校がある地域の分析が重要になります。立地特性や、人口動態、産業、雇用、などの条件分析のもと、どのような活用がその地域にとって効果があるのかを考える必要があります。その効果とは、廃校の周辺の地域や住民に貢献すること、産業分野の振興のために活用するのであれば、地元雇用がどの程度見込めるのか、地域経済が活性化できるのか、などです。

ここから、そのような地域に貢献する施設として生まれ変わった廃校をいくつかみていきます。

まず、千葉県鋸南町の道の駅、保田小学校です。道の駅に変わりましたが、施設名は元の小学校の名前をそのまま活かしています。施設は元の小学校の形をできるだけ残し、直売所、休憩施設、宿泊施設、温浴施設などで構成されています。直売所では周辺で収穫された農家の野菜などが販売されています。道の駅であることから、多くの来場者が来る新しい施設に生まれ変わり、地域に貢献するようになっています。

次は、千葉県南房総市にあるシラハマ校舎です。旧白浜小学校がさまざまな事業者や起業家のためのオフィス、レストラン、宿泊施設に生まれ変わりました。元々の校庭には、MUJIが提供するワークスペースをもつ小屋が小さな庭付きで配置されています。それは、都市部のワーカーなどが拠点を置き、仕事をするような場所です。この跡活用は、都市部の企業の誘致に成功した形でもあり、都市部との新たな関係が生まれ、地域に活気をもたらしています。

その他の廃校は、福祉施設、子育て視線施設、地域交流拠点、体験型施設、アートセンター、水族館、加工場、社会教育活動、大学・研究拠点、ロケ地、文化芸術活動拠点、創業交流施設、サテライトオフィス、グランピング施設など、さまざまなアイデアと工夫によって活用されています。これらの廃校活用は、地域コミュニティの核へ再生されたり、域経済にも貢献するものとなっています。

（鈴木雅之）

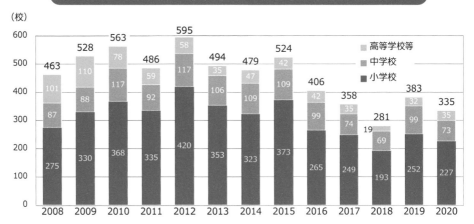

廃校数：8,580校（2002〜2020年度）

（全国の公立の小学校、中学校、高等学校、中等教育学校、特別支援学校）

2002年以降、毎年約300〜600校の廃校が発生

出典：文部科学省「廃校施設活用状況実態調査（2020年3月）」より作成

図1　廃校の現状

図2　廃校活用の事例（左上：道の駅保田小学校、右上：CAMPiece横芝光、下：シラハマ校舎）

参考文献

嶋津隆文編著（2016）『学校統廃合と廃校活用－地域活性化のノウハウ事例集』東京法令出版

3-5

住まい・施設と地域

新たな＜まち＞に変わる団地
団地再生まちづくり

団地は、高度経済成長期に大都市圏への人口集中による住宅不足等を解消するため、昭和30年代後半から大都市の郊外部に計画的に開発された住宅地の一つです。

開発されてから40年〜50年が経過し、さまざまな課題があります。まず、住まいの課題です。一番の課題はそれらの老朽化です。5階建ての建物には、エレベーターがなく特に高齢者の日常生活が大変です。中古住宅が売れず、空き家も増えています。

次に、地域の課題です。団地が開発された時に、同世代の人たちがいっせいに入居したため、一気に高齢化が進みました。少子化が進み、小中学校が廃校になっています。商店街も衰退化してきています。いわゆるニュータウンであるため、地域文化や地域固有の伝統があまりありません。そのほか、コミュニティ形成力の低下、公共交通機関の縮減、外国人の増加に対応する融和の課題があります。

そして、生活と暮らしの課題です。孤独死の増加、買い物難民、貧困化の課題があります。

このように多くの課題が団地には横たわっています。それらの課題をハードとソフトの軸、街と個の軸でプロットすると、それらの課題どうしは複雑につながり、課題の原因と結果が循環しています。そのため、課題解決が困難になります。

団地再生まちづくりは、このような課題解決を図り、新しいまちのタイプにつくり変えることです。考え方は、現在の住民が送っている日々の生活の快適性や利便性を高めることを前提にし、それによって、高齢化する現居住者が安心・安全に住むことができ、同時に新しい居住者を地域により込むような魅力ある団地の地域価値を生み出す再生です。そして、ベッドタウンという住宅だけの単一機能の住宅地ではなく、仕事、商業、住宅をミックスし、画一的なまちを多様性のある空間構成のまちに変え、多世代が住むまちにすることです。つまり、団地を、単に居住地として再生するだけでなく、魅力があり誰もが住みたいと思う、新たなまちづくりとする発想が重要になります。

老朽化したハードの再生だけでは、多様な課題を解決し、暮らしや生活の質を向上させることには限界があります。さまざまな課題の分野をハード・ソフトの両面で総合的・包括的に対応する取組みが効果的であり、それらを進める仕組みが必要となります。

団地に横たわる多様な課題の解決のために、ばらばらに対策に取り組むよりも、団地再生に関わるさまざまな主体が、それぞれの強み・弱みを補完し合いながら進める必要があります。団地単独ではなく、課題は周辺の地域にも連続してあることから、団地を含む地域を大きなエリアとして捉え、全体的、包括的に捉える視点が重要です。そして長期的な視点から一貫して再生まちづくりを推進する仕組みや主体が必要になります。

団地の課題に対応するためには、生活、社会環度の改善に向け、コミュニティ自身が、コミュニティ自身のために、新たな主体として取り組む必要があります。これらの取組みは、行政の財政難や特定地域への集中対応の困難性、民間企業による事業成立の不可能性、のいずれか、あるいは両方の要因から、民間も公共も対応しにくい領域です（図1）。

その取組みを、ここでは「コミュニティサービス」とよびます（図2）。これらのサービスは、団地の課題解決の視点から、ソフト系環境改善、ソーシャル改善の2つがあります。ソフト系環境改善には、空き施設活用、交通、共有空間、住宅改善、住宅システムのジャンルがあります。ソーシャル改善には、高齢福祉、子育て、健康医療、居場所、地域文化、外国人、そして地域商業のジャンルがあります。
（鈴木雅之）

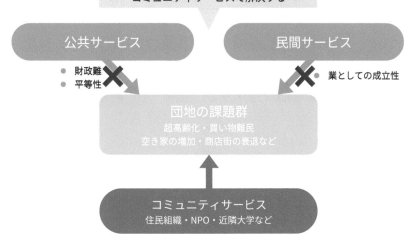

図1　公共も民間も手を出しにくい領域の課題解決

コミュニティサービスの種類			
ソフト系改善	まち	① 空き施設活用	空き施設の有効活用
		② 交通	町に出やすくする交通環境
		③ 共有空間	共有空間の管理運営
	住まい	④ 住宅改善	住まいの改善支援
		⑤ 住宅システム	多様な住まい方の提供
ソーシャル改善	暮らし	⑥ 高齢福祉	地域福祉の推進と支援
		⑦ 子育て	地域の中での子育て支援
		⑧ 健康医療	介護予防の推進
	コミュニティ	⑨ 居場所	居場所づくりの推進と支援
		⑩ 地域文化	地域文化づくり
		⑪ 外国人	外国人居住と地域融和支援
		⑫ 地域商業	地域商業の活性化

図2　コミュニティサービスによる団地再生

参考文献

ちば地域再生リサーチ編 (2012)『市民コミュニティ・ビジネスの現場—建て替えない団地再生のマネジメント』彰国社
東京急行電鉄＋宣伝会議 (2018)『次世代郊外まちづくり　産学公民によるまちのデザイン』宣伝会議

3-5

住まい・施設と地域

地域のエネルギー利用の現状 (1)

世界と日本のエネルギー

2011年の東日本大震災による福島第一原子力発電所の事故は、日本のエネルギー政策を抜本的に見直すことになりました。それまで資源の乏しい日本では、ある程度リスクを取りながらも原子力の利用を推進し、安定的なエネルギーを供給していました。事故後、原子力発電への依存度を減らしつつも、地球温暖化への影響を配慮して化石燃料への依存度も下げなければならないことから、再生可能エネルギーが拡大することになります。その後、東日本大震災から10年以上が経ち、国では原子力については安全を最優先し、再生可能エネルギーの拡大を図りながら、可能な限り原子力発電への依存度を低減しようとしています。

また、2020年10月に国は2050年のカーボンニュートラルの実現を宣言するともに、2021年には新たな脱炭素目標を表明しました。カーボンニュートラルとは、地球温暖化の原因となっている温室効果ガス（GHG）の排出を実質的にゼロとすることです。GHGの排出を減らすだけでなく、排出せざるを得ない分については、植林や森林管理、その他の吸収・除去などによって、全体としてゼロにします。

このように、再生可能エネルギーへの転換とカーボンニュートラルの実現が、日本におけるエネルギー政策の軸となっています。

世界と日本のエネルギー利用を考える際に用いられるのが一次エネルギーです。エネルギーは生産されてから消費者に使用されるまでの間にさまざまな段階を経て変化していきます。原油、石炭、天然ガスなどの各種エネルギーが供給され、発電所や石油精製工場などを経て、電気や石油製品などに形を変え、私たちが最終的に消費します。この際、発電・転換部門で生じる損失（ロス）までを含めたすべてのエネルギー量として「一次エネルギー供給」の概念が用いられます。

世界のエネルギー消費量の推移を一次エネルギー消費量でみてみると、世界のエネルギー消費は年平均2.3%で増加しています（図1）。特に新興国では経済発展に伴ってエネルギー消費量が伸びています。一方、OECD諸国は産業構造の変化や省エネルギー化により伸び率は鈍化しています。次に、世界のエネルギー消費量をエネルギー源別にみてみると、エネルギー源の主流は石油、石炭、天然ガスとなっています。

また、一人当たりの名目GDPと一次エネルギー消費の関係をみてみると、GDPが大きい国々は多くのエネルギーを消費していることがわかります（図2）。今後、新興国ではGDPの拡大に応じてエネルギー消費量がより増加していくことが考えられます。

日本における最終エネルギー消費と実質GDPの推移から、日本のエネルギー消費の動向についてみてみます。日本は、1970年代の石油ショックを契機に省エネルギー化が進みました。その後、経済発展に伴いエネルギー消費が増えますが、東日本大震災以降は節電意識が特に高まりました。

一方、1973年から2021年までの、最終エネルギー消費を運輸部門、家庭部門、業務他部門、産業部門に分けてみてみると、家庭部門が1.8倍に増えています。これは、生活の便利さと同時に、エネルギー消費も増大しているからであると考えられます。

現在、日本はエネルギーの8割以上を石油、石炭、天然ガスといった化石燃料に頼っています。こうした化石燃料のほとんどを輸入に頼っています。特に、原油は9割を中東に依存しています。そのため、日本のエネルギー自給率（生活や経済活動に必要な一次エネルギーのうち自国内で確保できる比率）は、2021年が13.3%にとどまっています。

（田島翔太）

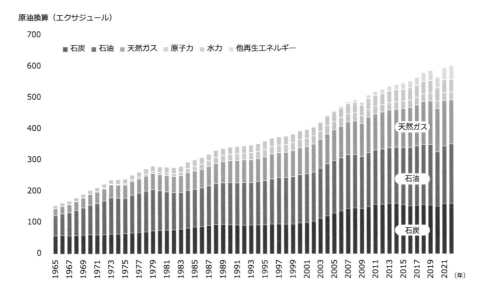

原油換算（エクサジュール）

出典：BP「Statistical Review of World Energy Data」より作成

図1　世界のエネルギー消費量の推移

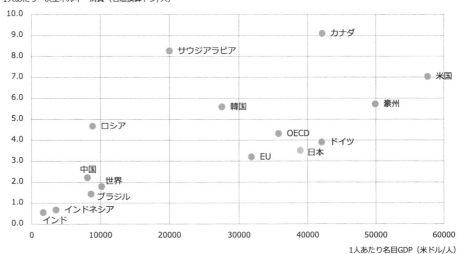

出典：BP「Statistical review of world energy 2017」、「Energy Outlook 2035：January 2017」、IEA「World Energy Outlook 2017」、EIA「International Energy Outlook 2016」、日本エネルギー経済研究所（IEEJ）「IEEJアウトルック2018」より作成

図2　世界のエネルギー需要展望（エネルギー源別、一次エネルギー）

3-6

環境と地域

参考文献

経済産業省資源エネルギー庁（2021）「第6次エネルギー基本計画」

経済産業省資源エネルギー庁「令和3年度エネルギーに関する年次報告（エネルギー白書2022）」(https://www.enecho.meti.go.jp/about/whitepaper/)

地域のエネルギー利用の現状（2）

暮らしとエネルギー

日本のエネルギー消費は、企業・事業所他部門、家庭部門、運輸部門に分かれています。企業・事業所他部門とは、産業部門（製造業、農林水産鉱業建設業）と業務他部門（第三次産業）の合計で、日本の最終エネルギー消費で最大のシェアを占めています。このうち製造業は、生産コスト低減の観点から、エネルギー効率向上に対する関心が高い業種で、省エネルギーに積極的に取り組んでいます。1973年度と2021年度を比較すると、経済規模(GDP)は2.5倍になりましたが、企業・事業所他部門のエネルギー消費は0.9倍となりました。

2021年度の家庭部門が全体に占める最終エネルギー消費の構成比は、14.6％でした。1965年度から2021年度の推移をみると、家庭部門のエネルギー消費は2000年頃までほぼ右肩上がりで、その後減少傾向に転じました。

エネルギー消費の上昇は、生活の利便性・快適性の追求といったライフスタイルの変化と、世帯数の増加にみられる社会構造の変化が影響しています。例えば、1965年当時は、エアコンやテレビの普及もいまほど進んでいませんでした。一方、現代は核家族化が進み、各家庭では、各部屋にエアコンやテレビがあることは珍し

くありません。また、コロナ禍の影響もあり、2020年度以降は在宅率が上昇し、家庭でのエネルギー消費が増える傾向もみられます。

次に、世帯当たりのエネルギー消費原単位と用途別エネルギー消費の推移をみてみます。1965年度では、家庭で使われるエネルギー消費の用途は、暖房と給湯でそれぞれ39.9％、25.8％を占めていました。1973年度になると高度成長に伴いエネルギー消費が増加します。それでもエネルギー消費の用途別の割合は、暖房、給湯がそれぞれ3割程度を占めており、大きな変化はありませんでした。

2021年度は、1973年度比で1.1倍増加し、依然として暖房、給湯が半数を占めています。また、家電機器の普及、大型化、多様化、生活様式の変化などに伴い、動力・照明他が全体の34.0％を占めています。よって、家庭でのエネルギー消費の削減には、機器を使用していないときに必要となる待機時のエネルギー消費の削減も重要です。

暖房や給湯には、多くのエネルギーを使います。そのため、寒い地域では暖房にかかるエネルギー消費が増加します。日本の省エネルギー性能にかかる法律も寒い地域ほど厳しくなっています。日本の各地での住宅におけるエネル

ギー消費の現状を比較してみると、札幌では暖房に年間のエネルギー消費の多くが使われています。また、他の地域と比較して、年間のエネルギーの総消費量も多くなっています。

一方、福岡や那覇などの地域を除けば、冷房、給湯、調理、照明他電力に使われるエネルギー消費には地域ごとに大きな差はありません。このように、日本は小さな国土でありながら、さまざまな気候があり、エネルギー消費の量やバランスにおいても地域差があります。このことは、地域の気候や風土に合った住まいづくりが求められる理由でもあります。

では、世界の他の国と比べて日本の住宅のエネルギー消費量はどの程度なのでしょうか。世帯当たりエネルギー消費量をアメリカ、フランス、イギリス、ドイツ、日本で比較すると、アメリカの住宅が突出して多くのエネルギーを使用していることがわかります。

また、フランス、イギリス、ドイツは暖房のエネルギー消費量や割合が高い傾向にあります。気候、ライフスタイル、住宅の広さやつくられ方など、国によって異なるという前提はありますが、日本の住宅は国際的にみて、比較的エネルギー消費が少ないといえます。
（田島翔太）

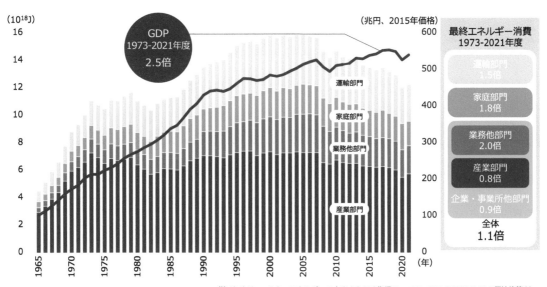

（注1) J(ジュール)＝エネルギーの大きさを示す指標の一つで、1MJ=0.0258×10-3 原油換算 kl
（注2)「総合エネルギー統計」は、1990 年度以降の数値について算出方法が変更されている
（注3) 産業部門は農林水産鉱建設業と製造業の合計
（注4) 1993 年度以前の GDP は日本エネルギー経済研究所推計

出典：資源エネルギー庁「総合エネルギー統計」、内閣府「国民経済計算」、日本エネルギー経済研究所「エネルギー・
　　　経済統計要覧」より作成

図1　最終エネルギー消費と実質 GDP の推移

出典：資源エネルギー庁「総合エネルギー
　　　統計」より作成

図2　最終エネルギー消費の構成比（2021
　　　年度）

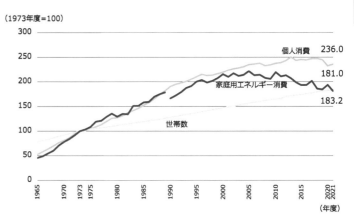

出典：内閣府「国民経済計算」、日本エネルギー経済研究所「エネルギー・
　　　経済統計要覧」、資源エネルギー庁「総合エネルギー統計」、総務
　　　省「住民基本台帳」より作成

（注) 1993年度以前の個人消費は日本エネルギー経済研究所推計。
　　　「総合エネルギー統計」では、1990年度以降、数値の算出方法が変更されている。

図3　家庭部門のエネルギー消費の推移

参考文献

経済産業省資源エネルギー庁『令和3年度エネルギーに関する年次報告（エネルギー白書2022）』（https://www.enecho.meti.go.jp/
about/whitepaper/）

地域におけるエネルギーの賢い利用法

都市化とスマートグリッド

世界的に都市への人口集中が課題となっています。総人口に占める都市部に住む人口の割合を「都市化率」とよび、世界的に年々増加しています。国連の推計では、世界人口の55%が都市に暮らしており、都市化率は2050年までに70%近くに達するとみられています。今後アジア・アフリカ地域を中心に、先進国を上回るペースで急速な都市化が進むとみられています。

都市化が進む理由は、産業構造の変化に伴い、それまで農業などに従事してきた人々が都市に移り住むことで起こります。都市化は貧困層の流入によるスラム化、廃棄物や汚染水問題、大気汚染や土壌汚染、慢性的な交通渋滞、エネルギー不足、生活への支障や経済的な損失などの課題を生みます。エネルギー不足は都市化が進む地域でよりいっそう深刻になるため、資源に乏しい日本は今後世界的に広がるエネルギー需要に対して対策が必要になります。

また、超高齢化社会は、経済成長率の低下、医療・福祉などの社会保障費支出の増加、生産年齢人口の減少といった問題を引き起こします。その多くが都市部に居住することになると、さらなるバリアフリー化の必要性、高齢者の居場所の提供、移動距離や移動のし

やすさ、若者も活躍しやすいバランスのとれた街の構築など、さまざまな課題に対処しなくてはなりません。

このようななか、スマートシティとよばれる都市のスマート化が進められてきました。発端となったのは、1980年代に広がったサステナビリティ（持続可能性）の考え方の普及です。都市においても、環境・社会・経済のバランスへの配慮が必要となりました。2000年代に入ると、低炭素都市とよばれるCO2の排出を抑えエネルギーの生産や消費、資源の節約や循環、持続可能な交通手段などに配慮した都市のあり方が提唱されました。

近年、ITなどの情報通信技術と、新電力システムを活用したスマートグリッドが普及しています。スマートグリッドとは、日本語では次世代電力網とよびます。それは、ICTの活用による情報通信技術と、新電力システムによって構成されています。情報通信技術は、いわば電力版のインターネットです。双方向におこなわれる通信によって、いま、どこで、どのくらいのエネルギーがつくられ、消費されているかをリアルタイムで知ることができます。新電力システムは、原子力発電所のような集中型エネルギーと、小水力やソーラー発電のような分散型エネルギーを協調

しながら使う双方向の電力を指します。そして、このような双方向の通信と電力を監視、運用するものをマネジメントシステムとよびます。

分散型エネルギーは環境にやさしい一方、気候や時間帯で発電量が不安定になります。そこで、従来の集中型エネルギーと併用する必要がありますが、そのためには、どこで、どのくらい電力が使われているかを知り、需給状況に併せて発電所の電力を調整するなど、いわば頭脳としてのマネジメントシステムが必要なのです。

世界には、さまざまなスマートグリッドがあります。アメリカは広い国土に老朽化した電力網があり、それらの信頼性の向上を目的としたスマートグリッドが構築されつつあります。日本やヨーロッパは、太陽光発電など自然エネルギーの積極的な導入に伴い、電力の安定供給のためのスマートグリッドを展開しています。インドやブラジルなどでは、急激な都市の発展に伴いエネルギー需要が拡大する地域でスマートグリッドが導入されています。また、中国や中東などでは、新しい都市を更地から開発し、スマートグリッドを導入したスマートシティの開発が積極的におこなわれています。
（田島翔太）

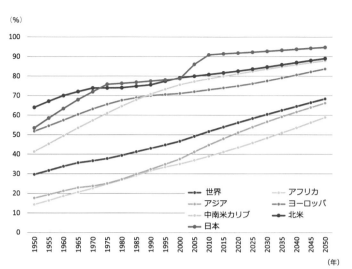

出典：United Nations『World Urbanization Prospects 2018』
　　　（https://www.un.org/development/desa/pd/）より作成

図1　世界の都市化率の推移

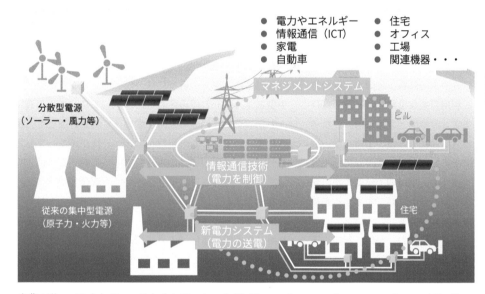

出典：IlhamiColak, ErsanKabalci, GianlucaFulli, Stavros Lazarou: A survey on the contributions
　　　of power electronics to smart grid systems, Renewable and Sustainable Energy Reviews,
　　　Volume 47, 2015, pp562–579より作成

図2　スマートグリッドとは

3-6

環境と地域

参考文献

国際連合広報センターホームページ『人口構成の変化』(https://www.unic.or.jp/activities/international_observances/un75/issue-briefs/shifting-demographics/)

日本建築学会編（2009）『地球環境建築のすすめ』彰国社

日経エレクトロニクス，日経ビジネス，日経エコロジー編（2009）『SMART ENERGY 次世代の新エネルギー技術・戦略がわかる』日経BP

経済産業省資源エネルギー庁『スマートコミュニティについて』(https://www.enecho.meti.go.jp/category/saving_and_new/advanced_systems/smart_community/)

Colak et al. (2015)『A survey on the contributions of power electronics to smart grid systems』Renewable and Sustainable Energy Reviews, Volume 47, pp562–579

地域に活かす自然エネルギー

分散型と集中型エネルギー

分散型エネルギーは、太陽光や小水力など、地域の特性を活かした小規模な発電装置を地域に分散して配置し、電力を供給する考え方です。分散型エネルギーの基本となる再生可能エネルギーは、自然界に存在するエネルギーの中で、枯渇せずに継続的に利用可能なものを指します。例えば、風力は条件させあえば枯渇せずに継続的に利用できるエネルギー源です。太陽光や太陽熱も、地球上で継続的に利用可能なエネルギー源となります。分散型とよぶのは、これらの発電装置を地域のエネルギー源にするには単体で運用しても不足するため、地域内でいくつかの発電装置を分散させて設置する必要があるためです。

一方、原子力、石油、石炭、天然ガス、大型のダムなど、1か所で大規模な電力を生むシステムを集中型エネルギーとよびます。集中型エネルギーは立地等の理由からしばしば都市部から離れた場所でつくられます。

今、地域では分散型エネルギーの普及を進めています。その理由は、日本が資源を持たないため、石油や石炭に依存せず、自然エネルギーを活用しようという動きに関係しています。また、原子力のようにひとたび事故が起こると多大な被害が出る集中型エネルギーへの危機感もあります。しかしながら、自然エネルギーだけで私たちの生活に必要な電気や熱をすべて供給することは現状、不可能です。風や太陽から得られるエネルギーは、気候や時間によって大きく変わります。電気を溜めておく蓄電池（バッテリー）の開発も進んでいますが、価格が高いため一般家庭に広く普及するほどの段階には至っていません。そのため、分散型エネルギーの普及には、集中型エネルギーと組み合わせたベストミックスという考え方が求められます。すなわち、自然エネルギーによる地域のエネルギー自立は集中型エネルギーとの共存が必要なのです。

集中型エネルギーは、そのエネルギーを使用する地域の外に置かれていることがほとんどです。しかし、電気や熱を地域に供給するために離れた場所から送電すると、送電や返還における損失（ロス）が大きくなります。地域のエネルギー供給を分散型エネルギーに変えることは、地域の中でエネルギーをつくり、地域で利用するという、エネルギー自立地域の実現につながるだけでなく、無駄の少ないエネルギー利用につながります。

集中型エネルギーから送られてくる電力網に接続せず、分散型エネルギーだけで電力を自給自足する仕組みを、オフグリッドとよびます。オフグリッドの実現には、太陽光などの再生可能エネルギーによる発電装置と、夜間や天候不順の際に電力を利用できるようにするための蓄電池が必要となります。また、予想される発電量や蓄電量は、設置する装置の容量によって変わるため、容量に合わせた電力消費量をあらかじめ決めておく必要があります。

オフグリッドの利点は、日々のエネルギー消費にかかる費用が削減されること、災害時などに街全体が停電しても電力の利用が可能であることが挙げられます。また、送電網から切り離されることによって、トレーラーハウスのように空間自体を動かすことができます。2024年1月に発生した能登半島地震では、オフグリッド化されたトレーラーハウスが被災地に届けられ、利用された事例がありました。千葉大学では、地域創生に役立てるモバイル・オフグリッド・アーキテクチュア（MOA: Mobile Off-grid Architecture）のプロトタイプ「EcoCabin」を開発し、千葉県長生郡長柄町で地域コミュニティ創出の実証実験をおこなっています。（田島翔太）

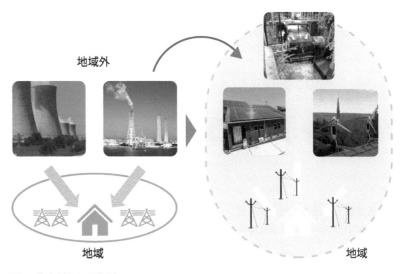

図1　集中型から分散型へ

図2　MOAプロトタイプ「EcoCabin」

3-6

環境と地域

参考文献

経済産業省資源エネルギー庁『令和3年度エネルギーに関する年次報告（エネルギー白書2022）』(https://www.enecho.meti.go.jp/about/whitepaper/)

自然の力を利用した環境にやさしい暮らし方
パッシブ・エネルギーの活用

　電気を使って環境を制御する空調などをアクティブ・エネルギーとよぶのに対し、光、風、熱など暮らしに利用できる自然の力をパッシブ・エネルギーとよびます。パッシブ・エネルギーの典型的な活用方法の一つが日射です。

　日本では日射を有効に活用するために東西方向に長い建物が好まれます。一般的に日射を最大限に受けるために南側に大きな開口（窓）を取る建物が多くみられます。北面も空気中に拡散した光を均一にとり入れることができるため、開口を取ることが有効です。南面の過度な開口は、夏場の強い日差しによる冷房にかかるエネルギー（冷房負荷）を増大させます。

　日射は夏と冬で角度が違います。日本では夏で約80度、冬で約30度の角度といわれています。日射の制御には、カーテンやブラインドを用いて光の取り入れや遮断をします。夏場は強い日差しをすだれや庇で遮蔽する一方、冬はできるだけ日射を室内にとり入れて暖かくしたいので、庇の長さが日射を遮らないように工夫します。

　ヨーロッパでは窓の外側に取り付ける外付ルーバーがよくみられます。また、昨今では光をとり入れながら熱は遮断する遮熱ガラスという技術も進んできています。天窓は、垂直な壁に開けられた開口部に比べて2〜5倍の光を取り入れることができます。しかし、天窓は夏場には強い日差しを室内に直接取り入れてしまうことで、暑さやグレアとよばれる不快な眩しさの原因となります。そこで、光が直接室内に入らないように高窓やハト小屋などとよばれるさまざまな工夫によって日射を調整します。このように、日射利用だけでもさまざまな工夫が必要になります。

　風をパッシブ・エネルギーとして利用することを通風計画とよびます。通風計画の基本は風の入口と出口をデザインすることです。建築物を建てる際は、地域や立地条件によって事前に風向きが判断できます。風が抜ける住宅は夏場の冷房負荷を削減するだけでなく、空気の入れ替えがしやすいため建物の長寿命化や人の健康にも寄与します。住宅やビルに煙突のようなものを取り付け、上部を夏の強い日差しで温めることで、気圧差によって自然通風を促すものを煙突効果とよびます。最近ではマンションや高層ビルなどのエレベーターシャフトや階段室を通風孔として使うこともあります。

　最後に、熱の利用です。住宅で必要な熱の用途は調理、暖房、給湯の3つです。調理用の熱をパッシブ・エネルギーだけでまかなうのは難しいですが、暖房は熱を取り入れて溜めることで利用できます。これを蓄熱とよびます。蓄熱にはさまざまな方法があります。最も一般的なものは、ダイレクトゲインとよばれ、住宅の内部に直接日射をあてて蓄熱します。レンガのように熱を溜めやすい（熱容量の大きい）材料を用いることで効果的な蓄熱が可能になります。

　そのほかにも、南面に温室のようなガラス張りの部屋を設けた温室集熱、水の力で熱を循環させる温水集熱、分厚いコンクリートなどの熱を溜めやすい素材を使ったトロンブウォールなどがあります。また、太陽の日射を利用した集熱器ではパッシブ・エネルギーだけで60度前後の湯をつくれます。湯は溜めておけば必要な時に風呂や炊事で使えます。

　電気がまだなかった時代につくられた寺や民家には縁側があります。建物の内と外をつなぐ中間的な空間として、コミュニティの場としてだけでなく、すだれや庇をうまく活用しパッシブ・エネルギーを得ていたことがわかります。しかし、現代の住宅にはこのような中間領域（バッファ・ゾーンといいます）は失われつつあり、空調機器を使ったアクティブ・エネルギーに頼っています。

（田島翔太）

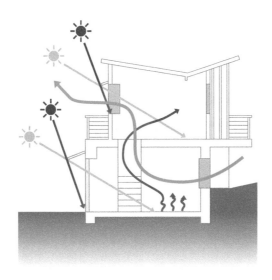

出典：Autodesk Sustainability Workshop より作成
図1　日射の角度

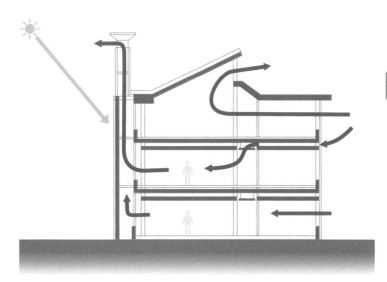

出典：Autodesk Sustainability Workshop より作成
図2　煙突効果（chimney effect）を利用した自然換気

参考文献

日本建築学会編（2009）『地球環境建築のすすめ』彰国社
Autodesk『Autodesk Sustainability Workshop』

安全な都市・社会の創造
防災・復興まちづくり

　災害の経験を活かし、より安全な都市・社会を創造するための手段として防災都市計画があります。ただし、防災は手段であり、目的ではないことに注意が必要です。都市計画の目的のひとつは「住みやすいまちをつくる」ことであり、その手段のひとつとして防災都市計画があるということです。

　防災対策には2つの側面があります（図1）。1つめは被害を出さないためのハードな対策であり、建物の耐震改修や高規格堤防の整備などが挙げられます。2つめは発生した被害を最小限に食い止めるためのソフトな対策であり、避難訓練や逃げ地図づくりなどが挙げられます。阪神・淡路大震災までの日本の防災対策はハードな対策に終始してきましたが、ソフトな対策も重要です。また、今後の都市防災を考えると、地震・水害・犯罪・テロなど多様なリスクを総合的に考慮する必要があります。被害抑止を目的とした対策を2つみていきます。

　まず1つめは、建物の防災対策です。阪神・淡路大震災では6千人の死者がでましたが、その主たる原因は地震に伴う火災ではなく、地震動による建物の倒壊でした。地震災害が発生するごとに建物に対する耐震基準が強化されており、1981年の新耐震以後に建設された建物の被害は少なかったことが報告されています。しかしながら、建築基準法は遡及して適用されないため、1981年以前の建物では大きな被害が発生しました。このことを「既存不適格」建築物の問題といいます。老朽化した住宅が多い密集市街地では建物の更新が進みにくいため、都市計画的な手法と組み合わせて建物の耐震改修を行うことが重要となります。

　2つめは、土地利用規制による防災対策です。地震被害に対する都市計画的な防災対策手法として断層近傍での建築物の立地規制があり、アメリカ・台湾・ニュージーランドで実施されています。水害対策は、日本では、河川堤防を築く方法で実施されてきました。

　次に、被害軽減を目的とした対策について解説します。災害対応には3つの目標があります（図2）。「命を守る」、「社会のフローを回復させる」、「社会のストックを再建する」です。発災後最初の100時間、すなわち約4日間の活動の中心は第1の目標「命を守る」、すなわち「人命救助」にあてられます。救急救命の分野では「Golden 72 hours」という言葉があります。災害発生から72時間、すなわち3日を過ぎると生存救命率が急激に低下するといわれています。次の100時間すなわち約4日から1000時間すなわち約42日の活動の中心は第2の目標「社会のフローを回復させる」ための活動にあてられます。例えば、給水車での給水、避難所の設置などです。最後に1000時間、すなわち約42日以降の活動の中心は第3の目標「社会のストックを再建する」になり、恒久的な復興を目指した対策が図られます。

　阪神・淡路大震災以前の災害では「復興計画」といえば「復興都市計画」でしたが、現在では復興計画に求められる内容はより広範になっています。災害からの復興には最低10年はかかるといわれています。災害からの復興計画は、その地域の10年後を見据えた計画であり、被災した地域の「総合計画」としての位置づけをもつ必要があります。復興計画の策定は、「その地域に住む人・生まれた人・働く人」のこんな「まち」にしたいという「想い」を汲み上げ、復興計画という形式に整理するプロセスといえます。阪神・淡路大震災後、災害が起こる以前から復興計画を検討する事前復興計画という考え方が提唱されました。

　このように、災害が起こる前から自分たちが住むまちの復興計画を検討していくことが重要です。
（松浦健治郎）

1	被害を出さないための対策	2	発生した被害を最小限に食い止める対策
被害抑止（Mitigation）		**被害軽減（Preparedness）**	
ハードな対策		ソフトな対策	

阪神・淡路大震災までの日本の防災対策は①に終始してきたが、②も重要

今後の都市防災を考えると、地震・水害・犯罪・テロなど多様なリスクを総合的に考慮する必要あり

図1　防災対策の2つの側面

1　「命を守る」　発災後最初の100時間（約4日）
人命救助

・救急救命の分野では「Golden 72 hours」という言葉がある。
・災害発生から72時間（3日）を過ぎると生存救命率が急激に低下する

2　「社会のフローを回復させる」　100時間（約4日）～1000時間（約42日）
「社会のフローを回復させる」ための活動
給水車での給水、避難所の設置など

3　「社会のストックを再建する」　1000時間（約42日）以降
恒久的な復興を目指した対策

図2　被害軽減を目的とした対策〜災害のプロセス

3-7　安心安全と地域

参考文献

日本建築学会（2010）『復興まちづくり』日本建築学会
饗庭伸ほか（2008）『初めて学ぶ都市計画』市ヶ谷出版社

地域ぐるみで防ぐ地域のなかの犯罪

防犯まちづくり

　地域のなかでの犯罪には、刑法犯、特殊詐欺、軽犯罪にいたるまでさまざまなものがあります。刑法犯は、殺人、強盗、強姦、暴行、放火などかなり重大な犯罪です。特殊詐欺はオレオレ詐欺から、最近多い還付金詐欺など手口が巧妙になっています。軽犯罪は、無断侵入、のぞき、落書き、静穏妨害、身体露出などさまざまなものがあります。人口100人あたりの犯罪件数（犯罪発生率）は地域によって、0％～10％と開きがあり、犯罪が起こりやすい地域（都市部）と、起きにくい地域（地方部）があります。

　このような地域で起こる犯罪は、地域ぐるみで防ぐことを考える必要があります。それが、防犯まちづくりという視点です。それは、地域ぐるみで、地域住民などが主体的に、犯罪が起きないような取組みを進めるものです。防犯まちづくりは、住民、地方公共団体、教育委員会・学校、警察などのさまざまな関係者の連携が必要になります。それらの関係者が防犯まちづくりについて、協議をする場が効果的な取組みを進めるうえでは大切です。また、地域ごとに特性が異なることから、住民の意向や地域の状況などを尊重して取り組むことも重要になります。

　防犯まちづくりは、息の長い取組みであって、直ちには犯罪発生の減少につながらないこともあります。まちの課題の改善には時間がかかることを認識して、関係者は粘り強く取り組んでいくことが求められます。

　ここから、防犯まちづくりの考え方と手法について、警察庁が公開した資料からみていきます。

　1つめは、人の目の確保、つまり監視性を確保することです。犯罪企図者は人の目を嫌がります。多くの人の目や視線を自然な形で確保し、犯罪企図者に「誰かに犯罪を見られているかもしれない」と感じさせることにより、犯罪抑止を図ります。

　そのためには、建物や道路などの公共空間の見通しや明るさを確保し、人の視線が通る状態にすることです。また、地区内の人間活動を活発にし、人の目を増やすことも犯罪や不安感を起こりにくくします。ある住宅地では、道路に面したそれぞれの住宅のバルコニーに花のプランターを置くことで、防犯に役立てています。通行人の目線が住宅の方に向かうことで、自然監視性が高まるためです。

　2つめは、犯罪企図者の接近を防止することです。犯罪企図者の侵入経路をなくし、被害対象者や物に接近することを妨げることにより、犯罪の機会を減少させます。

　そのためには、パブリック空間とプライベート空間の緩衝となるセミパブリック（セミプライベート）空間をつくるとともに、それらの階層を明確にすることです。パブリック空間とプライベート空間が接近していると接近しやすくなったり、隠れやすくなったりするためです。また、そもそもの犯罪の誘発要因を除去したり、犯罪の被害対象になりうるものを、そうならないように改良したりすることも重要です。

　3つめは、地域の共同意識を向上させることです。防犯まちづくりを行う地域に対し、その住民などがわがまち意識をもち、コミュニティの形成、環境の維持管理、防犯活動の活発化などを通して犯罪抑止を図ることです。

　アメリカの犯罪学者ジョージ・ケリングによる「割れ窓理論」では、「1枚の割れたガラスを放置すると、いずれ街全体が荒れて、犯罪が増加してしまう」といっています。逆に、落書きなどの小さな犯罪に素早く対応していくことにより、将来発生しうる犯罪を未然に防ぐ効果があります。これまでみてきたことは犯罪心理学でいわれていることですが、それを駆使し、地域が一体となって防犯に取り組むことが重要です。

（鈴木雅之）

```
┌─────────────────────────────────────────┐
│              関係者の連携                   │
└─────────────────────────────────────────┘
```

| 住 民 | 地方公共団体 | 教育委員会 学校 | 警 察 |

様々な関係者の連携が大切

地域特性の尊重

住民の意向や地域の状況などを尊重して、地域住民等が主体的に取り組むことが重要

長期的な視点

犯罪発生の減少には時間がかかることを認識し、関係者は粘り強く取り組んでいくことが必要

図1　防犯まちづくりの視点

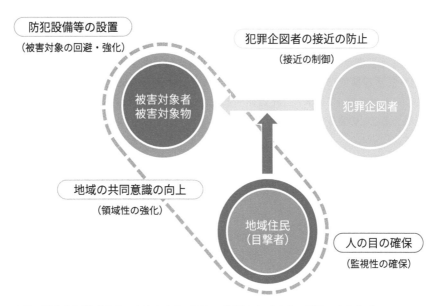

防犯設備等の設置
（被害対象の回避・強化）

犯罪企図者の接近の防止
（接近の制御）

被害対象者 被害対象物

犯罪企図者

地域の共同意識の向上
（領域性の強化）

地域住民 （目撃者）

人の目の確保
（監視性の確保）

出典：国土交通省『安全で安心なまちづくり～防犯まちづくりの推進』より作成
図2　防犯まちづくりの基本的な手法

参考文献

国土交通省『安全で安心なまちづくり～防犯まちづくりの推進』(https://www.mlit.go.jp/common/001244799.pdf)
建築研究所（2011）『防犯まちづくりデザインガイド～計画・設計からマネジメントまで』(https://www.kenken.go.jp/japanese/contents/publications/data/134/134-all.pdf)
山本俊哉（2005）『防犯まちづくり―子ども・住まい・地域を守る』ぎょうせい

地域における物的環境と健康との関係

地域のなかでの健康寿命延伸

わたしたちの健康は、どのような要因に影響を受けているでしょうか。これまでの研究で、わたしたちの健康は、大きく、遺伝要因、環境要因、生活習慣の3要因から影響を受けることがわかってきました。その割合は、遺伝が30%、環境が30%、生活習慣が40%で、実に、環境や生活習慣で70%もの影響をもつことがわかっています。環境を整えることの重要性が示唆されます。

予防には段階があります。運動を心がけたり、食事に気をつけたり、個人に働きかける予防は、1次予防とよばれています。次に2次予防がありますが、これは、早期発見、早期治療により、重症化を予防するもので、がん検診などが該当します。次に3次予防があり、こちらはリハビリテーション、再発予防です。これらの3段階の予防に加えて、近年さまざまな検討や実践が進んでいる予防に、ゼロ次予防があります。これは、個人に働きかける1次予防の前の段階、つまり、個人に働きかけずに、環境を整えることによる予防の考え方です。

室、建物、街区、街路、地域、都市などといった建造環境と、健康問題との関わりをみてみます。わたしたちを取り巻く環境は、メンタルヘルスや感染症、肥満、外傷、呼吸器疾患、がん、さらには認知症や死亡などの健康問題と関わっています。

歩道が少ない地域に住んでいると、安全性や快適性が損なわれ、外を歩きたくなくなってしまうかもしれません。そうしたことが日本の高齢者に起きているか調べています。日本老年学的評価研究 (Japan Gerontological Evaluation Study: JAGES) に参加する約7万人の高齢者を対象として、一人ひとりが住んでいる地域の歩道の量を計算しました。そしてその歩道率データを説明変数としまして、高齢者の閉じこもりを目的変数とした分析を行いました。地域に歩道が少ないと、高齢者が外出に不安を覚え、閉じこもりのリスクが上がるのではないか、という仮説です。歩道率によって、地域を3つのグループに等分しました。歩道が多い地域の閉じこもりを1とした場合、中程度の地域では変わりませんでしたが、少ない地域では、1.5倍、閉じこもりの高齢者が多いことがわかりました。都市部と農村部を分けて分析したところ、この傾向は都市部でよりはっきりとでていました。

地域環境と心臓病との関係を同じく日本の高齢者で調べた研究があります。地域に運動に適した施設があると答えた人が多い地域では、男性の心臓病リスクが低い結果となりました。一方で、暮らしている地域が安全でない、と感じる人が多い地域では、心臓病リスクが高い結果でした。このように、地域環境は心臓病のリスクとも関連しています。

地域における物的環境と健康との関係をまとめると次の2つのことがいえます。1つ目は、地域環境を整えることによる予防「ゼロ次予防」という概念があるということ。2つ目として、地域環境が健康に影響を及ぼす事例を紹介しました。つまり、地域のなかでの健康寿命延伸のためには、地域環境を整えることも必要である、ということを理解してください。

この視点は、健康への取組みを個人に求める、1次予防の難しさを背景に、今後、国内外でも注目されていく視点になると考えています。また、医療を取り巻くさまざまなヘルスケアサービスに加えて、ものづくり、都市計画、交通計画、コミュニティデザインなどの社会基盤の構築に関わる分野とのコラボレーションが期待できる領域といえるでしょう。さらに、これからの日本における社会課題への対応を、さまざまな立場、視点から検討する際に、役に立つ視点になります。

（花里真道）

ゼロ次予防

環境を整えることによる予防

1 次予防

運動・食事による予防

2 次予防

早期発見、早期治療による重症化の予防

3 次予防

リハビリテーション・再発予防

図1　予防の段階

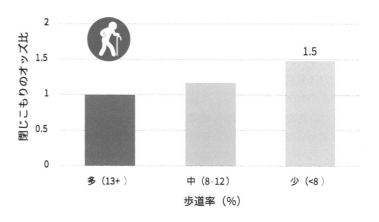

- JAGES2010 調査：74,583 人（日本24市町・384 校区）
- 横断研究：マルチレベルロジスティック回帰分析
- 性、年齢、就学年数、等価所得、主観的健康感、抑うつ傾向、手段的日常生活動作能力、家族構成、車の運転の有無を調整

出典：Healthy Places Design Lab. Chiba Univ より作成

図2　歩道が多い地域での高齢者の閉じこもり

3-8

ケアと地域

参考文献

近藤克則 (2018)『長生きできる町』角川新書
花里真道 (2018)『健康・ウェルビーイングを支援する環境』心身健康科学, 14(1), pp43-46

地域で暮らす人々の健康づくりと看護

地域看護

　地域という、わたしたちの暮らしの場で行われる看護は、病気の人への看護という、狭い意味での看護ではなく、健康を生活の場でつくる、高めていくという、働きかけを意味します。健康づくりを、一人ひとりの豊かな人生、すなわちクオリティ・オブ・ライフ（QOL）の実現に向けて、健康をそのための資源と位置づけ、必要な知識・技術を向上させること、と捉えます。地域における健康づくりは、個人が努力するだけでなく、家族、近隣や友人などの地域住民、専門家や行政関係者も一緒になって、健康というボールを、QOLの向上に向けてころがし、また、坂道の勾配を下げるなどの環境づくりも行うことで、健康づくりを後押しするところに特徴があります。

　現代の地域社会は、少子化に伴う子育てへの対応力の減退、メタボリックシンドロームなどの慢性疾患の増加、自然災害の多発により健康に影響を受ける人の増加、高齢化の進展による高齢者の孤立と健康への悪影響の問題など、さまざまな課題を抱えています。これらの課題は、当事者だけでなく、地域の人々、専門家、行政関係者が協力し合い、さらに支援の仕組みなどの環境づくりを行うことによって、問題状況が緩和するものです。このように、現代社会の動向から派生する人々の健康課題に対して関わるのが地域看護です。

　地域看護は、個人、家族、特定集団、地域といった、複数の対象の単位それぞれに、重層的に関わることで、健康問題の由来が個人なのか、家族なのか、あるいは地域なのか、その成り立ちと対応の方策を探っていきます。

　地域看護の具体例を紹介します。子育ては、地域看護においては、養育者（父母）の問題だと狭く捉えることはしません。父母、近隣者などを含む地域の対応力の問題として捉えます。子育ての対応力育成のために、中学生・高校生、乳児・幼児、父母・祖父母などが安心して交流できる場を、学校、保育所、行政機関などが協力して企画し、育児の楽しさや苦労を学び合い、助けあうことのできる場を創造することは、地域看護の重要な活動です。

　地域看護の専門的な活動領域には、訪問看護、行政分野の保健師による看護活動、学校看護、産業看護、診療や介護との連携による看護活動があります。それぞれの特性は、活動の対象が誰か、活動の場はどこか、に注目することによって、理解できるでしょう。例えば、訪問看護ステーションなどによる訪問看護の活動は、地域で暮らす個人と家族を対象に、家庭を活動の場とする地域看護であり、養護教諭による学校看護の活動は、生徒や教職員を対象に、学校の場で行われる地域看護として、特性を理解できます。

　地域看護の目標は、1つめに、人々の社会生活を豊かにすること、であり、2つめに、病気などの発症や重症化の予防によって健康を高めていくこと、であり、3つめに、地域という生活の場での健康づくりが持続するように、組織的な活動として、その仕組みをつくること、と整理できます。仕組みづくりの例として、ボランティアの育成、健康づくりを実践するグループの育成、地域の健康の課題や対応策を話しあう検討会の設置などがあります。

　地域における健康づくりは、多様な立場の人々が関わり、協力しあうことで、成り立つ活動です。活動に関わる人材は、健康づくりについて人々を動機づけ、人々の主体性を育成できる対人支援能力が求められます。同時に、地域における健康づくりが継続するように、地域の風土や資源づくりなどの、環境や条件づくりを行う地域管理的能力が求められます。基盤には、人々との信頼関係を形成する力が重要です。

（宮﨑美砂子）

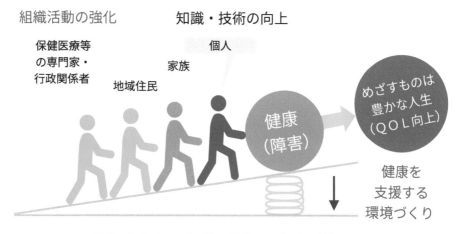

坂道の勾配を下げ、皆で協力して個人を後押しする

出典：藤内修二（2017）「ヘルスプロモーション-30年の軌跡と大分県における実践-」日本保健医療
　　　行動科学学会雑誌, 32(1), pp22-30より作成

図1　地域における健康づくり

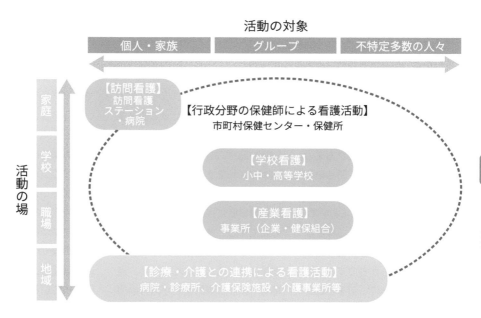

図2　地域看護の専門的な活動領域

参考文献

島内憲夫ほか訳（2013）『ヘルスプロモーション－WHO：オタワ憲章（21世紀の健康戦略シリーズ）』垣内出版
宮﨑美砂子ほか（2019）『最新公衆衛生看護学【総論】第3版』日本看護協会出版会

最善の生を生きるための支援
エンドオブライフケア

　誰もが安心して人生の終焉を迎えるために、患者とその家族の生活に合わせた終末期ケアを追求するエンドオブライフケアについて考えます。

　エンドオブライフケアとは、「診断名、健康状態、年齢に関わらず、差し迫った死、あるいはいつかは来る死について考える人が、生が終わる時まで最善の生を生きることができるように支援すること」です。それは、老いや病いを抱えながら地域社会で生活し続ける人々の暮らしを支えるとともに、本人および家族が望む生き方を治療・看護・ケアしていく新しい取組みということもできます。

　わたしたちの日常生活において、死の問題を本格的に考える機会はほとんどありませんし、基本的には問題を棚上げしがちです。死ということをめぐって、何をどこから考えればいいのかわからないところがありますし、死への覚悟など、なかなか判断できるものではありません。そうである以上、死を念頭に置きながら、治療をめぐって何らかの判断が求められる場合は、専門家の対応に多くを依存せざるをえないというのが実際のところです。

　エンドオブライフケアは、医療従事者の立場からではなく、患者や家族の立場から生のあり方を問うものであり、さらに当事者の生という固有性に着目した支援を行うものです。人間の生とは置き換えのきくものではありませんし、また専門的対応だけでは捉えきれない多面性を有しているものです。そうであるからこそ、専門的立場を超えて当事者に接近していくことが求められますし、当事者の生を取り巻くコミュニティに着目する必要がでてくるのです。

　こうしたエンドオブライフケアを実践していくにあたって留意すべきことは、専門家と当事者との「あいだ」における認識ないしは判断のズレです。当事者や家族が望む最善の生を捉えていくためには、当事者に接近していくことが必要ですし、またケア・治療というものを、日常生活を送っている現場に埋め込んでいくことで、当事者や家族と専門家とが双方向的に最適解を見出していくことが問われます。

　本人および家族にとっての最善の生を尊重していくためには、当事者の人生の振り返りが重要な意味をもってきます（図1）。自分の生が、どのようなものに支えられているのか、逆にいかなる関係性やつながりを喪失しているのか、それらを自覚することは最善の生を考える契機となります。この振り返りを共有していくことによっ

て、治療をめぐる説得と納得のプロセスが開かれていくといえます。

　病いや死というものが、専門分化した視点において、ライフサイクルのなかから切り取られてしまうというのは問題です。しかし、生というものは生まれるところから死ぬところまで、当事者が各々のステージで足場を置くコミュニティのつながりを通して捉えられるものです。そのつながりのなかでアイデンティティが形成されているということが、ケアの本質に関わってくるのです。

　このように、コミュニティの生を捉えていくことは、当事者や家族のケアや治療に対する考え方・意思決定のあり方を深掘りしていくことにつながるといえます（図2）。最善の生、あるいは自分が望む最期の迎え方は、あらかじめ決まっていることではなく、こうしたプロセスのなかから解釈されていくと捉えることが重要です。

　エンドオブライフケアは、専門家ネットワークと地域コミュニティの「あいだ」に位置づけられるものです。死を学ぶ機会の創出、当事者に寄り添う地域づくり、そして専門家との対話の充実は、まさにそうした環境のなかから生み出されていくのです。

（関谷昇）

「善き生」の実現に向けた「生の振り返り」と「つながりの回復」
＝「ケア」において尊重されるべきもの

▼

自分の生（自覚できている側面、できていない側面）の振り返り

◎様々な人や物に支えられている自分の生
　　　自分を支えているもの（＝コミュニティ）
　　　それらが当事者の生をいかに支えているかの自覚
◎個人化、専門分化、縦割り化した自分の生
　　　その人が喪失している関係性（つながり）
　　　本人が何を失っているかの自覚

当事者・家族・支援者が振り返りを共有する中で「善き生」を見出す

・自分の最期を考えるにあたって、何を重視するかを見出す
　　説得と納得のプロセス
・患者にとっても、家族にとっても、最善の選択を見出す

▼

・ケアにおける役割分担の発見
・協働型の支え合いの実践

図1　人生の振り返りとしてのケア

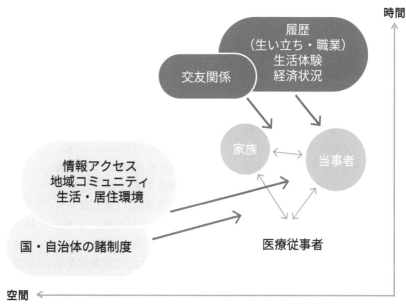

図2　意思決定への影響要因

参考文献

広井良典（1997）『ケアを問いなおすー「深層の時間」と高齢化社会』ちくま新書
長江弘子編（2014）『看護実践にいかす　エンド・オブ・ライフケア』日本看護協会出版会
関谷昇（2016）「エンド・オブ・ライフケアを支える地域コミュニティの意義」（千葉大学大学院看護学研究科エンド・オブ・ライフケア看護学編『エンド・オブ・ライフケアを支える語り合い学び合いのコミュニティづくり』, pp13-39）

地域ぐるみで必要になる高齢者支援
地域福祉・地域包括ケア

国の制度では、介護が必要な高齢者は、部分的な介助が必要な要介護1から全面的な介助が必要な要介護5まで、その介護の必要度に応じて5段階にしています。さらに、要支援1、2の7段階に設定しています。

高齢者はますます増え続け、それを支える現役世代、若者世代は増えていないため、高齢者を支えることが以前に比べると負担増になっています。そのような状況のなかで、要支援者は、日常生活に支援が必要ですが、要介護に至らずに機能が改善する可能性が高かったり、日常生活はほぼ自分でできるようなことから、これまで介護保険の枠組みにあった要支援は、その保険から切り離されるようになっています。つまり、国の保険ではなく、各市町村の事業として、介護事業者、NPO、ボランティア、ソーシャルビジネスなど、地域の担い手のサービスや支援に任されるようになっています。

少子高齢化や財政状況から、介護保険などの社会保障制度などの共助、税金による公的サービスの公助の大幅な拡充を期待することは難しく、「自助」「互助」の果たす役割を大きくする取組みが必要になります。その時に、自助・共助・互助・公助をつなぎ合わせる役割が求められます。

高齢者の一人暮らしや高齢者のみ世帯がよりいっそう増加するなかで、地域のなかの「自助」「互助」の概念や求められる範囲、役割が新しい形に変わる必要があります。つまり、公助や共助で支援しきれない高齢者を地域のなかでしっかりと支える役割です。それをセーフティネットとよびます。サーカスの自転車の綱渡りは、落ちても助かるようにネットが張られていますが、そのような役割です。

地域的な発想でみると、都市部と地方部では、互助、自助の考え方には違いがみられます。都市部ではコミュニティ機能が弱いため、強い「互助」を期待することが難しい面があります。一方で、福祉関係の介護事業者などの民間サービス市場が大きいため、「自助」によるサービス購入が可能です。一方、地方部では、介護事業者などの民間事業が成立できるだけの需要が少なく、事業者そのものの数が少ないため、そのサービスは限定的であり、「互助」の役割がより必要になります。

人口が横ばいで75歳以上人口が急増する大都市部、75歳以上人口の増加は緩やかですが、人口は減少する町村部など、高齢化の進展状況には大きな地域差がありますので、これらの考え方はとても重要になります。

そこで国は、団塊の世代が75歳以上となる2025年を目途に、重度な要介護状態となっても住み慣れた地域で自分らしい暮らしを人生の最後まで続けることができるよう、医療・介護・予防・住まい・生活支援が包括的に確保される体制の構築を実現しようとしています。これを、地域包括ケアシステムとよんでいます。今後、認知症高齢者の増加が見込まれることから、認知症高齢者の地域での生活を支えるためにも、地域包括ケアシステムの構築が重要になります。これらのシステムを各自治体が構築しています。

地域包括ケアシステムは地域ぐるみで高齢者を支援する仕組みです。まず、高齢者が住み慣れた地域で自分らしく生きることから、住まいが中心に置いてあります。いつまでも元気に暮らすために、生活支援、介護予防が必要ですが、それらは地域の自治会やボランティア、NPOなどが担います。介護が必要になったら、在宅サービスが地域で受けられる、病気になったら医療が地域で受けられるようにします。地域包括ケアシステムでは、このような総合的な取組みが、地域の高齢者一人ひとりにとりこぼしなく受けられるようにしていこうとしています。

（鈴木雅之）

出典：厚生労働省（2013）「地域包括ケア研究会報告書」より作成

図1　自助・共助・互助・公助

出典：厚生労働省「地域包括ケアシステム」（https://www.mhlw.go.jp/stf/seisakunitsuite/bunya/hukushi_kaigo/kaigo_koureisha/chiiki-houkatsu/）より作成

図2　地域包括ケアシステムの姿

3-9

高齢者と地域

参考文献

東京大学高齢社会総合研究機構（2017）『東大がつくった高齢社会の教科書：長寿時代の人生設計と社会創造』東京大学出版会

辻哲夫監修（2017）『まちづくりとしての地域包括システム　持続可能な地域共生社会をめざして』東京大学出版会

高齢者自身の地域参加による健康寿命の延伸

高齢者の地域参加

高齢者は、社会参加・社会的役割をもつことで、生きがいや介護予防につながります。

単身世帯などが増加し、支援を必要とする軽度の高齢者が増加する一方で、そういった軽度の高齢者への公的な支援は少なくなってきています。そういう状況のなかで、生活支援の必要性が増加しています。公的な支援以外のボランティア、NPO、民間企業、協同組合などの多様な主体が生活支援・介護予防サービスを提供することが重要になっています。一方で、高齢者自らが介護予防をしていくことも求められます。高齢者の介護予防が求められることになりますが、そこには、高齢者の社会参加・社会的役割をもつことで生きがいや介護予防につながるという視点が重要です。

住民主体、NPO、民間企業などによる生活支援、介護予防サービスには多様な主体によるサービス提供が考えられ、地域サロンの開催、見守り、安否確認、外出支援、買い物、調理、掃除などの家事支援、介護者支援などが実施されています。一方で、高齢者の社会参加としては、現役時代の能力を活かした活動、興味関心がある活動、新たにチャレンジする活動があり、一般就労、起業、趣味活動、健康づくり活動、地域活動、

介護、福祉以外のボランティア活動などがあります。この2つの関係では、地域住民としての高齢者自身が、生活支援の担い手として社会参加するという考え方が大変重要です。つまり、高齢者は地域住民の一員であるわけです。

高齢者が地域や社会で活躍するためには、高齢者自身の、今までの人生で得られたスキル・教養・経験を活かすような個人のスキルを活用するという視点と、「第二の人生」として新たな暮らし方生き方・人生を開いていくような個人のポテンシャルを開拓するという視点が考えられます（図2）。そして、そのような高齢者のスキルを活かし、また、ポテンシャルを開かせるような地域資源とのマッチングや活動プランづくりが求められます。それらがうまく回ることで、就労や生涯学習、社会参加などの具体的な活動につながるようになり、高齢者の希望に応じた活動が実現されるようになります。

スキルを活かした高齢者の社会参加としては、中小企業などへの就労、生活支援などの社会参加、生涯学習の講師などの社会参加があります。また、ポテンシャルを活かせる社会参加としては、農業などや介護の就労、育児・子育てや教育への社会参加、生涯学習の講師などがあります。

ここからは、高齢者の地域参加の事例をみていきます。

まず、千葉県流山市美田地区での取組みです。ここでは、地域の空き家などを利用した地域の憩いの場「高齢者ふれあいの家」である「気晴らし喫茶室」を開設し、10年以上にわたり大勢の高齢者に利用されています。また、「気晴らし喫茶室」に集まる高齢者自身が、やりたいこと・できることを、高齢者どうしで企画・運営し、公民館などで開催するカルチャー事業に取り組んでおり、高齢者の能力を引き出すことにより、介護予防につながっています。

次に、千葉県木更津市富来田地区での取組みです。ここでは、介護サービスを受けていない独居高齢者、高齢者のみ世帯を対象として公民館でサロン活動などを行っています。古くからの地域のつながりを活かし、日頃から高齢者とのふれあいを大切にしながらその把握に努めており、また会員は会費ほか参加費を支払い、食材を持ち寄ってサロンに参加するなど、慣れ親しんだ地域に愛着をもち一緒に楽しみながら活動しています。また、サロンを通して小学校の児童と高齢者のふれあい活動を行っており、地域の交流を進めています。

（鈴木雅之）

地域住民の参加

生活支援・
介護予防サービス

- ニーズに合った
  多様なサービス種別
- 住民主体、NPO、民間企業等
  多様な主体によるサービス提供
  - 地域サロンの開催
  - 見守り、安否確認
  - 外出支援
  - 買い物、調理、掃除などの
    家事支援
  - 介護者支援　等

生活支援の
担い手としての
社会参加

高齢者の社会参加

- 現役時代の能力を活かした活動
- 興味関心がある活動
- 新たにチャレンジする活動
  - 一般就労、起業
  - 趣味活動
  - 健康づくり活動、地域活動
  - 介護、福祉以外のボランティア活動
    等

出典：厚生労働省「生活支援・介護予防サービスの充実と高齢者の社会参加」より作成

図1　高齢者の社会参加とは

元気な高齢者（健康時から選択）

個人のスキルの活用

今までの人生で得られたスキル・教養
・経験を活かす

例）事務スキル、経営コンサルタント、
教育、医療分野、スポーツのコーチ、
観光ガイド、　通訳、翻訳、ＩＴ、育
児・子育て、料理、手芸　等

個人のポテンシャルの開拓

「第二の人生」として新たな暮らし方
を開きたい

例）農業、園芸、工芸（地域の特産品、
伝統）、スポーツ（地域の特性・資源
を活かした種目）、ボランティア活
動・地域活動への参加　等

＋

マッチング・プランニング

＋

地域資源

自然環境

例）農地、スポーツ環境
など

社会環境

例）産業、文化、伝統、
地域活動など

文教施設

例）小中高、大学、生涯
教育など

要支援者

例）児童、障害者、高齢
者など

活動

就労

例）農業、地元中小企業

生涯学習

例）大学等の講座、資格
取得

社会参加

例）育児、子育て、介護、
地域活動など

個人の希望に応じた活躍の実現

健康づくり（介護予防等）

出典：内閣府「「生涯活躍のまち」づくりに関する手引き（第4版）」より作成

図2　「生涯活躍」の具体的なイメージ

参考文献

内閣府 (2019)『「生涯活躍のまち」づくりに関する手引き（第4版）』(https://www.kantei.go.jp/jp/singi/sousei/about/ccrc/tebiki-4-honbun.pdf)

生鮮食料品が購入できない地域の問題解決
高齢者の生活圏と買い物弱者

　地域のなかで、買い物に困難を生じる、買い物弱者の問題をフードデザート問題といいます。その原因は、まず地域のなかにあった歩いて行ける最寄り品・生鮮食料品店が撤退していったことです。最寄り品とは、身近なもので、いつも迷わずに買っている商品で、日用品を中心に、ティッシュペーパー、飲料水などです。コンビニなどが急展開していることから、元々地元の生活を支えてきていた自営の小売店やスーパーが消滅してきています。チェーン店、コンビニ、大型商業施設の展開、小売業の廃店などにより商店街も衰退してきています。

　生活を支える店側の問題だけでなく、移動する高齢者の側にも変化があります。高齢化に伴い移動の手段や身体的な力は衰えていきます。また、利用者が少なくなることで、バスなどの公共交通機関がなくなっています。そして、家族や地域コミュニティの希薄化による生活支援の減少も要因の一つです。つまり、フードデザート問題は、総合すると日常生活に必要な店舗へアクセスできるかどうかの問題になります。

　農林水産省は買い物弱者を、スーパーまで500m以上、自動車なし、65歳以上、と定義しています。その定義による買い物弱者の数は2025年までに、都市部でも349万人という推計もなされています。

　これらの買い物弱者への対策、つまりフードデザート対策には、大きく3つ考えられます。1つめは、身近な場所に店をつくること、2つめは、家まで商品を届けること、3つめは、家から出かけやすくすることです。

　まず、スーパーが撤退したような地域で、身近な場所に店をつくる方法についてです。例えば、空き店舗に地元の農家の収穫物や、生活用品を集めたコンビニのようなものを地元の人たちでつくるようなものがあります。また、常設に限らず、近所の集会室のような所を借りて、時間限定で買い物ができるような取組みもあります。

　次に、家まで商品を届ける方法についてみてみます。独自に宅配をするスーパーも増えてきていますが、地元のNPOがスーパーの代わりに宅配する例もあります。また、コープと身近な商店などが協力し、集会所を活用して利用者が都合のよい時間に注文品を受けとれる場所をつくっている地域もあります。

　そして、家から出かけやすくする方法についてです。公共交通機関がなくなり、買い物にいけなくなったような場所では、自治体や町内会が独自に運行するコミュニティバスがあります。また、地元のタクシー会社と連携して、乗り合いで買い物に行くデマンドバスの取組みもみられます。

　高齢者と地域で暮らし続けられる総合的な視点からは、「歩いて暮らせる街づくり」のコンセプトが、これからは必要になります。買い物などの外出行動が促進されれば、健康寿命が延伸し、高齢期における生活の質の向上につながるという研究成果もあり、歩いて暮らせる街づくりは、これからの大きなテーマです。

　歩いて暮らせる街づくりの基本的考え方の1つめは、高齢者でも、自宅から歩いて往復できる範囲のなかに、暮らしに必要な用を足せる施設が混在するコンパクトな街づくりです。2つめは、自宅から街中まで連続したバリアフリー空間の確保された夜間も明るく安全で快適な歩行者、自転車中心の街づくりです。3つめは、子育て世帯、高齢者世帯、独身者など幅広い世代の住民からなるコミュニティの再生につながる多様な住まいや施設を選べる街づくりです。

　このような街づくりを、ハードの整備によるだけでなく、地域に住む人たちが協働し育てていくことが期待されます。
（鈴木雅之）

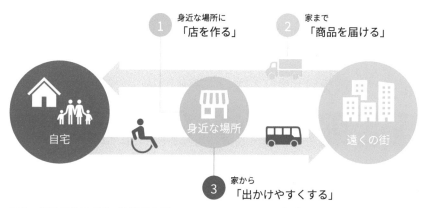

出典：経済産業省「買い物弱者応援マニュアル ver2.0」より作成

図1　フードデザート対策

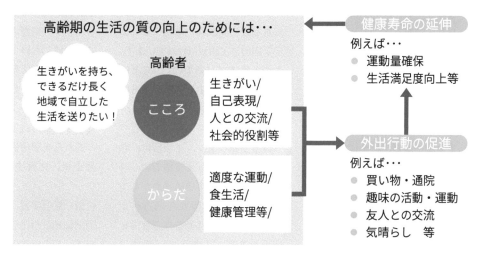

出典：国立開発研究法人建築研究所（2014）「高齢者が生き生きと暮らせるまちづくりの手引き」より作成

図2　外出行動と健康寿命の関連

参考文献

国立開発研究法人建築研究所 (2014)『高齢者が生き生きと暮らせるまちづくりの手引き』(http://www.kenken.go.jp/japanese/contents/publications/data/159/)

3-9

高齢者と地域

169

元気な高齢者が住むリタイアメントコミュニティ
生涯活躍のまち（日本版 CCRC）

生涯活躍のまちとは、東京圏をはじめとする地域の高齢者が、希望に応じ地方や「まちなか」に移り住み、地域住民や多世代と交流しながら健康でアクティブな生活を送り、必要に応じて医療・介護をけることができるような地域づくりを目指すものです。国の第1期地方創生総合戦略における「地方への人の流れ」の施策の一つとして全国で展開されました。

生涯活躍のまちは、日本版CCRCともよばれます。CCRCとは、Continuing Care Retirement Communityの略で、アメリカで1960年代に広まった高齢者向けコミュニティです。CCRCでは、施設内で医療、看護、介護といった「ケア」に関わるサービスが受けられるほか、ジム、プールなどの「運動」、趣味や生涯学習などの「学び」のためのファシリティがそろっています。そのほかにも、レストラン、売店、銀行、理髪店など、生活に関わるサービスが提供されています。

近郊の大学と連携した大学連携型CCRCでは、居住者の希望に合わせて大学教員による講義を受けたり、大学キャンパスでゼミに参加したり、大学対抗のスポーツイベントに観戦したりすることができます。一部の大学連携型CCRCでは、大学の学生と同じように学位を取得することもできます。

アメリカ型のCCRCは塀で囲まれたゲーティッド・コミュニティが多いのに対し、日本版CCRCは、まちなかに開かれた地域コミュニティ創出に主眼が置かれています。そのためアメリカ型のCCRCと区別する意味で、生涯活躍のまちという名称が使われています。

生涯活躍のまちの基本コンセプトは5つあります。1点目は、希望に応じた住み替え支援です。移住希望者に対してきめ細やかな支援をし、東京圏等から地方へといった広域的な移動を伴う移住を促進します。2点目は、「健康でアクティブな生活」の実現です。これまでの高齢者施設と異なり、健康な段階からの入居を基本とし、居住者は健康づくりや就労、生涯学習など社会活動に主体的に参加します。3点目は、地域社会や多世代との協働です。入居者が地域社会に積極的に溶け込み、子どもや若者など多世代との協働や地域貢献ができる環境を整えます。4点目は、地域包括ケアシステムとの連携です。入居者と地元住民へのサービスが一体的に提供される環境を整備します。最後は、「継続的なケア」の確保です。医療介護が必要となったときに、人生の最終段階まで尊厳ある生活が送れる体制を確保します。

元気な高齢者が地方で活躍するためには、個人のスキルを活用するという視点と、新しい生き方・人生を開いていくという視点が考えられます。生涯活躍のまちを推進する地域においては、入居者のスキルを活かすような、また、ポテンシャルを開かせるような地域資源とのマッチングと活動プランづくりが求められます。

これらを移住先の自然環境、社会環境、文教施設、要支援者といった地域資源とマッチングさせ、就労、生涯学習、社会参加などの活動に結びつけることが考えられます。この一連の流れが、健康づくりと介護予防などへの効果をもたらすと考えられています。

生涯活躍のまちは、国の第2期地方創生合戦略において、「全世代・全員活躍型のコミュニティづくり」と題し、これまでのアクティブ・シニアを対象とした移住定住から、年齢や障害の有無等を問わず、「誰もが居場所と役割を持つコミュニティづくり」を推進するようになりました。

さらに、その後のデジタル田園都市国家構想において、アプリやワークシェアリングなど、デジタルを活用した健康増進、交流機会、子育て支援などの取組をより推進するようになりました。
（田島翔太）

図1　アメリカの大学連携型CCRC

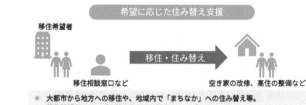

希望に応じた住み替え支援

移住希望者

移住相談窓口など

移住・住み替え

空き家の改修、高住の整備など

- 大都市から地方への移住や、地域内で「まちなか」への住み替え等。
- 移住希望者のニーズを踏まえたきめ細かなコーディネート。

地域包括ケアシステムとの連携

生活支援・介護予防
健康管理・健康づくり

- 入居者と地元住民へのサービスが一体的に提供される環境を整備。

健康でアクティブな生活の実現

就労・起業支援など

生涯学習、
リカレント教育など

- 健康づくりや就労・生涯学習など社会的活動への参加等により、健康でアクティブな生活を目指す。
- 中高年齢期の早目の住み替えで地域での活躍を期待。

地域の多世代の住民との協働

多世代交流センター、
地域サロンなど

大学等との連携など

- 入居者間の交流のみならず、地域の若者等多世代と交流ができる環境を実現。大学等との連携も。

「継続的なケア」の確保

医療・介護サービス

- 医療介護が必要となった時に、人生の最終段階まで尊厳ある生活が送れる体制を確保。

官民連携の取組 　自治体に加え、移住支援やまちづくりを行う事業者、医療・福祉サービス事業者、地域住民などの参画により、多様な意見が適切に反映されたまちづくりを推進するとともに、持続可能なサービスを提供。

出典：内閣府・内閣官房まち・ひと・しごと創生本部「生涯活躍のまち（日本版CCRC）」（https://www.kantei.go.jp/jp/singi/sousei/about/ccrc/）より作成

図2「生涯活躍のまち」構想における高齢者の生活イメージ

参考文献

内閣府・内閣官房まち・ひと・しごと創生本部『生涯活躍のまち（日本版CCRC）』(https://www.kantei.go.jp/jp/singi/sousei/about/ccrc/)

地域ぐるみで子どもと子育て世帯のサポート

地域子育て

現在は専業主婦世帯よりも共働き世帯数が多くなっていますが、男女ともに働きながら子育てする制度やシステム、環境はまだ不十分であるため、子育ての負担が大きくなっています。

3歳未満児の約7〜8割は未就園児であり家庭で子育てが行われています。そのうえ、祖父母とは一緒ではない核家族化、地域のつながりの希薄化、男性による子育てへの関わりの少なさから、子育てが孤立化している状況にあります。

その結果、母親にとっては子育ての不安感、負担感が増加し、子どもにとっては、多様な大人や子どもとの関わりが減少してます。そのような状況を改善するためには、子育て中の親子が気軽に集い、相互交流や子育ての不安・悩みを相談できる仕組みが必要になります。

地域のなかには、さまざまな保育サービス、子育て支援事業があります。子育て世帯は、妊娠期から就学時までの支援サービスの相談をしたくなったら、「子育て世代包括支援センター」、子どもを預けることが必要になったら、「保育サービス」、地域の子育て支援サービスを利用する場合には、地域子育て支援拠点事業や放課後児童クラブなどの地域の子育て支援によるサービスを受けることにな

ります。しかしながら、現状では量、質ともに十分ではないといわれています。

このような状況や子育ての課題に対して、地域社会は、子育てを見守り、支えていく場として大切な役割を担っています。

妊産婦や子育て世帯などを支える地域の包括支援体制が「子育て世代包括支援センター」です。地域ごとの特性を把握し、子育て世代包括支援センターを立ち上げ、コーディネーターが、各機関との連携・情報の共有を図り、妊娠期から子育て期にわたる総合的相談や支援をワンストップで行うものです。妊娠期から子育て期にわたっては、さまざまなサービスやそれを提供する機関があります。サービスを受ける側は、それぞれに相談をするため負担が大きくなりますが、それぞれの情報を共有することにより、地域のなかで切れ目のない支援が受けられるようにすることを目的としたものとなっています。

ここまでは、地域のなかの子育てに焦点をあててみてきましたが、多世代交流という視点から子育てを考えることができます。子育ての課題でみたように、地域とのつながりが希薄なことから、例えば、子どもや子育て世帯を中心とした地域の世代間交流を生み出す

ことで、地域コミュニティをより強固にすることができると考えられます。そこには、"多世代"が暮らしやすい地域をつくる、ということと、"多世代"が活躍しやすい地域をつくる、という視点が必要になります。また、子育てに関わる地域の学生や大人を増やしたり、親自身が子育てが楽しいという実感をもてるようにすることも大切です。

その方法としては、多世代（例えば、子育て世帯、子ども）をターゲットとする地域活動やサービスが集まる拠点をつくり、さらに、それらの地域活動やサービスを提供する主体が、そこで多世代ミックス（例えば、高齢者と主婦のグループ）されるような仕組みを地域のなかにつくることです。つまり、提供される側、する側ともに多世代ミックスがなされるわけです。

このような子育ての現場ができ、サービスが地域に提供されることで、地域全体で多世代が集い、住みやすく、活躍しやすくなり、絆を強めあう地域コミュニティの活性化の拠点となります。多世代の関係をつむぐことができるさまざまな地域空間で、地域の人々の温かい手で支えられて子どもたちは健やかに育つことが期待されます。
（鈴木雅之）

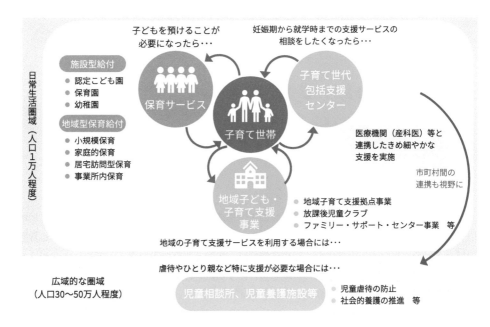

図1　子育て世帯を地域で支える仕組み

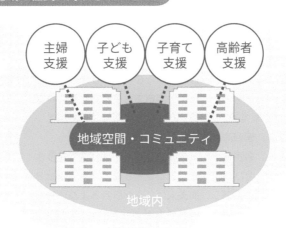

図2　地域の中の多世代交流

参考文献

三輪 律江ほか (2017)『まち保育のススメ —おさんぽ・多世代交流・地域交流・防災・まちづくり』萌文社

3-10

子ども・子育てと地域

子どもと遊び場との関係からの地域社会づくり
子どもと生活環境

子どもが遊び成長する環境について考えていきます。子どもは胎児期から社会に巣立つ一人前になるまで、動物のなかでも一番長い期間を要します。時間、空間、仲間という三間の環境、つまり自由な時間、居場所（空間）、いろいろな人との交流（仲間）といった多様な経験が大事です。

みなさんは子どもの時、どんな遊びをしたでしょうか。泥んこ、土に穴を掘り、木登り、秘密基地づくり、など。遊びは好奇心から多様なことを試し、生きる力を築く基本的行為です。しかし、今の子どもたちは外で遊ばなくなり、遊びは室内化しています。昭和の初めから四世代にわたり、各世代20名ほどに子どもの頃の遊び体験を聞いてまとめた四世代の遊び場マップがあります。遊んだ場所を色で示し、遊びのエピソードをイラスト混じりで表現しています。遊びの環境は昔に遡るほど自然環境も、人間的ふれあいも豊かです。また1980年代には自然環境は失われ、遊び仲間も同年齢化していますが、道での遊びはみられました。しかし今では、道での遊びもほとんどなくなってしまいました。

自然環境は大地の母のごとく子どもの成長を育みます。自然に驚嘆し自分も自然の一部という感覚を養うことは持続可能な地球環境

形成の主体形成として、ますます重要となっています。森の幼稚園や自然保育、校庭・園庭の自然環境を豊かにする取組みも広がりつつあります。

次に、公園・冒険遊び場・プレーパークについてみていきます。公園は禁止事項が多くなっています。そこで「自分の責任で自由に遊ぶ」という主旨で禁止事項なく、自由な遊びにチャレンジする冒険遊び場が、1979年の世田谷区の羽根木プレーパーク誕生以来、日本の各地につくられるようになりました。千葉市でも子どもたちの森プレーパークが丁寧な住民参加でつくられました。

冒険遊び場をイギリスで普及させたアレン・オブ・ハートウッド卿夫人は「心が折れるより、骨が折れる方がましだ」といいます。子どもを過保護に安全の枠のなかに置くことが、かえって子どもの成長を妨げているという反省から、危険を伴う遊びに挑戦し、子ども自身の強靭さを養う遊び場として、プレーリーダーのいる冒険遊び場が見直されています。

子どもの外遊びを抑制する社会風潮に防犯の問題もあります。防犯を環境面から考える知見では、窓が割れたままにしていることが地域の荒廃、犯罪につながるといわれます。人々が日常できるだけ

通りにでて、地域の環境改善に取り組んでいる雰囲気づくりが犯罪抑止につながるといわれます。

また、子どもが遊び、人がつながる歩車共存の生活道路が必要です。子どもが交通事故の被害者となることも大きな問題です。交通事故では車が時速30km以上で死亡率が急上昇します。住宅地内の道路を車よりも人が優先される道づくりがオランダやドイツから広がりました。日本では形のうえで似た事業がありますが、子どもの遊びが保障されていない点が課題です。もっと子どもが外で遊び、大人とふれあい社会化することを見守る地域社会づくりは道が鍵ともいえます。

住宅地内の道が子どもが遊び、近所の人が井戸端会議をしたり、時にパーティをやったりできる場となった時に、沿道の人のつながりが再びできます。子どもを預けあったり、反抗期の子どもには親以外に話せる他人など、子どもの成長のみならず、高齢者福祉や防災、防犯など、行政サービスに頼らず、地域でできる力が増します。これを社会関係資本といいます。子どもの時にこのようなコミュニティで育つことは、民主的で将来の安定した持続可能な社会にもつながります。

（木下勇）

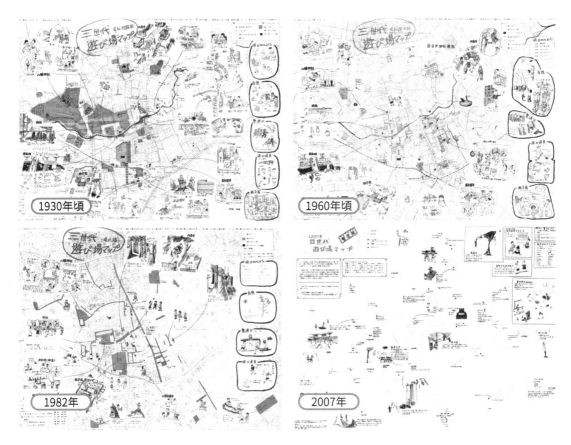

図1　世代別の遊び場マップからまちの変化

オランダやドイツで
はこの標識のある道
路では子どもの遊び
が優先される

図2　子どもの遊びが優先される道路

参考文献

木下勇（2015）「子どもと生活ガバナンス」「住まいと生活ガバナンス」「環境と生活ガバナンス」宮本みち子・奈良由美子編『生活ガバナンス研究』
（pp74-97, pp187-208, pp230-251）NHK出版

木下勇編著（2000）『子どもの遊びと安全・安心が両立するコミュティづくり』萌文社

木下勇（1996）『遊びと街のエコロジー』丸善

子ども・子育てと地域

子どもたちの地域への参画と愛着

子どもの地域参加

「子どもの参画」の著者のロジャー・ハートは、Plan計画、Do実行、Check評価、Act見直しというPDCAサイクルのアクション・リサーチの方法で行えば、子どもでも地域の課題解決に大人以上に力を発揮すると世界の事例から紹介しています。

子ども参画による子どもにやさしいまちづくりによって、少子化対策が行われています。フランスではユニセフの「子どもにやさしいまち」のプログラムで子どもの参画を就学前から推進しています。それによって子どもが生き生きと育ち、出生率増加にもつながっています。

ドイツの北にある村は少子化が著しく、小学校の空き教室をコミュニティに開放していました。そこで、校庭の改善に取り組むことになり、村長も議員も子どもと一緒に作業している姿がTVで報道され、その反響で移住する家族が増えました。新しい住宅地にも遊べる道がほしい、家の敷地内も通り抜けできるようにしたい、という子どもたちの意見が採用されて、そのようにつくられました。

条例づくりに子どもの参画が行われている例もあります。北海道ニセコ町はまちづくり基本条例のなかに子どもの参画をうたい、小・中学生まちづくり委員会の子どもたちの意見がとり入れられて実現されています。

長野県飯田市のりんご並木は1947年の市街地大火後の復興に向けて30m幅員の道路に中学生の発想と熱意でできた並木。その再整備に再び中学生が参画しました。沿道の人の話を聞き、自ら身体で表現して、中学生は計画づくりに積極的に参加しました。その結果、朝から夕方までりんごの木の下で女の子が座って話し込む姿もみられるような賑わいが地域に戻りました。

小さい子どもなりに、参画もできます。千葉県松戸市松戸地区では、千葉大学のISO学生委員会と地域とで戸定みんなの庭をつくりました。その時に小学校一年生の女の子は来て、楽しく遊んでいるようにみえたのですが、後で表彰された作文をみますと「さんかしています」という意識だったとわかりました。今、大学生となっていますが当時のことは覚えているといいます。

学校と地域の連携で子どもの参画と地域の愛着をもたせることもできます。松戸市の小金地区では「わくわく探検隊」という小学校6年生が地域のお庭や商店、歴史的な場所を事前に調べて、4,5年生の下級生の体験メニューを考えて、地域の環境を調べ、共有す

る活動を20年以上にわたって行ってきました。ポケットパークづくりや公園改修にも子どもたちは参画してきました。

そのわくわく探検隊に参加している子どもたちはこの地域に愛着が増し、また、まちづくりへの参加意識も高まり、そして将来もこのまちに住みたいという意識につながっていることがわかります。

このように、子どもの参画は地域への愛着を育み、地域の環境改善に自ら取り組む主体としての意識の醸成ともなります。それはまた地球環境問題にも「地球規模で考えて地域で実践する」国際的な連携にもつながります。2030年までに到達する持続可能な開発目標（SDGs）に向けても、子どもの声を聞きながらの、子どもの参画を推進することが求められています。

子どもたちの参画意識や主体的に取り組む意欲は、学力では測れない非認知能力といわれます。子どもたちの主体性を育むのは、大人や社会が子どもの小さい時から子どもの声を聞く態度にかかっています。
（木下勇）

図1　飯田りんご並木とその再整備

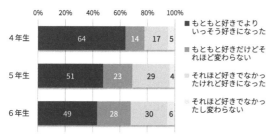

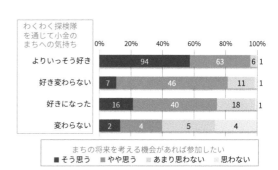

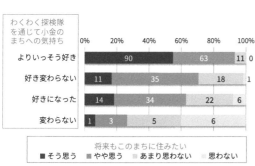

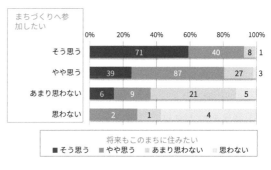

図2　地域に関わる愛着、永住志向

参考文献

ロジャー . ハート著 (2000)『子どもの参画』(IPA 日本支部訳・木下勇・田中治彦・南博文監修) 萌文社

木下勇 (2007)『ワークショップ〜住民主体のまちづくりへの方法論』学芸出版社

木下勇ほか (2010)『子どもがまちをつくる』萌文社

子ども・子育てと地域

3-10

外国人や外国にルーツのある人々の文化への視点

エスニシティ

日本に滞在するための在留資格を得ている外国人の合計人数は、2023年6月現在で約322万人です。これは、1991年時点と比べて3倍以上となっています。国籍別にみると、2023年現在で最も多いのが中国籍の人で約79万人、次いでベトナム籍、韓国・朝鮮籍、フィリピン籍の人で、それぞれ約52万人、約43万人、約31万人となっています。

図1は、国内の産業別就業者数の割合を国籍別にみたものです。一番下が日本人です。「製造業」「卸売業、小売業」「医療、福祉」が比較的多いことがわかります。韓国・朝鮮籍の人は、外国籍の人たちのなかでは、日本人の割合に近いことがわかります。それらに比べると中国、フィリピン、タイの国籍をもつ人々は、「製造業」の比重が高い傾向にあります。それに対して、ブラジルの国籍の人々は「製造業」の比重が極めて高く、また、アメリカの国籍の人々は「教育、学習支援、専門・技術サービス業」の比重が極めて多い傾向にあります。

では、なぜ、このように国籍ごとの産業別就業者割合に違いが生まれたのでしょうか。その理由の一つは、「入管法」で細かく定められている外国人の在留資格です。原則として日本は単純労働者を受け入れていませんので、在留資格の名称にあるように、外国人は職業に関わる在留資格を認められて入国することになります。ただし、韓国・朝鮮籍の人々に多い「特別永住者」や、ブラジル国籍の「日系人」が多く取得する「定住者」などは、就労できる業種に制限がありません。「特別永住者」とは、第2次世界大戦終戦前から引き続き国内に居住している在日韓国人・朝鮮人の人々です。また、留学や実習生として日本に滞在し、一定の条件のもとでアルバイトや研修などとして単純労働などに就労している実態があります。

これまで国籍に着目してきましたが、地域づくりの現場では、「国籍」という視点だけでは不十分です。図2は、東京都豊島区が「多文化共生」に関わる施策の方向性を検討した結果をまとめた報告書からの引用です。施策の対象となる「区民」とは、豊島区に在住・在勤・在学している人です。そこには、日本国籍の区民と外国籍の区民が含まれます。外国籍区民のうち、豊島区に住民登録している人は「外国籍住民」でもあります。

ここで焦点となるのは、「外国にルーツを持つ日本籍区民」です。親の一方が外国籍の子どもや、日本に在留後に日本国籍を取得した人たちです。報告書では、それらの人々を「外国籍区民」と合わせて「外国籍等区民」と表記しています。

それでは、そのような外国にルーツのある人々をどのように考えたらよいのでしょうか。外国にルーツがある人々の文化を「エスニシティ」とよぶ呼び方があります。エスニシティは、必ずしも外国の文化がそのまま受け継がれていくとは限らず、むしろ、移住先の文化と混ざりあうなどして新しい文化へと展開していくことがあります。

また、エスニシティは、移住先の国や社会の支配的な文化からみるとマイノリティとなります。そこで、エスニシティは、新たな文化やサブ・カルチャーとして受け入れられていく場合もあれば、差別や排除の対象とされる場合もあります。また、外国にルーツのある人々は、特定のエリアに集住してエスニック・コミュニティやエスニック・タウンを形成している場合もあれば、そうでない場合もあります。なお、それらの人々は、必ずしも定住を目指して入国している人々ばかりではなく、結果的に定住化している人々も少なくありません。そのことを踏まえて、「越境者」という言葉もあります。

（清水洋行）

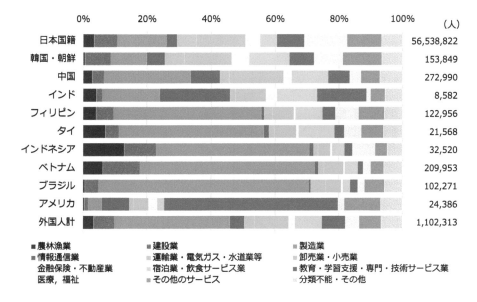

出典：総務省統計局「令和2年国勢調査就業状態等基本集計結果」より作成

図1　国内における国籍別・産業別就業者数の割合

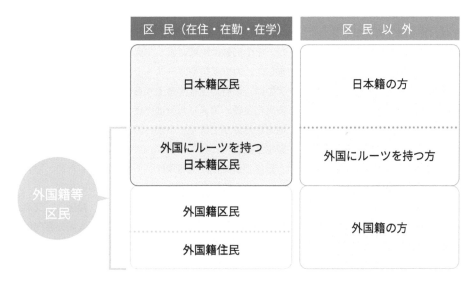

出典：豊島区（2018）『豊島区多文化共生推進基本方針策定委員会報告書』p2の図より作成

図2　「多文化共生」と「外国人」

参考文献

ジェラード. ディランティ(2006)『コミュニティ』(山之内靖・伊藤茂訳) NTT出版

ジョック. ヤング(2007)『排除型社会』(青木秀男・伊藤泰郎・岸政彦・村澤真保呂訳) 洛北出版

3-11

外国人と地域

3-11-2

外国につながる人々とともに暮らす地域
多文化共生

多文化共生は、国籍や民族などの異なる人々が、互いの文化的違いを認め合い、対等な関係を築こうとしながら、地域社会の構成員としてともに生きていくことを表します。これは総務省が2006年の報告書で示した定義です。

多文化共生は、多文化主義と共生という2つの用語を組み合わせてつくられた日本独自の造語です。共生は、元々は生物学の用語でしたが、社会科学でも使われるようになり、その後、ともに生きる社会を目指す理念として社会福祉分野を中心に広まりました。

多文化共生という用語は、アイヌの先住民運動や外国人支援運動で使われ始め、1995年の阪神淡路大震災をきっかけに一般化しました。また2006年に総務省が「地域における多文化共生推進プラン」を策定したことで、行政用語として定着しました。

日本が多文化共生社会となったのは、はるか昔です。歴史を振り返れば、弥生人が大陸ルーツの人々であったこと、渡来人が多様な大陸文化を日本にもち込んだことが知られています。近代以降、日本はアジア諸国を植民地化し、朝鮮と台湾の人々を外地人として日本人に編入しましたが、戦後はその日本国籍を一方的に剥奪しました。この時、日本に残った旧植民地出身者とその子孫が、オールドタイマーとよばれる定住外国人です。定住外国人は、不可視的マイノリティだったため、日本は単一民族社会という思い込みが広まりました。1970年代以降に可視的マイノリティを含むニューカマーが増え始めたことで、単一民族神話は徐々に崩壊しました。

欧米諸国では同化主義への批判から多文化主義が登場しましたが、その形態は地域によって違いました。カナダ型やオーストラリア型は、政府が主導する上からの多文化主義、アメリカ型は市民や地方自治体が主導する下からの多文化主義といわれています。

日本の多文化共生施策は、下から、つまり市民や地方自治体主導で始まりました。地域によって外国人人口の規模や分布が異なるので、課題に直面した自治体は、ほかの自治体や欧米諸国の取組みを参考にしつつ、独自に施策を展開させました。

千葉県の場合、残念ながら、多文化共生施策が進んでいるとはいえません。外国人登録者数は全国6位と比較的多いのですが、外国人比率は全国平均を少し上回る程度で、さほど高くはありません。国籍・出身地別では、中国、フィリピンの割合が全国平均に比べて高い一方、韓国、ブラジルの割合が低くなっています（図2）。また特別永住者、つまり在日コリアンが少ないのも特徴の一つです。とはいえ、そのコミュニティは地域に根付いています。県内でも在日コリアン住民が比較的多い千葉市には、韓国系、朝鮮系の民族団体事務所があります。また県内唯一の朝鮮初中級学校があります。

一方、大きな公営・UR団地がある八千代市には、南米人が多く暮らしています。周辺には、南米の食料雑貨店や宗教施設があります。

千葉県内にはイスラーム教徒も暮らしています。人数はさほど多くなく、各地に分散して居住しているため、宗教施設も分散立地しています。

最後に、交流人口、なかでも外国人観光客向けの取組みを紹介します。千葉県には成田空港という日本最大の外国人観光客の受入れ窓口があります。しかし観光客はそのまま県外へ流れるので、地の利を活かせていません。県内自治体は、交流人口をよび込むための工夫をしており、千葉市はムスリム旅行者向けの観光促進事業を始めました。交流人口向けの取組みは定住人口にも良い効果を及ぼすので、多文化共生施策の新たな側面として注目されます。
（福田友子）

多文化主義 ＋ 共生 ➡ 多文化共生

- 元々は生物学用語の「共生」
- 社会福祉分野の「共生」（共に生きる）
- 外国人支援団体によって使われ始めた「多文化共生」
- 1995年阪神淡路大震災をきっかけに一般化
- 2006年に総務省が「地域における多文化共生推進プラン」を策定し、行政用語として定着

図1　多文化共生とは

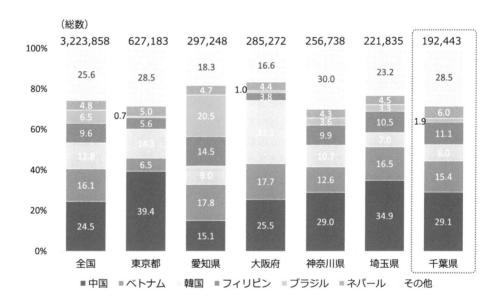

出典：法務省『在留外国人統計』（2023年6月末現在）（http://www.moj.go.jp/housei/toukei/toukei_ichiran_touroku.html）より作成

図2　千葉における多文化共生の諸相

参考文献

房総日本語ボランティアネットワーク編（2012）『千葉における多文化共生のまちづくり』エイデル研究所

福田友子（2012）『トランスナショナルなパキスタン人移民の社会的世界―移住労働者から移民企業家へ』福村出版

吉原和夫ほか編（2013）『人の移動事典―日本からアジアへ・アジアから日本へ』丸善出版

外国人と地域

3-11

地域づくりとアートが結びつけられる理由
地域アートの隆盛

近年アートという語が盛んに使われています。アートが一般の関心を得るようになったのには、いくつかの背景がありますが、特に地域において展開されるアートイベントが活況を呈し、地域づくりとアートが結びつけられて語られることが多くなっています。

地域で展開されるアートイベントは、「芸術祭」や「トリエンナーレ」などとよばれることが多くあります。主なものには、新潟県の「大地の芸術祭」、瀬戸内海の「瀬戸内国際芸術祭」、愛知県で行われる「あいちトリエンナーレ」、横浜市の「ヨコハマトリエンナーレ」などがあります。

トリエンナーレとは3年に一度行われるという意味です。2年に一度行われるものはビエンナーレ、毎年行われるのはバイアニュアルとよばれますが、ここで挙げた日本のものは、すべてトリエンナーレ、3年に一度の開催です。

最も古参の芸術祭である「大地の芸術祭」は2000年から豪雪地帯の越後妻有地域で行われています。この地域は米どころ、豪雪地帯としても知られ、深刻な過疎化、高齢化が地域の課題です。

総合ディレクターである北川フラム氏は、アートを活かした地域の活性化を提案し、「大地の芸術祭」は地方における芸術祭の草分けとなりました。北川氏はその後、瀬戸内国際芸術祭や北アルプス国際芸術祭、そして千葉県市原市で行われているいちはらアート×ミックスも手掛けています。

北川氏は「アーティスト達が、この地を歩き、この地を知り、住民から学んで、場にふさわしい、結果として場の魅力を引き出す作品をつくったということだろう。」と述べています。

この意味を考えてみます。ロシア人アーティストのイリヤ・カバコフ氏はこの地域の地形を活かした棚田に刺激され、農民たちの存在を作品にしました。

マリーナ・アブラモヴィッチはユーゴスラヴィア出身の女性アーティストです。彼女は、空き家だった古い民家を「夢の家」という作品にしました。参加者はそこに宿泊し、それぞれ色の異なる寝袋を着て、その色の部屋に宿泊し、その時みた夢をノートに残していきます。昼間には、一般の鑑賞者がそれを読むことができます。その場所のもつ雰囲気が人々に影響を与え、普段の生活で思い出すことのなかった記憶がよみがえることもあるでしょう。

磯部行久は、環境をテーマとするアーティストです。彼は継続的にこの地域に関わっていますが、この作品では、治水のため流れが変えられた信濃川がかつて流れていたルートを、古文書や地形の分析などからみつけ出し、それを黄色いポールで可視化しました。今みえているものが自然なのではないということへの気づきは、自分とその土地との関係を考え直すきっかけになるでしょう。

ボルタンスキーは世界的に知られるフランス人のアーティストです。彼は廃校となった小学校の校舎全体を作品とした。子供であふれ、騒々しかったかつての空間と現在の状況との対比を際立たせ、その喪失をわたしたちに突き付けるような作品です。わたしたちの周りには、常に死が共存しているというのが、この作家の生涯を通じたテーマでもあります。

体育館に入ると、薫の匂いでその空間は満たされ、風をゆっくりと送る古い型の扇風機が首を振っています。天井からは弱々しい光を放つ電球がいくつもぶら下がっています。壁にはノイズのような光がざわめきとして投影されます。これらは足を踏み入れて、目が慣れてこなければみえません。

このような4つの事例から、アーティストは場の魅力を引き出す作品をつくっていることがわかります。

（神野真吾）

文化庁による平成 29 年度の調査『我が国で開催される文化芸術のフェスティバルの実態等に係る調査報告書』では、地方自治体などを対象とした調査を行っている。調査対象（地方自治体、公益法人など）の約半数が過去 10 年のうちに芸術祭を開催しており、そのうちの半数は 2006 年以降に開催されるようになっている。また開催の目的が、開催数の少ない（近年はじまった）ものでは、「文化芸術の普及」などから「地域の魅力向上」「経済活性化」などへと大きく変化していることがわかる。

● 札幌国際芸術祭

●リボーンアート・フェスティバル

大地の芸術祭●

北アルプス国際芸術祭●

あいちトリエンナーレ

●さいたま国際芸術祭

●いちはらアート × ミックス

岡山芸術交流

ヨコハマトリエンナーレ

●瀬戸内国際芸術祭

出典：文化庁（2017）「我が国で開催される文化芸術のフェスティバルの実態等に係る調査報告書」（https://www.bunka.go.jp/tokei_hakusho_shuppan/tokeich）osa/bunka_gyosei/pdf/h29_bunka_bunkageijutsu.pdf

図1　地域アートの隆盛

図2　クリスチャン・ボルタンスキー，ジャン・カルマン「最後の教室」（2006-2009）

参考文献

川俣 正（2001）『アートレス―マイノリティとしての現代美術』フィルムアート社

北川フラム（2013）『アートの地殻変動 大転換期、日本の「美術・文化・社会」北川フラム インタビュー集』美術出版社

北川フラム（2014）『美術は地域をひらく：大地の芸術祭10の想』現代企画室

大地の芸術祭実行委員会監修（2012）『マリーナ・アブラモヴィッチ 夢の本』現代企画室

クリスチャン.ボルタンスキー（2017）『クリスチャン・ボルタンスキー - アニミタス―さざめく亡霊たち』パイインターナショナル

そこにしかない作品による経済効果

アートと経済

大地の芸術祭の作品から、北川フラム氏の「アーティスト達が、この地を歩き、この地を知り、住民から学んで、あるいは直観で状況を把握して、場にふさわしい、結果として場の魅力を引き出す作品をつくった」について考えてみます。

北川氏の言葉のうち、「この地を歩き、この地を知り、住民から学ぶ」というのは、よそ者であるアーティストがその場所に関わる、あるいはリサーチするということです。「直観で状況を把握して」というのは、感覚的に「これだ！」という判断をすることです。

そうしたプロセスのなかで「場の魅力を引き出す作品」が生まれます。つまりアーティストが地域に関わり、アーティストの個性によってその場所の解釈が生まれ、その場所でしか成立しない作品が生まれます。

その場特有の意味をアーティストが解釈し、場所と強く結びついた作品が生まれるといいましたが、アートの世界ではそうした作品は場所性（サイト・スペシフィシティ）を有した作品とよばれます。

この、場所と結びついているという性質が、地域づくりとアートの結びつきを成立させています。つまり、強く場所に結びついているため、そこに行かなければみられないわけです。したがって作品をみたいと思えば、そこに行くしかありません。その点において、観光資源として地域に人をよび込むことにアートは貢献できるのです。

次に、「アーティストのオルタナティブ性」について考えてみます。オルタナティブとは「替わりの」とか、「常識にとらわれない」といった意味の言葉です。地域住民は「自分の地域には何もない」とよくいいます。日頃から見慣れたもののなかから特別なものを見つけようとするのは、大変難しいことなのです。よくまちづくりには「よそ者、馬鹿者、若者」が重要だとされます。それはその人たちには、地元の人には見慣れたありふれたものでも、新鮮な眼差しでみることができるからです。そうした異なる視点をもつ者が、地域に関わった時、住民が気付いていなかった魅力が発見され、それが新たなまちづくりのきっかけになるということです。

整理してみましょう。まず第一に、アーティストが地域に関わって作品をつくることで、それをみに大勢の人たちが来ることで直接的な経済的効果が生まれるのです。そして第二に、アーティストたちが地域をリサーチし、そのなかで発見した魅力は地域の人たちが気付かなかったものであることが期待されています。これらは必ずしも直接経済的利益を生み出すわけではありませんが、地域の人たちが自分たちで何かを始めるきっかけとなり、それが魅力となってその土地を人々が訪れて、宿泊やお土産などでお金を落としたりすることで、回りまわって経済的利益を生み出したりします。こうしたことを外部経済性とよびます。

芸術祭によって、何に重点を置いているのかはかなり異なっています。住民がオルタナティブな視点で自らの地域を見直し、コミュニティが活性化することに重点を置いているものもあれば、瀬戸内国際芸術祭のように経済的側面を強く押し出しているものもあります。

瀬戸内国際芸術祭の2010年のデータですが、30万人の来場者の見込みが、実際には93万人にまで達したことが報告されています。多くのメディアでもとり上げられ、アートを核とした地域振興の経済的成功例としてよくとり上げられます。

これに追随する形で地方自治体の多くが芸術祭を開催するようになりましたが、必ずしもうまく行っているわけではないことにも目を向ける段階にあります。
（神野真吾）

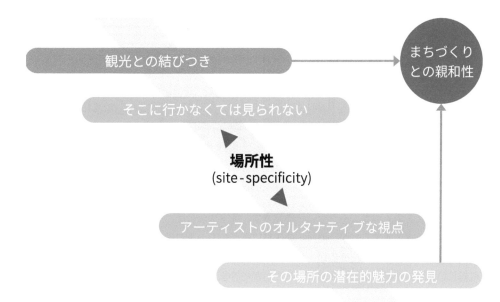

図1　地域づくりとアート

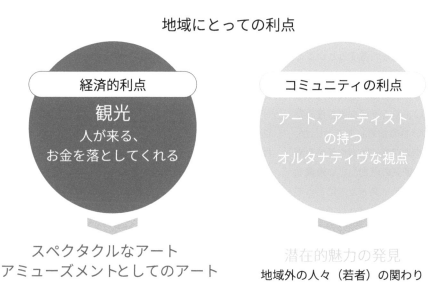

図2　まちおこしとアート

参考文献

秋元 雄史 (2018)『直島誕生―過疎化する島で目撃した「現代アートの挑戦」全記録』ディスカヴァー・トゥエンティワン
福武總一郎 (2016)『直島から瀬戸内国際芸術祭へ―美術が地域を変えた』現代企画室
藤田直哉ほか (2016)『地域アート―美学/制度/日本』堀之内出版
佐々木良 (2018)『美術館ができるまで なぜ今、豊島なのか?』啓文社書房

3-12

アート・文化と地域

アーティストの独自視点による地域への刺激
オルタナティブな思考

アーティストのもつユニークな視点で地域を捉え直すことが、地域の再発見の契機となり、そこから新しい取組みが始まることが期待されています。

アーティストが地域と関わり、そこに独自の視点で、つまりオルタナティブな視点で魅力を見出し、作品を通してそれが地域に人たちに伝わっていくことが、力を失いつつある地域を刺激するということです。

例えば古民家は、地元の人たちには単に古くて不便な誰も住みたがらないものかもしれませんが、その建物の空間的魅力や年月を経た家の雰囲気の魅力、古い道具などは、アーティストたちにとって魅力あふれるものばかりです。

日本大学の彫刻の研究室は、大地の芸術祭で「脱皮する家」という作品をつくりました。江戸時代に建てられ、空き家になっていた古民家の汚れて黒ずんでいた柱や梁、扉、床などを、彫刻刀で削っていきました。天井に至るまで隅から隅まで。古びた家を「脱皮させ」、古民家はそれまでとはまったく違ったものにみえます。家のなかに入ってみると、今まで特に何も感じなかった柱や床の木材の存在感を強く感じます。床の上を歩けば、足裏に彫刻刀で削った凸凹を感じます。とても人気のある作品です。廊下や床の間、床の間の床柱にも彫刻刀の削り跡が印されています。この作品は今でもみることができます。

次の作品は、大成哲雄さんと竹内美紀子さんによる作品「上鰕池名画館」です。これも大地の芸術祭の作品です。残念ながら、今はみられません。山間部の集落の今は使われていない古い建物を美術館にするという作品でした。そこを美術館のように改装し、作品が展示されました。

その展示作品の一つに、その集落に住む親子をモデルにした作品があります。これは、世界的に有名なラファエッロの作品をまねてもらい、それを撮影したものです。このアーティストは地域の人を主役にして作品をつくっていますが、地域の人と関わるなかで、住民から感じたことと美術の歴史のなかで表現されてきたこととを結びつけて作品をつくっています。ラファエッロの慈愛に満ちた聖母の表情と、愛くるしい幼子イエス・キリストの姿を、上鰕池地域の母子のなかに見出したのでしょう。

そのほかにもダ・ヴィンチ、ミレーの作品など著名な作品をもとにして、撮影するのにふさわしい場所を集落のなかで探し、住民にモデルとなってもらっています。

制作を通じて、地域の人たちや集落の景観のなかにあるものが可視化されます。そして作品をみた者も、自分の生活環境に戻った時、周りをそうした眼差しでみるようになるかもしれません。

近年、地域づくりでアートが注目されるのは、その場所にある要素を魅力として見出し、作品を生み出すアーティストの能力に期待が寄せられているからです。

アーティストが地域に関わり、独自の視点でその土地を解釈し、その場所の魅力を引き出した表現が生まれれば、そこをわざわざみに行く人たちが現れます。それは経済的な利益を地域にもたらします。既存のやりかたや考え方では乗り越えられない課題に、別のルートから向きあう提案を表現したり、課題そのものを課題ではなく可能性として捉え直す意味の転換をしてくれたりすることで、新しい視点を提供してくれるのです。

つまり、アートと地域の関わりにおいて重要なのは、対象としての地域を「オルタナティブ」な視点で捉え直すことです。そしてそれが可能になるのは、地域を新鮮な眼で眺め、感じることから対象を理解しようとするからです。
（神野真吾）

アート、アーティストの持つ オルタナティブな視点 ▶	地域コミュニティ を刺激

オルタナティブ alternative
もう一つの、代わりの、代替案
既存の考え方や方法ではない、違った考え方や方法をアート、アーティストは提示することが可能で、それにより、社会、コミュニティを活性化することが出来るという考え

図1　アートのオルタナティブ性

地域とアートとの関わりにおいて重要なキーワードとなるのは

オルタナティブな視点
常識にとらわれない視点で対象（地域）を捉え直す

▼

それが可能になるのは、アーティストたちは様々なことを感じながら地域に関わっているからです

図2　アートと地域

3-12

アート・文化と地域

参考文献

秋元 雄史（2019）『アート思考 ビジネスと芸術で人々の幸福を高める方法』プレジデント社
宮本結佳（2018）『アートと地域づくりの社会学 直島・大島・越後妻有にみる記憶と創造』昭和堂

地域資源としての文化財の保護と利活用

地域文化の継承

　地域文化としての文化財を維持継承していくには、まず「形ある文化」と「行為や技術の文化」に分けて考えていきます。「形ある文化」とは有形文化財であり、寺院、神社、仏像のような、形のあるものの劣化をどう防ぐかが重要になります。「行為や技術の文化」とは無形文化財であり、祭りの神輿担ぎを続けることや、調度品を製作する技術そのものなので、それらを支える人々、つまり継承者がいなくなることによる消滅をどう考えるかが重要となります。

　文化財の保存と継承を前提とする法律に文化財保護法があります。この法律は1950年に制定されました。目的は「文化財の破壊消滅から一定の公的支援を行う」そして「国民の文化的意識を高めていく」ことです。戦後にできた法律であり、破壊、消滅の危機にある有形文化や無形文化を、国そして県市町村単位で、文化を国民の「財産」として捉える考え方が定められました。もとより1949年の法隆寺の火災がきっかけで、議員立法として成立した法律ですが、文化を国民の財産とみることを第一の目的に、文化財の保存と継承をどのように施すかに重点が置かれていました。

　しかし、近年の傾向では、文化財を地域資源として捉え、さらに観光に利活用できる対象としてみる見方が、政策的にも強まり、幾度かにわたり法改正がされました。2018年の法改正では、「文化財活用した地域計画の法制度化」を目的とし、文化財を地域振興計画と関連して活用していく流れが明記されました。一般的にこれまで地方自治体においての文化財管理は、教育行政部局、例えば教育委員会文化課において所掌されていますが、今後、首長部局、例えば秘書広聴課などへ移行する文化財保護管理行政が広がるかと思われます。文化財は「保存」から「利活用」するものとしての流れが法改正で規定されました。この法改正は文化財の利活用をより進めるために、保存に関わる入念な検討が行えなくなる怖れも課題として挙げられます。そして観光資源としての経済効果を優先すること以上に、その地域の人にとって本当に必要である文化財政策であるかを前提に「地域文化の継承」を考えていかなければならないのです。

　地域資源の活用と継承が、地域住民主体で担われている例を挙げてみます。千葉県匝瑳市木積地区において「木積の藤箕きづみのふじみ製作技術」が国重要無形民俗文化財に指定されました。藤箕そのものを文化財としての対象にしたものではなく、藤の木と篠竹を使った製作技術の継承に対して文化財指定されました。木積地区の製作技術保存会を中心に、地域の活性化につなげる活動が行われています。製作技術をもつ継承者は、高度な藤箕製作技術を匝瑳市のみにこだわらず、全国から製作技術に興味のある人を対象に講習会を行っています。全国からこの製作技術を学ぶために木積地区を訪れ、藤箕の製作技術が伝承されていきます。無形の製作技術をもとに地域を越えて人々が木積を訪れ、そして地域文化が継承されていく例といえます。

　一方、有形のものとしては地域住民主体に保存と利活用がされている例として、千葉県香取市の佐原の町並みが挙げられます。佐原は、小江戸ともよばれ、江戸時代は利根川の水運をもとに経済的活動と人々の交流が盛んであった町です。佐原は、通称重伝建とよばれる、国重要伝統的建造物群保存地区に1996年に指定され、江戸時代より佐原の町を流れる小野川、そして利根川につながり江戸への水運で栄えた佐原の町並みの風景を活かした観光地づくりが行われています。佐原を訪れると、小江戸とよばれた江戸時代の町並みを想像することができる空間となっています。

（和田健）

図1　木積の藤箕製作技術（匝瑳市）

図2　小江戸、佐原の町並み（香取市）

3-12

アート・文化と地域

参考文献

文化庁（2001）『文化財保護法五十年史』ぎょうせい
千葉県教育委員会編・発行（1990）『千葉県の文化財　改訂増補版』

地域における学び

生涯学習

生涯学習は、昭和40年代に生涯教育という言葉で日本に入ってきました。生涯教育の理念は、日本では社会教育の考え方に近いと考えられます。

学校教育と比較して、生涯学習と社会教育の共通点は、1つ目に、生涯にわたるすべての発達段階にある人を対象としています。2つ目は、学校教育が入学、卒業、学年制などをとり入れたフォーマルな形態をとるのに対し、生涯学習や社会教育は柔軟に運営されるインフォーマルな教育とされています。3つ目は、現実の課題解決を目的としている点です。学校教育は人格形成や将来生活への準備を目的としていますが、生涯学習や社会教育は余暇活用、地域づくり、健康維持など現実の課題解決に資する学習が主となっています。4つ目は、学校教育における義務教育が強制的であるのに対し、住民の自発的、自主的な意思にもとづいて行われる点です。そして5つ目は、学習の内容の多様性です。学校教育は学習指導要綱にもとづく一定の画一性がありますが、生涯学習や社会教育は学習内容の基準はなく、学習者や学習内容に合わせた多様な指導方法がとられています。

学校教育を含めた生涯学習に関する学習の形態にはさまざまなものがあります。学校教育型は、幼稚園から大学院まで学校でカリキュラムにもとづいて行われる教育活動です。学習事業参加型は、自治体の生涯学習課や公民館、生涯学習センターなどで開催する授業などです。自主サークル型は、特定の活動を行うために集まり団体をつくって学習・文化・スポーツ活動を継続的に行うものです。特定の講師が指導者として存在する場合や、ベテランのメンバーが指導的役割を果たす場合があります。施設利用型は、施設がもつ専門的機能を活用するものです。図書館で図書や資料を活用したり、レファレンスサービスや児童サービスを利用するなど、施設の機能を活かした学習形態をさします。

通信教育型は、学校通信教育や社会通信教育の2つの種類があります。学校通信教育は学校教育法に根拠をもち、修了者には資格が与えられます。一方、社会通信教育は社会教育法を根拠としており、内容によっては文部科学大臣による認定制度による資格取得を目指すこともできます。最後に、企業訓練・企業教育型は、企業が社員を対象に実施する資質・能力向上を目的とする訓練や教育で、生涯学習の一つであるといえます。

生涯学習コーディネーターは、生涯学習に関する調整を行う人のことで、考えられるさまざまな案のなかから当事者が協調できるような満足のいく案を探し出して実行する役割を担っています。これは、地域づくりにおけるコーディネーターの役割によく似ています。

コーディネーターによる調整には、2つの側面があります。一つは、需要と供給に量的なずれがある場合の調整です。生涯学習をする団体がもう一つの団体と図書館の会議室予約で揉めてしまうようなケースが量的なずれの一例といえます。もう一つは、需要と供給に質的なずれがある場合の調整です。例えばボランティアを地域が求めていた場合に、そのボランティア希望者の有する資格や経験が地域の求めるものに満たなかった場合に、調整を行わなくてはなりません。

生涯学習コーディネーターは、学習支援者であり、教育者ではないため、自分の考えを強要しない、当事者のモチベーションを高める、公平、公正に配慮するといった心得が必要です。また、地域でのさまざまな人との関わりがあるため、政治、宗教からの中立性と営利活動への不参加、守秘義務、基本的人権の尊重といったことに配慮する必要があります。

（田島翔太）

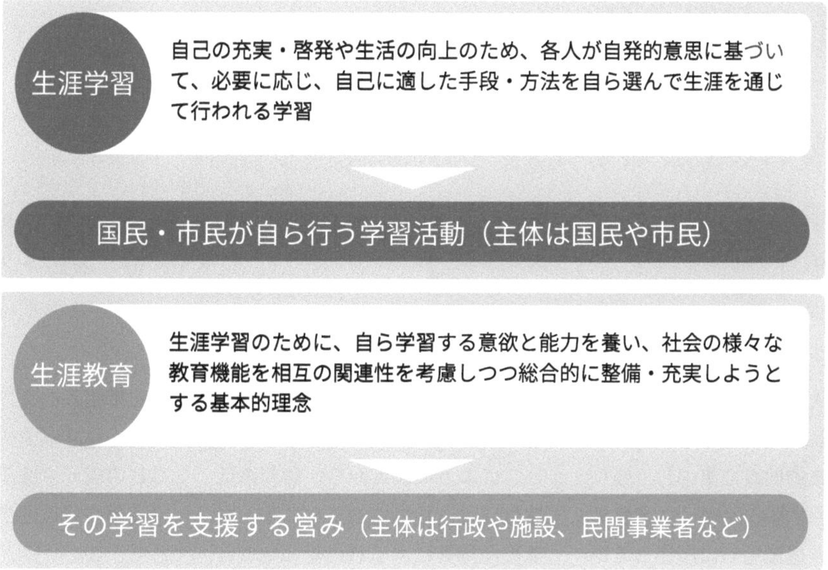

| 生涯学習 | 自己の充実・啓発や生活の向上のため、各人が自発的意思に基づいて、必要に応じ、自己に適した手段・方法を自ら選んで生涯を通じて行われる学習 |

国民・市民が自ら行う学習活動（主体は国民や市民）

| 生涯教育 | 生涯学習のために、自ら学習する意欲と能力を養い、社会の様々な教育機能を相互の関連性を考慮しつつ総合的に整備・充実しようとする基本的理念 |

その学習を支援する営み（主体は行政や施設、民間事業者など）

出典：佐藤晴雄（2016）「生涯学習概論」学陽書房より作成

図1　生涯学習と生涯教育の定義

1	学校教育型	幼稚園から大学院まで学校でカリキュラムに基づいて行われる教育活動
2	学習事業参加型	一定期間にわたって学習期間が設定される継続学習事業や一度限りで終了する単発学習事業
3	自主サークル型	特定の活動を行うために集まり団体をつくって学習・文化・スポーツ活動を継続的に行う
4	施設利用型	施設が有する専門的機能を活用
5	通信教育型	学校通信教育や社会通信教育
6	企業訓練・企業教育型	企業が社員を対象に実施する資質・能力向上を目的とする訓練や教育

出典：佐藤晴雄（2016）「生涯学習概論」学陽書房より作成

図2　学校教育を含めた生涯学習に関する学習の形態

3-12

アート・文化と地域

参考文献

佐藤晴雄（2016）『生涯学習概論』学陽書房
一般社団法人社会通信教育協会『生涯学習コーディネーター研修（基礎コース）』

農山村地域の現状と農林水産業の振興

一次産業の振興と6次産業化

日本の人口の分布を農業地域類型区分別にみると、およそ8割の人口が都市的地域に集中し、残りの2割が平地農業地域・中間農業地域・山間農業地域に居住しています。山間農業地域では1970年から一貫して人口減少が続いており、そのほかの地域でも今後大幅な人口減少が見込まれています。また、山間農業地域では高齢化率が38.5%（2015年）となっています。今後、平地農業地域・中間農業地域においても高齢化率が上昇し、2045年には40%を超えると見込まれています。

農村をめぐる状況が大きく変化しているなか、2014年11月に、まち・ひと・しごと創生法が制定され、関係府省の連携により政府全体で地方創生の深化を推進してきました。新たな食料・農業・農村基本計画では、まち・ひと・しごと創生総合戦略等を踏まえ、関係府省の連携の下、農村の振興に向けた取組を総合的に推進することとしました。農林水産省では、食料・農業・農村基本計画と併せて「魅力ある農山漁村づくりに向けて」（農山漁村活性化ビジョン）を策定し、農山漁村にしごとをつくる、集落間の結びつきを強める、都市住民とのつながりを強めるという3点を基本的な視点とした農村の活性化に向けた方策の推進と

地域の実践活動を後押ししてきました。

このような観点から、農村の活性化に向けた地域コミュニティ機能の発揮等による農地等の地域資源の維持・継承や住みやすい生活環境の実現、都市と農村の交流や都市住民の移住・定住の促進、インバウンド需要にも対応した農村における雇用の確保と所得の向上等の取組がおこなわれています。

6次産業化とは、農林業業者が主体的に取り組む農林水産物の加工、食品製造、直接販売といった経営多角化の取組や、農業業者と商工業者の連携・融合による取り組みなどを指します。さまざまな地域資源と産業を結びつけ活用することで、産地ぐるみによる取組、経営の多角化、複合化、農林水産物や食品の輸出など、農林漁業者が生産・加工・流通（販売）を一体化します。また、農商工連携の推進、再生可能エネルギーの利用など、農林漁業者が2次・3次業と連携して地域ビジネスの展開や新たな産業を創出します。これらの取組によって、儲かる農林水産業を実現するのが6次産業化の目的です。

そのほかにも、異業種が農林漁業に参入し、商品開発や特産品開発に取組む事例や、栽培方法や物流を工夫して輸出など海外へ展開

する取組みもあります。また、エコツーリズムやヘルスツーリズムなどの観光や医療と絡めた農観連携や医福食農連携、再生可能エネルギーなど新しい分野への取組み、地域住民による商品開発なども各地でみられるようになりました。

6次産業化プランナーとは、6次産業化に取り組む農林漁業者の相談に応じてアドバイスをおこなう専門家です。6次産業化に取組むためには、高いマーケティング力や販売能力が求められることから、外部人材の活用が不可欠です。6次産業化プランナーの助言を受けながら、地域の食文化や歴史などを織り交ぜたその地域ならではの取組みが求められます。

2023年から始まったデジタル田園都市国家構想では、中山間地域の基幹産業である農林水産業や暮らしにおいて、地域資源やAI、ICTなどのデジタル技術の活用により、課題解決と地域活性化を図る地域づくりを目指しています。例えば、担い手不足への対応として、省力化のためのスマート農業の導入や、ICTを活用した鳥獣対策があります。また、ドローンを活用した物資輸送やアプリを使った買い物・見守り支援などがあります。

（田島翔太）

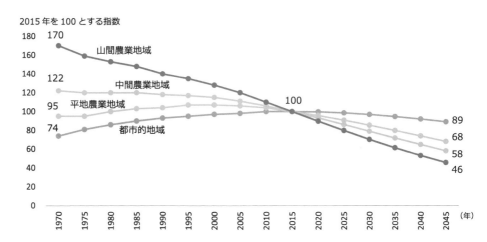

2015 年を 100 とする指数

出典：農林水産省『令和2年度 食料・農業・農村白書』（https://www.maff.go.jp/j/wpaper/w_maff/r2/index.html）より作成

図1　農業地域類型区分別の人口推移と将来予測（2015年を100とする指数）

出典：農林水産省

図2　農山漁村活性化ビジョンのイメージ

参考文献

農林水産省『令和元年度 食料・農業・農村白書』(https://www.maff.go.jp/j/wpaper/w_maff/r1/index.html)

しごとの創生
地域産業の振興と地域での起業

人口減少による地域社会への影響の一つに、サービス産業（生活関連サービス）の縮小があります。サービス産業とは、私たちが生活するうえで欠かせない産業です。例えば、スーパーなどの「小売」、レストランなどの「宿泊や飲食」、映画やジムなどの「生活関連」、銀行などの「金融」、学習塾などの「教育や学習」、そして病院などの「医療や福祉」が含まれます。

サービス産業が成立するには、一定の人口規模が必要です。人口減少により地域の人口規模が減ると、サービス産業の撤退が進み、生活がより不便になります。このような生活関連サービスは、地方の雇用の6割以上を占めます。サービス産業の撤退は地域での雇用機会の減少を意味し、雇用の消失は地域産業のさらなる衰退を招きます。一方、人手不足からサービス産業の維持が困難になる場合もあります。

地域に根付いたサービス産業の振興には、生産性の向上だけでなく、雇用の質の確保や向上に注力しなくてはなりません。雇用の質とは、相応の賃金、安定した雇用形態、やりがいのあるしごと、と置き換えることができます。若い世代が地方で安心して働くには、仕事の内容に相応する的確な賃金を支払う必要があります。安定した雇用形態は終身雇用のような制度だけでなく、福利厚生や社員研修といったものも含まれます。

また、賃金や制度だけでなく、若者がやりがいを感じられる仕事環境も必要です。労働力人口の減少が深刻な地方では、こうした雇用の質を重視した取組が重要であり、経済・産業全体の付加価値や生産性の継続的な向上につなげていく必要があります。

2014年以降、全国の有効求人倍率は1を超え、全国的に雇用の改善が進んでいます。業種によっては深刻な人手不足が発生しています。一方、多くの若者は東京に流入し仕事をしています。つまり、東京に魅力的な仕事が集まっているといえます。その原因の一つは、地方と東京の賃金格差にも表れています。都道府県別賃金をみると、首都圏ほど賃金が高く、地方ほど低い傾向にあります。

地方の産業振興の考え方として、「ローカル・イノベーション」があります。ローカル・イノベーションとは、一定の戦略に基づき、成長が期待できる分野や意欲的に取り組む成長可能な企業や分野を支援することです。地域産業を振興させる戦略には、平等や公平性よりも地域の強みとなる地域資源に対して差別化を図り、売上を伸ばし、雇用を拡大することで、地域全体の底上げを図り、社会経済的な効果を上げます。

ローカル・イノベーションの例として、「地域の技の国際化」があります。地域には潜在的成長力の高い企業・技術が存在しています。その掘り起こしと地域中核企業への育成、さらにはその国際的な市場展開の後押しをすることで、企業を成長させ、雇用を創出するという考えです。併せて、成長企業の技術を引き上げる産官学連携の研究開発プロジェクトを地方でも展開し、新たな技術開発や市場開拓を狙います。市場環境の中で、優れた技術が見出され、事業化支援のプロによって事業化されていくような、イノベーション・エコシステムを確立していくことが最終的な目標です。

また、既存の産業の振興に加えて、これまでなかった仕事をつくる「起業」という考え方もあります。地方での起業は、地域に住まう人たちだけでなく、都会でさまざまな仕事を経験したUターンやIターン（移住者）の人たちが担うことが多いです。このような人たちはその地域にはない視点でまちづくりに取り組んでくれる可能性があります。今後は高齢者等の活躍や外国人材の活用も期待されます。

（田島翔太）

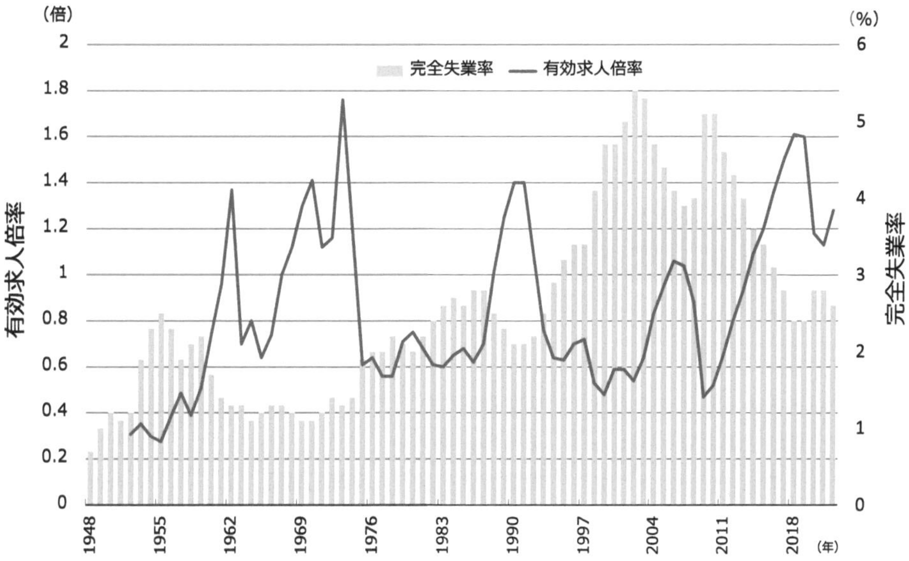

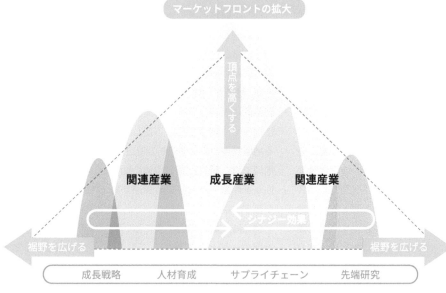

(倍)
(%)
完全失業率
有効求人倍率
有効求人倍率
完全失業率
2
1.8
1.6
1.4
1.2
1
0.8
0.6
0.4
0.2
0
6
5
4
3
2
1
0
1948
1955
1962
1969
1976
1983
1990
1997
2004
2011
2018
(年)

出典：総務省統計局「労働力調査」、厚生労働省「職業安定業務統計」より作成

図1　有効求人倍率の推移

マーケットフロントの拡大
頂点を高くする
関連産業
成長産業
関連産業
シナジー効果
裾野を広げる
裾野を広げる
成長戦略
人材育成
サプライチェーン
先端研究

図2　地域産業の振興戦略ローカル・イノベーション

参考文献

内閣府・内閣官房まち・ひと・しごと創生本部『地域の技の国際化（ローカルイノベーション）の実現に向けて』（https://www.kantei.go.jp/jp/singi/sousei/meeting/chiiki_shigoto/h28-02-07-siryou4.pdf）

ニューツーリズムとDMO
観光の振興

　地方の観光をめぐる大きな動きとして、出発地主導のマス・ツーリズムから、ニューツーリズムをはじめとした地域主導の着地型観光の主流化があります。マス・ツーリズムは都市の旅行会社が企画し、社員旅行などで大勢の客を観光地に連れて行く旧来型の旅行形態です。一方、着地型観光は、旅行客が自分で調べた地域に足を運ぶ観光形態で、地域自ら客をよぶための戦略が必要となります。着地型観光は、これまで観光地として名の知れていなかった地域も集客することができます。また、昨今の外国人旅行客（インバウンド）の増加は、観光の方法にも変化を与えています。その一つが体験型ツーリズムです。体験型ツーリズムは地域でこれまで眠っていた地域資源を活用し、新たな観光需要をつくり出す手段にもなります。

　このような地域固有の資源を新たに活用し、とり入れた旅行形態を「ニューツーリズム」とよびます。それには活用する地域資源に応じて、エコツーリズム、グリーンツーリズム、ヘルスツーリズムなど、さまざまな種類があります。ニューツーリズムは、自然、歴史、文化など、地域固有の資源を活かした観光によって成立しています。また、それらの価値が観光によって損なわれることがないよう、適切な管理にもとづいて保護や保全を行う必要があります。そして、地域資源を健全に存続し観光として成立させることで、地域経済への波及効果が実現されます。このような循環が生まれることで、地域資源を守りながら観光を振興し、地域振興へと結びつく流れが生まれます。

　一方、課題もあります。地域振興を目的とした観光まちづくりを行うには、地域が主体となった集客の戦略が必要になります。ところが、地域が一体となって主体的・戦略的に集客しツアーを実施する仕組みや体制づくりが不足している地域が多いのです。その理由に、地域では、観光資源と主体の関係性が不明瞭であるという課題があります。

　例えば、観光協会の多くは行政機関の一部として機能しており、行政の支援を受けています。そのため、半官半民の状態となり、観光事業者のように機動力を活かした集客ができない場合があります。また、民間の観光事業者との競争になると十分なノウハウを持ち合わせていないため、観光客にとって満足度の高いツアーを提供できないことがあります。

　また、マス・ツーリズムと異なり地域が主体の集客を行うので、地域の農商工事業者との連携、商工会や商工会議所、地域で活動するNPOとの連携も必要になります。多様な主体との連携の横連携には行政のバックアップも必要になります。

　このような地域におけるさまざまな観光資源と主体の関係性を解消するため、ワンストップの窓口となる組織体をつくろうというのが、観光地域づくりプラットフォームです。地方創生の現場では、DMO(Destination Management Organization)とよばれています。DMOに求められる役割は2つあります。1点目は観光地域のマネジメントです。宿泊、交通、農林漁業などの関係事業者や地域住民などの多様な関係者の巻き込みや、地域が観光客に提供するサービスなどの開発および品質管理のための改善を行います。2点目はデータにもとづくマーケティングです。来訪客に関する継続的なデータの収集・分析、データにもとづく顧客視点（マーケットイン）の発想に立脚した戦略策定、効果的なブランディングやプロモーションなどがあります。

　これらの機能をもったDMOを各地域で形成することで、地域資源を最大限に活用した戦略的かつ効果的な誘客を推進することを目指しています。
（田島翔太）

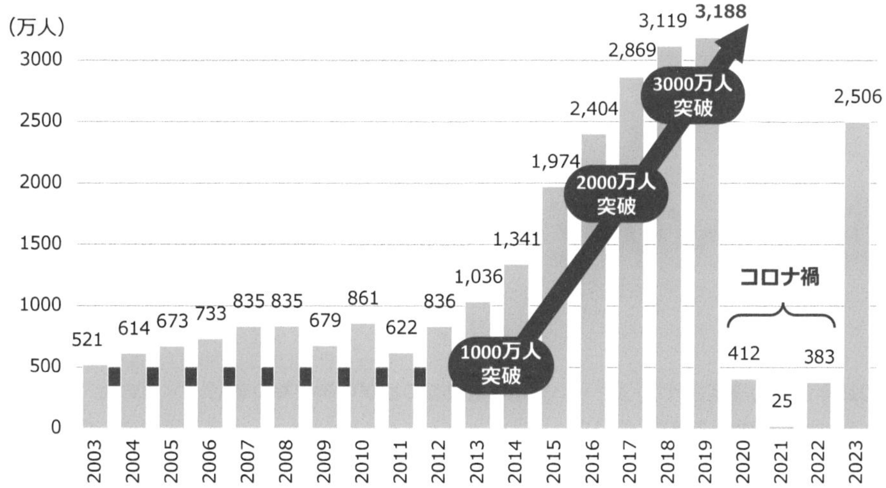

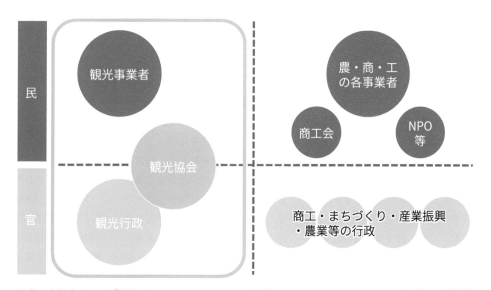

（万人）

出典：日本政府観光局の統計データより作成

図1　インバウンドの推移

出典：大社充 (2013)「地域プラットフォームによる観光まちづくり：マーケティングの導入と推進体制のマネジメント」学芸出版社より作成

図2　観光資源と主体の関係性が不明瞭な状況

参考文献

大社充 (2013)『地域プラットフォームによる観光まちづくり：マーケティングの導入と推進体制のマネジメント』学芸出版社

3-13

地域経済

情報支援・人材支援・財政支援
地方への支援の3本の矢

2015年に閣議決定された「まち・ひと・しごと創生総合戦略（2015改訂版）」では、国が地方に対しておこなう「3本の矢」が示されました。情報支援の矢、人材支援の矢、財政支援の矢です。

情報支援とは、主にRESAS（リーサス）とよばれる地域経済分析システムの活用です。RESASは、地域経済に関する様々なビッグデータ（産業の強み、人の流れ、人口動態など）を地図やグラフで分かりやすく見える化したシステムです。

例えば、人口マップでは地域の人口推計・推移、人口ピラミッド、転入転出数が確認できます。地域経済循環マップは自治体の生産、分配、支出におけるお金の流れがわかります。産業構造マップは、地域産業の構成のほか、雇用・売上で地域を支える産業を一覧できます。企業活動マップは地域の創業比率、特許分布、補助金採択企業を閲覧でき、その地域の産業の強みを知ることができます。

そのほかにも国籍別の外国人滞在状況がわかる観光マップ、人が多く集まっている場所は事業所立地の動向を表示するまちづくりマップ、医療・福祉マップや地方財政マップなどがあります。RESASを活用することで、経験や勘ではなく、データに基づいた戦略を練ることが可能になりました。

財政支援とは、国から地方（自治体）への財政的な支援です。これまでの全国一律の財政支援ではなく、自治体の自主的かつ主体的な取組が求められ、先導的な自治体の事業に対して支援されるものです。

計画にあたっては、KPI(Key Performance Indicator)とよばれる評価指標の設定や、Plan, Do, Check, Actを意味するPDCAサイクルによるセルフマネジメントの組み込みが求められます。地方創生においては地域の課題がさまざまな分野に横断的に関わることから、従来の縦割り事業を超えた取組みを支援する必要があります。

2015年からの財政支援は、地方創生推進交付金などでしたが、2023年度から始まったデジタル田園都市国家構想では、デジタル田園都市国家構想交付金としてデジタル実装タイプ、地方創生拠点整備タイプ、地方創生推進タイプが用意されました。

また、ふるさと納税・企業版ふるさと納税の拡充によって、地域が自律的に個人や企業から寄付を受け、地方創生に役立てる機会も増えています。

人材支援とは、そもそも地方創生において、地域の戦略を策定し、その上で戦略を統合・管理する人材や、個別事業の経営に当たる人材、第一線で中核的に活躍する人材などが不足しているという問題がありました。

そこで、第1期地方創生において、日本版シティマネージャーとよばれる地方創生人材支援制度が始まりました。これまでも地方公共団体に国や民間から支援人材が赴く制度がありました。しかしながら、人口5万人以上の比較的大きな自治体に限られていたことから、人口減少に悩む多くの小規模な自治体において圧倒的に人材が不足していました。

地方創生人材支援制度によって、人口規模に関わらず、市町村が国に派遣要請をすることで、様々な人材を集めることがでるようになりました。人材は中央省庁の国家公務員のほか、大学研究者、民間人材から選ぶことができます。2015年度の第1期には全国から144の派遣要望があり、国によるマッチングの結果、69名が派遣されました。制度開始後、2023年12月まで、357市町村に延べ600名が派遣されています。
（田島翔太）

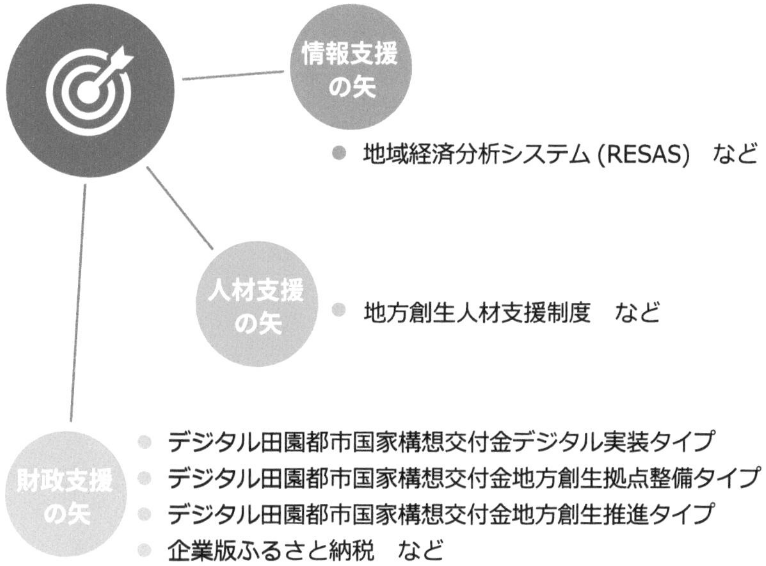

図1　地方創生の3本の矢

情報支援の矢
● 地域経済分析システム (RESAS)　など

人材支援の矢
● 地方創生人材支援制度　など

財政支援の矢
● デジタル田園都市国家構想交付金デジタル実装タイプ
● デジタル田園都市国家構想交付金地方創生拠点整備タイプ
● デジタル田園都市国家構想交付金地方創生推進タイプ
● 企業版ふるさと納税　など

2015年度 69市町村69名
国家公務員　42市町村 42名
大学研究者　15市町村 15名
民間専門人材 12市町村 12名

2016年度 58市町村58名
国家公務員　42市町村 42名
大学研究者　3市町村 3名
民間専門人材 13市町村 13名

2017年度 55市町村55名
国家公務員　44市町村 44名
大学研究者　3市町村 3名
民間専門人材 13市町村 13名

2018年度 42市町村42名
国家公務員　39市町村 39名
大学研究者　1市町村 1名
民間専門人材 2市町村 2名

2019年度 33市町村34名
国家公務員　23市町村 23名
大学研究者　3市町村 4名
民間専門人材 7市町村 7名

2020年度 46市町村57名
国家公務員　20市町村 20名
大学研究者　2市町村 2名
民間専門人材 26市町村 35名

2021年度 78市町村88名
国家公務員　21市町村 21名
大学研究者　2市町村 2名
民間専門人材 55市町村 65名

2022年度 81市町村105名
国家公務員　16市町村 16名
大学研究者　3市町村 3名
民間専門人材 63市町村 86名

2023年度 76市町村92名
国家公務員　21市町村 21名
大学研究者　1市町村 1名
民間専門人材 56市町村 70名

図2　地方創生人材支援制度の派遣実績

3-13
地域経済

参考文献

首相官邸『地方創生関係交付金ーまち・ひと・しごと創生本部』(https://www.kantei.go.jp/jp/singi/sousei/about/kouhukin/index.html)

ネットワーク社会の原型
中世都市の復活

　グローバル化の進展と主権国家の揺らぎのなかで、改めて多元的な中世社会、特に都市の自治とネットワーク社会が注目されています。

　16世紀のヨーロッパにおいて確立された主権国家は、中央集権体制のもとで地方や都市を統制してきましたが、今やその統制が綻び始め、逆に地方や都市が分離や独立を求め始めています。注目すべきは、ヨーロッパ各地でみられる自立の動きが、中世以来の伝統を有する都市において生じている点です。

　この背景には、グローバル化の進展やインターネットの浸透があり、主権国家によって囲い込まれてきたヒト・モノ・カネが国境を越えて動き始めていることが挙げられます。それによって、地方や都市は中世にみられた諸特徴を彷彿させるかのように、地域の可能性を浮上させているのです。

　ヴェネチアやフィレンツェなど、中世イタリアにおいて発展した自治都市は、集権的統治を免れ、自治を展開できる条件を兼ね備えていました。とりわけ、経済的発展を牽引した都市商人の影響力が強く、権力の介入から市民の自由を守る気風に満ちあふれていました。また参事会制度や市民参加の仕組みも、封建領主や教会に依存する

ことのない、自治都市の秩序基盤を支えたのでした。

　中世の都市経済と商業活動を発展させる駆動力となったものがギルドです。商人ギルドは、市参事会を通じて市政運営に大きな影響をもった大商人からなり、同職ギルドは、手工業者の利益を守るとともに相互扶助を図るものでした。両者は市政参加をめぐって対立しましたが、同時に都市の自治の強力な担い手となったのでした。

　中世イタリアの自治都市は、自由と自治を原則としながら、市民の相互扶助と共同防衛において団結する共同体でした。商業活動を通じた都市間ネットワークの広がりは、都市基盤を支える物的基礎となっていましたし、参加を通じた都市の自治は、市民意識の醸成に大きな影響を与えたのでした。こうした人的・物的条件を兼ね備えることこそが、都市の力を創出することになったのであり、まさに都市の自立の条件となっていたのです（図1）。

　中世都市の秩序は、また公的空間と私的空間が融合する形で存在していました。公私二分論が顕著となる近代国家とは異なり、自治・人的交流・物的空間のいずれもがこの融合のなかで捉えられるものでした。さまざまな主体が結びつく協働は、広場や市場を核とした

場所に見出されるもので、そこでは立場や履歴を超えた関係性が育まれていたのでした（図2）。

　現代のEUにおける地域政策の展開は、中世都市にみられた都市のダイナミズムを再構築しようとしている側面があります。EUが、国家を超えて、地域や都市を支援してきたことは、中央集権国家に対する地域分権の可能性を切り拓いてきました。それは、キリスト教共同体（教皇と皇帝）の普遍性の下、都市の自治が具現化されていた中世の重層的な秩序観と符合するともいえます。また、国家を超えた都市間ネットワークの展開は、今日においても、都市や地域の自立を補完する点において意味をもっています。都市の開放性、多角的な関係性、諸資源のつながり、そのいずれもが新たな地域創造の推進力になっていくと考えられているのです。

　ヨーロッパの地域政策は、持続可能な社会・経済・環境づくりを基軸としており、地域の諸資源と多様なガバナンス、さらには国家を超えた社会的連帯の下に展開されようとしています。このグローバルな流れと都市自治との融合は、ポスト主権国家の具体的可能性として注目されていくでしょう。
（関谷昇）

「都市」を持続させる力

| 産業革命
人口集中　＝ 工業都市 | ▶ | 技術革新
脱工業化
IT社会 | | 都市が持続可能な
発展を遂げる条件 | ▶ | 都市に
内在している
ダイナミズム
（駆動力） |

都市のダイナミズム

中世都市に見られた条件

| 公共空間
宗教・政治・経済的主体の協働
ネットワーク | ▶ | ● 人的、物的要素の「交わり」
● 交流の中の土地利用（規制）、
　機能調達、課題解決 |

コミューンの可能性

図1　都市の力とは何か

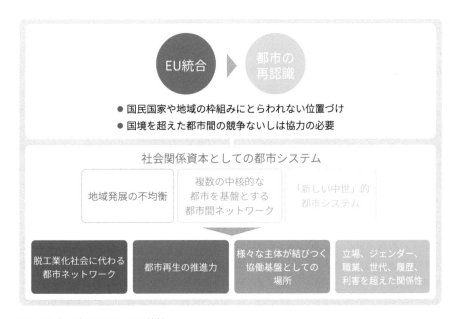

図2　中世都市システムの可能性

参考文献

増田四郎（1994）『都市』ちくま学芸文庫

河原温（1996）『中世ヨーロッパの都市世界』山川世界史リブレット

岡部明子（2003）『サステイナブルシティ―U の地域・環境戦略』学芸出版社

3-14

地域と地域の連携

自治体の枠組みを超えた多角的連携の構築

広域連携

日本の自治体は、市町村や都道府県という枠組みのなかで、あらゆる分野・領域を兼ね備えたフルセット主義の行政運営を行っています。しかし、歳入減・歳出増の傾向がますます顕著になるなか、そうした自己完結的な行政運営は明らかに限界を迎えています。

市町村と都道府県との二重行政という構造は極めて非効率的な運営をもたらしていますし、市民力・民間力の行政区割り内での囲い込みは、その潜在的な活動能力を逆に抑え込むことになってしまっています。広域連携は、このフルセット主義と囲い込みからの脱却を図り、より的確な行政運営と相互補完をつくり出していくことを狙いとしています。

単独自治体の限界をめぐっては、これまで市町村合併という手法がとられてきました。自治体の基盤を拡張・強化し、スケールメリットを図りながら、自治体運営の自立性を高めていくという考え方です。ただ、この合併をめぐっては、合意形成の困難さ、手続きの煩雑さ、合併後の支障などといった諸問題が指摘されてきました。また、基礎自治体の基盤強化という名のもとに、上からの合理的統制であるとの批判も少なくありません。

一方の広域連携は、合併ほどのリスクは伴わないこともさることながら、政策課題に応じて、多角的かつ柔軟に連携・協力を図っていくことができるという点で、新たな可能性が期待されています。

広域連携には主に三つの視点が考えられます。第一に、近隣自治体が協働で取り組むことによる効率性や政策形成能力の向上、広域的な課題への対応など、行政機能の向上があります。第二に、地方分権の加速をめぐって、最も身近な基礎自治体の役割強化、地域の実情や政策の必要性への柔軟な対応が挙げられます。第三に、市民や民間レベルにおける協働であり、市町村単位にとらわれない活動の広がり、幅広い共助の実践、民間ネットワークと地域経済の循環などが考えられます。

すでに広域連携には、自治体が連携して事務処理をするための基本的な方針や役割分担を定める連携協約、自治体の事務の一部の管理・執行をほかの自治体に委ねる事務委託、自治体が事務の一部を共同して処理するために設置する一部事務組合などさまざまな仕組みが存在しています（図1）。どの手法を用いるかは自治体の実情と必要性によって判断されますし、近隣自治体間での合意調達も条件となってきます。

一方、国が主導する広域連携もあります。例えば、定住自立圏構想とは、中心市と近隣市町村とが役割分担し、連携・協力することにより、圏域全体としての必要な生活機能などを確保することを想定しています。また、連携中枢都市圏構想とは、地域において、相当の規模と中核性を備える圏域において市町村が連携し、コンパクト化とネットワーク化により、人口減少・少子高齢社会においても、一定の圏域人口を有し活力ある社会経済を維持するための拠点を構築していくことをいいます。

もっとも、広域連携とは行政の施策・事業・組織レベルにとどまるものではありません。市民・民間活動における広域ネットワークや分野圏域などは、課題解決の必要性に応じてさまざまな目的・範囲・規模のものを構築できますし、そのなかで積極的な人的・物的交流や資金循環をつくり出していくことも可能です（図2）。

こうした幅広い広域連携を構築していくためには、補完性原理を踏まえることが何より重要です。そのうえで、既存の状況・体制・実践を検証するとともに、単位・役割・関係性の見直し、そのなかから必要に応じてさまざまな形態や手法を選択することが問われます。

（関谷昇）

図1　基礎自治体間における主な広域連携の形

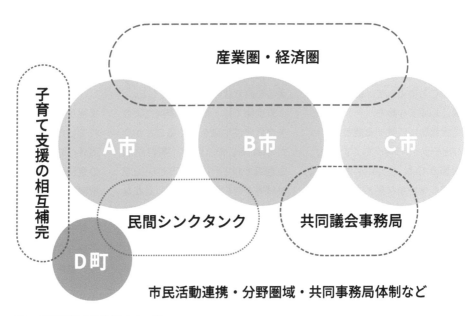

図2　広域連携の多角的イメージ

3-14

参考文献

佐藤克廣（2000）『自治体の広域連携』公人の友社
大西隆編（2010）『広域計画と地域の持続可能性』学芸出版社
横道清孝他（2016）『広域連携の未来を探る─連携協約・連携中枢都市圏・定住自立圏』公益財団法人日本都市センター

大都市に匹敵する地域の競争力の創出

シティリージョン

シティリージョンとは、グローバリゼーションが進行したEUで生まれた言葉です。都市間競争が激化するなかで、パリやロンドンなどといった大都市以外の都市では、都市の機能を分散させ、その間を発達した高速鉄道などのインフラで結ぶことによって、複数の都市による地域すなわちリージョンとして大都市に匹敵する競争力をつくり出そうという考え方です（図1）。

大都市では、生活に必要なすべての機能をまかなえますが、地方都市では近接する都市や地域と機能を相互補完しながら生活の質を担保する必要があります。「選択と集中」の考え方にもとづき、必要な機能を周辺地域と連携して確保し、公共交通網で連結された都市圏を形成することで、生活・文化・就業の機能性を生み出すことがシティリージョンの目的のひとつです。

日本では、シティリージョンの取組みは従来から行われてきました。国土計画の歴史を紐解くと、第三次全国総合開発計画（三全総）と21世紀の国土のグランドデザイン（五全総）で広域圏の構想がみられます。三全総では、開発の柱として定住圏構想がうたわれました。定住圏とは「都市・農村漁村を一体とした山地・平野部・海の広がりをもつ圏域で、地域開発の

基礎的な圏域であるのと同時に流域圏・通勤通学圏・広域生活圏としての生活の基本的圏域」であり、全国で40圏域がモデル定住圏に指定されました。しかし、結果的には巨大土木事業や工場誘致事業といった従来型の地域開発手法を超えるものではありませんでした。

五全総では、参加と連携により多自然居住地域をつくることがうたわれました（図2）。多自然居住地域とは、「中小都市と中山間地域等を含む農山漁村等の豊かな自然環境に恵まれた地域」であり、この多自然居住地域に「都市的なサービスとゆとりある居住環境、豊かな自然を合わせて享受できる誇りのもてる自立的な圏域」を創造するとしています。五全総はこれまでのような開発主義を脱却することを狙いとしましたが、実際にはその整備手法は大規模公共事業に依存する以外の選択肢がないままでした。

首都圏におけるシティリージョンの取組みについてみていきます。1958年から5次にわたって作成された首都圏基本計画では、将来の姿として「分散型ネットワーク構造」が示され、都市群の連携によって生活の質を確保し、無秩序な土地利用や過剰な集中を緩和するための対策が講じられました。

これらの取組みでは、生活の質

の格差を是正するために、産業立地や住宅団地の形成、高規格幹線道路網が形成されたため、社会基盤は整備されましたが、地方都市の人口減少、都市内流通交通を抑制するために整備されたバイパス道路沿線に商業施設が進出するなど、当初意図したものとは異なる状況が発生し、新たな問題が生まれました。大規模商業施設の都市郊外への立地により、中心市街地の空洞化、中山間農村部からも商業機能がなくなり、偏りのある都市構造が生み出されました。

今後は多様な主体、多様な分野、多様な空間を結びつけ、相互に調整・編集できる仕組みが必要とされます。省庁単位の縦割りではなく、自治体単位の総合的なマネジメント能力が求められているといえます。奈良女子大学大学院・中山徹教授は「人口減による都市と農村の人口格差は、世界中で起きている。日本の問題は、農村に若者の働く場所がないこと」と述べています。こうしたなかで、山形県置賜地域では、周辺自治体と連合して「自給圏」を形成するという置賜定住自立圏構想を提唱しています。8市町が連携して産業を興し、外の地域から"外貨"を獲得するため、地元の高校生たちも巻き込んだ活動を展開しています。
（松浦健治郎）

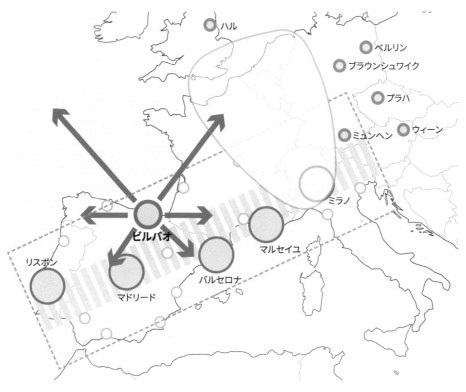

出典：地中海ブログ（http://blog.archiphoto.info/?eid=1170667）より作成
図1　シティリージョン

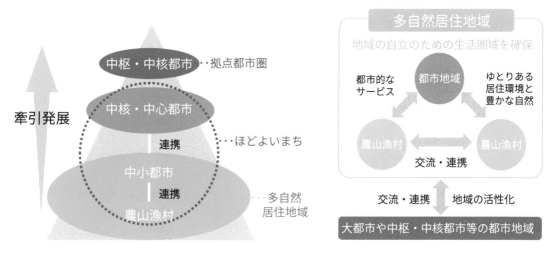

出典：全国総合開発計画（1998）「21世紀の国土のグランドデザイン」より作成
図2　五全総における多自然居住地域

3-14

地域と地域の連携

参考文献

岡部 明子（2003）『サステイナブルシティ—EUの地域・環境戦略』学芸出版社
早稲田都市計画フォーラム（2008）『まちづくりブックレットNO．3 庭園生活圏（都市圏）のデザイン』早稲田都市計画フォーラム
伊藤雅春ほか（2011）『都市計画とまちづくりがわかる本』彰国社

INDEX

INDEX

ホリスティック地域学

初　版　2020 年 4 月 30 日発行
第二版　2024 年 3 月 31 日発行

編著者　清水　洋行　千葉大学大学院人文科学研究院教授（地域社会学）

　　　　　鈴木　雅之　千葉大学大学院国際学術研究院教授（建築計画学）

　　　　　関谷　　昇　千葉大学大学院社会科学研究院教授（政治学）

　　　　　田島　翔太　千葉大学大学院国際学術研究院准教授（地域デザイン学）

　　　　　松浦健治郎　千葉大学大学院工学研究院准教授（都市計画学）

著者　　木下　　勇　千葉大学名誉教授（地域計画学）

　　　　　神野　真吾　千葉大学教育学部准教授（美術教育学）

　　　　　花里　真道　千葉大学予防医学センター准教授（予防医学）

　　　　　福田　友子　千葉大学大学院国際学術研究院准教授（国際社会学）

　　　　　宮﨑美砂子　千葉大学大学院看護学研究科教授（地域看護学）

　　　　　和田　　健　千葉大学大学院国際学術研究院教授（民俗学）

発行所　学術研究出版

　　　　　〒 670-0933　兵庫県姫路市平野町 62

　　　　　［販売］Tel. 079（280）2727　Fax. 079（244）1482

　　　　　［制作］Tel. 079（222）5372

　　　　　https://arpub.jp

印刷・製本　小野高速印刷株式会社

©Masayuki Suzuki 2024, Printed in Japan

ISBN978-4-911008-51-5